WISSENSCHAFTLICHE BEITRÄGE AUS DEM TECTUM VERLAG

Reihe Pädagogik

WISSENSCHAFTLICHE BEITRÄGE AUS DEM TECTUM VERLAG

Reihe Pädagogik

Band 24

Johannes Frese

Sinti und Schule

Woran Bildungskarrieren scheitern

Tectum Verlag

Vom Fachbereich Erziehungswissenschaften der Philipps-Universität Marburg
als Dissertation angenommen am: 11. Januar 2010
durch die Disputation abgeschlossen am: 01. Februar 2010

Hauptgutachter: Prof. Dr. Eckhard Rohrmann
Zweitgutachterin: Prof. Dr. Susanne Maurer

Johannes Frese

Sinti und Schule.
Woran Bildungskarrieren scheitern

Wissenschaftliche Beiträge aus dem Tectum Verlag:
Reihe: Pädagogik; Bd. 24

ISBN: 978-3-8288-2560-4

ISSN: 1861-7638

Besuchen Sie uns im Internet
www.tectum-verlag.de

Bibliografische Informationen der Deutschen Nationalbibliothek
Die Deutsche Nationalbibliothek verzeichnet diese Publikation in der Deutschen Nationalbibliografie; detaillierte bibliografische Angaben sind im Internet über http://dnb.ddb.de abrufbar.

Vorwort

Die vorliegende Arbeit hat den Anspruch, die Schulsituation der Sinti in Bad Hersfeld zu ergründen und daraus Erkenntnisse und Empfehlungen abzuleiten. Ich möchte Sie als Leser an dieser Stelle darauf hinweisen, dass die beiden Bereiche Schule und Sinti in dieser Arbeit als gleichrangig zu betrachten sind. Eine einseitige Betrachtung der Ergebnisse könnte zu einer fehlerhaften Gewichtung der Erkenntnisse führen. Falsche Schlüsse wären die Folge und in Bezug auf die Sensibilität des Themas fatal. Insbesondere vor dem Hintergrund des von mir erhobenen Datensatzes sei an dieser Stelle ausdrücklich dem Missverständnis vorgebeugt, diese Arbeit sei primär sintikritisch. Es geht um die Analyse der Schulsituation von Sinti, also um Schule und Sinti. Die Betrachtung erfordert eine Fokussierung beider Punkte. Bitte berücksichtigen Sie dies beim Lesen dieser Studie. Vorab möchte ich aufgrund der Sensibilität des Forschungsgebietes einige Grundgedanken meiner Forschungstätigkeit darlegen: Die Dialektik der Studie besteht - wie oben benannt - aus den Feldern Schule und Sinti. Diese scheinbare Gegensätzlichkeit gilt es klar zu ergründen. Wissenschaften erschaffen künstliche Wirklichkeiten. In gewisser Weise geschieht dies sicherlich ebenfalls in dieser Studie. Die konstruierte Wirklichkeit ist ein Problemfeld, welches eine kritische Reflexion der Forschungstätigkeit erfordert. Das Verhältnis von Subjektivität und Objektivität des Forschers birgt hierbei ein erkenntnistheoretisches Problem. Insbesondere qualitative Forschungsmethoden, wie im Rahmen dieser Studie verwendet, beinhalten subjektive Prägungen des Forschenden. Die Auswahl, Umsetzung und Auswertung der eingesetzten Methoden erfordern somit eine kritische Analyse. Diese ist Bedingung für eine solide Validität sowie Reliabilität der Studie insgesamt. Ein Wissenschaftler muss seine eigene Biografie und seine Rolle innerhalb des Forschungsprozesses stets kritisch reflektieren und sich seiner besonderen Verantwortung bewusst sein. Die erwähnte Schwierigkeit steckt in den Grundhaltungen des Forschers sowie in den verdeckten Erwartungen der Gesellschaft. Dieses erkenntnistheoretische Problem entsteht aufgrund des Konflikts der Subjektivität mit der nötigen Objektivität. Diese Subjektivität bietet jedoch auch ein Erkenntnispotenzial. Die Forschungsperspektive ermöglicht und begrenzt die Wahrnehmung. So war ich während meiner Forschungstätigkeit bereits im hessischen Schuldienst tätig, zudem interviewte ich im Rahmen der vorliegenden Studie ehemalige Kollegen. Fortwährend war ich mir über dieses besondere Verhältnis meiner Subjektivität gegenüber der Objektivität im Klaren. Um Erkenntnisse zu gewinnen, war die Schaffung statistischer Größen beziehungsweise Gruppen notwendig. So öffne ich die „Schubladen" Sinti und Nicht-Sinti, wohl wissend, dass dies ein Problempotenzial beinhaltet. Diese pragmatische Operationalisierung, beispielsweise bei den durchgeführten Interviews, beinhaltet das Dilemma der Rollenzuschreibung. Die interviewten Sinti betrachten sich zwar selbst als Sinti, dennoch bleibt die Frage: „Was und wer sind Sinti eigentlich?" und welche „Schublade" eignet sich für eine entsprechende Codierung? Die gesamte Forschungstätigkeit - beispielsweise die Bewertung der Fachliteratur, Wahl und Entwicklung der Methoden sowie die Auswertung der Ergebnisse - stand für mich dauerhaft unter dem Primat der selbstkritischen Analyse. Diese kritische Distanz in der Reflexion war Grundvoraussetzung, um die Forschungstätigkeit erfolgreich durchführen zu können. In diesem Zusammenhang danke ich Herrn Professor Dr. Eckhardt Rohrmann für die wissenschaftliche Begleitung dieser Studie und die kritischen Hinweise in Bezug auf die Forschungsmethoden und Analyse der Ergebnisse.

Einleitung

Diese Arbeit analysiert die Schulsituation der Sinti der Stadt Bad Hersfeld. Dazu wurden verschiedene Methoden eingesetzt, die zum Teil nur durch die Unterstützung anderer Personen durchführbar waren. Zu danken ist allen Teilnehmern und Unterstützern dieser Studie. Um eine bessere Lesbarkeit zu erreichen, wurde der Text vorwiegend in der maskulinen Form verfasst. Das bedeutet, dass zum Beispiel der Begriff „Lehrer" anstelle von „Lehrerinnen und Lehrer" oder „LehrerInnen" verwendet wurde. In einzelnen Textpassagen wurde dieses Prinzip, wo nötig, aufgehoben. Auf den Begriff „Zigeuner" wurde, soweit möglich, in dieser Arbeit verzichtet. Diesem Begriff hängt eine negative Konnotation an. Stattdessen finden die Begriffe Sinti und Roma[1] Verwendung. In verschiedenen Textabschnitten werden Ergebnisse gekürzt zusammengetragen. Dies ist nötig, um den Umfang der Erhebung nicht uferlos werden zu lassen und mit den Daten ergebnisorientiert arbeiten zu können. Auch wenn Liégeois' Hinweis bekannt ist, dass Generalisierungen bei Sinti, Roma und Fahrenden unmöglich sind (vgl. Liégeois 1999: S. 56), sind sie im Rahmen der Studie dennoch nicht immer zu verhindern. Diesbezüglich wird der Leser um eine sachliche Betrachtung der festgestellten Erkenntnisse gebeten. Die Namen der an der Studie beteiligten Einrichtungen und Personen wurden aus Datenschutzgründen anonymisiert. Bei einigen Interviews der Kategorie „Sonstige Interviewpartner" mussten zudem die Bezeichnungen der beruflichen Tätigkeiten leicht verfremdet werden, damit die Aussagen nicht den Interviewteilnehmern zugeordnet werden können. Diese Arbeit orientiert sich an der Grundannahme, dass „die Zukunft der Sinti […] wesentlich von der schulischen

---

1 „Die internationale Selbstbezeichnung der circa zehn Millionen ‚Zigeuner' auf der Welt ist Roma. In der Bundesrepublik Deutschland leben vor allem Sinti und Roma. Die historisch bedingte Unterscheidung der beiden Gruppen beruht auf ihrer unterschiedlichen Ankunft, verschiedenen Dialekten des Romanes sowie kulturellen Unterschieden" (Kultusministerium des Landes Nordrhein-Westfalen 1993: S. 7). Sinti und Roma setzen sich aus einer Vielzahl an Gruppen zusammen. Diese, auch die Fahrenden, bezeichnen sich laut Liégeois nicht mit einem gemeinsamen Namen. Alle weisen eine eigene Ethnizität auf und können zusammenfassend als Sinti, Roma und Fahrende bezeichnet werden (vgl. Liégeois 1999: S. 34).

Betreuung ihrer Kinder abhängt“ (Liégeois 1999: S. 23). Sie folgt Liégeois' indirektem Aufruf, weitere Studien zur schulischen Situation der Sinti zu betreiben (vgl. Liégeois 1999: S. 25).

I Forschungsanlass

Die Begründung für die Anfertigung dieser Dissertation hat sachliche Motive, denen anfangs persönliche Beweggründe vorausgingen. Als Referendar unterrichtete ich in Bad Hersfeld an einer Förderschule[2], einer Schule für Lernhilfe, junge Sinti. Diese Gruppe unterschied sich in meiner Wahrnehmung deutlich von anderen Schülern, mit oder ohne Migrationshintergrund. In meiner Klasse saßen zwei männliche Sinti[3], die auffällig häufig nicht am Unterricht teilnahmen, selten bis nie ihre Hausaufgaben anfertigten, ihre Schulmaterialien nur bedingt vollständig hatten und Desinteresse an Schule zeigten. Trotz intensiver Bemühungen seitens der Unterrichtenden fanden kaum Elternkontakte statt. In Gesprächen mit einzelnen Kollegen stellte sich heraus, dass andere Lehrkräfte diese Einschätzung teilten. Es stellte sich die Frage, ob diese Wahrnehmung repräsentativ war oder die Kollegen und ich zufällig besonders auffällige Schüler unterrichteten und unsere Eindrücke insofern verfälscht seien. Ich suchte Antworten auf Fragen bezüglich der Lebenswelt dieser Kinder sowie den Verläufen der Schulkarrieren von Sinti in Bad Hersfeld.

Die aktuelle Lebenssituation von Sinti ist vielen Menschen in Deutschland unbekannt und wissenschaftlich kaum aufgearbeitet. Es existiert deutschsprachige Literatur zu Sinti und Roma. Diese orientiert sich primär am Völkermord während des Dritten Reiches[4]. Wissenschaftliche Literatur zur Schulsituation ist oft veral-

---

2 Im Bundesland Hessen werden Sonderschulen als Förderschulen bezeichnet. Da die meisten Interviewpartner den Begriff Sonderschule nutzen und dieser in der Fachliteratur noch geläufig ist, werden im Rahmen dieser Arbeit beide Begriffe synonym verwendet.

3 Aus Gründen der besseren Lesbarkeit wird meist der Begriff Sinti anstelle von Sintiza und Sinto verwendet, auch im Singular. So werden Eltern und deren Kinder in dieser Arbeit Sinti-Eltern und Sinti-Schüler beziehungsweise Sinti-Kinder genannt. Sobald Geschlechtsunterscheidungen nötig sind, werden dagegen die Begriffe Sinto und Sintiza eingesetzt. Außerdem unterschieden einige Interviewteilnehmer nicht zwischen Sinto und Sintiza, sondern nutzten den Begriff Sinti im Singular für beide Geschlechter.

4 Literaturbeispiele: Engbring-Romang 2001, Behringer 2005 & Hohmann 1991.

tet oder beinhaltet einen anderen Fokus als diese Untersuchung[5]. Die Schulsituation der Bad Hersfelder Sinti ist ebenfalls kaum erforscht[6]. Daher lagen zu Beginn dieser Arbeit konkrete Beschreibungen der Situation vor Ort nicht vor.

Die oben beschriebenen beruflichen Erfahrungen führten zu der Annahme, dass zahlreiche Sinti unzureichende Schulleistungen zeigen, am Unterricht unregelmäßig oder überhaupt nicht teilnehmen, nur selten Schulabschlüsse erzielen und viele Sinti die örtliche Schule für Lernhilfe besuchen. Dort erzielen sie meist nur Abgangszeugnisse, wenige ein Abschlusszeugnis. Schulkarrieren von Sinti in Bad Hersfeld verlaufen meist erfolglos. Die beruflichen Perspektiven auf dem Arbeitsmarkt sind gering. Das hätte Konsequenzen für die gesamte weitere Lebensplanung der Sinti. Diese Vermutungen waren wissenschaftlich noch nicht bestätigt, da es hierzu bisher keine Untersuchungen gab. Es entstehen Fragen, ob die gestellten Vermutungen prinzipiell richtig sind und wenn ja, welche Ursachen das vermutete schulische Versagen dieser Gruppe hat. Liegt es an Sinti-typischen (kulturellen) Eigenheiten, am System Schule, ist es ein Mix aus beiden Faktoren oder spielen weitere Aspekte eine Rolle? Eine Analyse des mutmaßlichen Scheiterns von Sinti im deutschen Schulsystem, am konkreten Beispiel der Situation in Bad Hersfeld, ist Gegenstand dieser Dissertation.

Hierfür sind zwei Betrachtungswinkel notwendig: Die Betrachtung der Gruppe der Sinti (und Roma[7]) sowie der deutschen Schule. Zunächst wurden Antworten nach dem Volkstypischen dieser Gruppe und ihrer sozialen Rolle innerhalb der deutschen Gesellschaft gesucht. Darauf folgte die Betrachtung des deutschen Schulwesens. Der Fokus richtete sich dabei primär auf die Aspek-

---

5 Literaturbeispiele: Krause 1989; Hundsalz 1979; Kultusministerium des Landes Nordrhein-Westfalen 1993; Wurr & Träbing-Butzmann 1998 und Liégeois 1999.

6 Es gibt einen Fachaufsatz zur Schulsituation (Kehl et al. 1993), eine Diplomarbeit zur Lebenssituation (Hauer & Moutoux 2002) sowie eine detaillierte Aufarbeitung des Holocausts (Engbring-Romang 2002). Außerdem wird die allgemeine Situation der Bad Hersfelder Sinti in einzelnen Büchern erwähnt (Beispiel: Djuric et al. 2002). Eine wissenschaftliche Aufarbeitung der Schulsituation der Bad Hersfelder Sinti ist nicht bekannt.

7 Im Rahmen dieser Forschung handelt es sich um in Bad Hersfeld lebende Sinti.

te der Leistungsfähigkeit und der Bildungschancen. Daraus resultierende Erkenntnisse und Fragen bildeten das Fundament für diese Forschungsarbeit. Im ersten Teil der Erhebung wurden die oben beschriebenen Annahmen wissenschaftlich überprüft, im zweiten Teil der aktuelle Ist-Stand der Schulsituation junger Sinti in Bad Hersfeld ergründet.

Die Untersuchung der Schulsituation von Sinti ist notwendig, um daraus Rückschlüsse für eventuelle Maßnahmen zur Verbesserung ihrer Situation zu erzielen. Nur durch genaue Kenntnis der Ist-Situation sowie eine detaillierte Ursachenanalyse der Schulsituation lassen sich erfolgreiche Rückschlüsse auf die Beschulung ziehen.

II Ziel und Fragestellung

Diese Arbeit unterscheidet die Bereiche Sinti und Schule. Der Bereich Schule, beziehungsweise das deutsche Schulwesen, ist dabei ein umfassend erforschtes Gebiet. Die Berücksichtigung dieses Forschungsfeldes ist notwendig, um die Schulsituation von Sinti in Bad Hersfeld umfassend zu analysieren. Dabei wird auf bereits bestehende Erkenntnisse zurückgegriffen.

Der Bereich Sinti ist nur bedingt erforscht und primärer Gegenstand dieser Studie. Wissenschaftliche Beiträge[8] geben einen Überblick über die facettenreiche kulturelle Identität und die historischen Wurzeln der Sinti. Selbst die Historie der Wanderbewegungen, der Verfolgung und Vernichtung bis zum - nach wie vor andauernden - Antiziganismus sowie die Verantwortung der Schulen daran sind inzwischen breit erforscht. Eine intensive Analyse der Schulsituation von Sinti in Bad Hersfeld erfolgte bisher nicht. „Die hohe Anzahl von Sinti-Kindern macht die Friedrich-Fröbel-Schule in Bad Hersfeld zu einer ganz besonderen Schule mit einmaligen Fragestellungen und Problemen in Hessen, möglicherweise in ganz Deutschland" (Kehl et al. 1993: S. 402). Eigene Erfahrungen mit der Situation von Sinti in Bad Hersfeld sowie Schilderungen Kehls ähneln Problemschilderungen in anderen Regionen Deutschlands (vgl. Kultusministerium des Landes Nordrhein-Westfalen 1993; vgl. Hornberg 2000; vgl. Liégeois 1999 und vgl. Wurr & Träbing-Butzmann 1998). Ein exemplarischer Charakter der Situation vor Ort bezüglich anderer Regionen in Deutschland mit ähnlichen Bevölkerungsstrukturen kann nicht ausgeschlossen werden. Persönliche Interessen sowie organisatorische Möglichkeiten begünstigten die Entscheidung, die Forschung in Bad Hersfeld durchzuführen.

Nach den bisherigen Erkenntnissen hat es den Anschein, dass zahlreiche Sinti in Bad Hersfeld auffällig erfolglose Schulkarrieren absolvieren. Nach einer Sachanalyse stellen sich zwei Kernfragen, die bisher nicht beziehungsweise für die Gruppe der Sinti in Bad Hersfeld nicht ausreichend geklärt wurden:

---

8 Literaturbeispiele: Djuric et al. 2002 und Liégeois 1999.

1.) Wie verlaufen Schulkarrieren von Sinti an Hersfelder Schulen?

2.) Was sind die Ursachen der Schulsituation von Sinti an Hersfelder Schulen?

Daraus ergeben sich Detailfragen, die erst eine Beantwortung der beiden Kernfragen ermöglichen, wie zum Beispiel Fragestellungen nach der Lebenswelt, der Bedeutung von Schulbildung sowie Fragen zur schulischen Integration. Der Fokus dieser Arbeit bleibt - wie oben erwähnt - auf die Bereiche Sinti und Schule gerichtet. Die Analyse des deutschen Schulwesens wird primär durch eine intensive Literaturrecherche gewährleistet, wogegen Informationen zu den Hersfelder Sinti neu zu erheben sind. Da es sich um ein umfassendes Themenfeld handelt, sind zahlreiche Aspekte zu berücksichtigen. Um die zu untersuchende Thematik nicht zu komplex werden zu lassen, ist eine Eingrenzung auf wesentliche Kernbereiche notwendig. Die Betrachtung ist auf die oben benannten Grundfragen zur schulischen Situation von Sinti in Bad Hersfeld gerichtet. Daraus ergeben sich folgende Ziele für das weitere Vorgehen:

Erstes Ziel der Untersuchung ist, die Schulsituation umfassend zu ermitteln. Zweites Ziel ist, die Ursachen der Schulsituation zu ergründen. Voraussetzung dafür ist, dass sich die gestellten Vermutungen zur Schulsituation von Sinti in Bad Hersfeld bestätigen. Sollten Sinti in Bad Hersfeld keine erfolglosen Schulkarrieren absolvieren, würde die Forschung an dieser Stelle eingestellt werden. Kernziel dieser Studie ist, die anscheinende Inkompatibilität von Sinti und Schule zu überprüfen und zu ergründen.

III Forschungsstand

III.1 Kultur

III.1.1 Bevölkerungszahl

Derzeit gibt es nur vage Schätzungen über die Bevölkerungszahl von Sinti und Roma in Europa. Zum einen ist die Abgrenzung nicht leicht, wer Sinti, Roma oder Fahrender ist. Zum anderen führen die meisten Staaten kein Datenmaterial, das ethnische Rückschlüsse auf die Bevölkerung zulässt. Aus Gründen der Vorsicht geben sich manche Familien nicht als Sinti beziehungsweise Roma zu erkennen. Dadurch werden die Zahlen wiederum verfälscht und ungenau. Die Nomaden unter den Sinti, Roma und Fahrenden erkennt man am einfachsten an ihren Wohnwagen. Eine Zählung der Wohnwagen beinhaltet allerdings einen großen Unsicherheitsfaktor, da unbekannt ist, wie viele Personen darin wohnen. Aufgrund der hohen Geburtenrate dieser Gruppen steigt ihre Bevölkerungszahl. In Staaten, in denen Schätzungen durchgeführt wurden, geht man davon aus, dass circa jeder zweite Sinti, Roma oder Fahrende jünger als 16 Jahre alt ist. Schätzungen der 80er-Jahre ergeben, dass circa 7 Millionen bis 8,5 Millionen Sinti, Roma und Fahrende in Europa leben (vgl. Liégeois 1999: S. 34 ff.). Nach Weiss leben aktuell ungefähr 10 Millionen Sinti und Roma in Europa, davon ungefähr 120.000 in der Bundesrepublik Deutschland (vgl. Weiss [06.04.09]). Die Europäische Gemeinschaft ging 1997 noch von 7 Millionen bis 8,5 Millionen Sinti und Roma in Europa aus und von mindestens 110.000 bis maximal 130.000 Sinti und Roma in Deutschland (vgl. Hornberg 2000: S. 18). Ein Beleg für die unklare Kenntnis der Bevölkerungszahl ist, dass nach Mihok und Widmann dagegen lediglich rund 70.000 Sinti und Roma in Deutschland leben (vgl. Mihok & Widmann 2001: S. 43 ff.). Nach bisherigem Kenntnisstand ist davon auszugehen, dass Sinti und Roma in Deutschland eine Minderheit von mindestens 70.000 Menschen bilden.

III.1.2 Kulturelle Identität

Sinti und Roma galten als das von Gott verfluchte Volk, da sie angeblich die Nägel gefertigt hatten, mit denen Jesus Christus ans Kreuz genagelt wurde. Richtig ist, dass sie eine eigenständige, den Europäern des Mittelalters fremde Kultur aufwiesen und somit zwei Weltanschauungen beziehungsweise zwei Kulturen aufeinandertrafen. Die Lebensweise der Sinti und Roma wurde in Europa nicht toleriert, und man begegnete ihnen mit Verordnungen, Verboten, Verfolgung und Vernichtung. Die Sorge um die Existenz war allgegenwärtig. Die Diskrepanz zwischen den Wertvorstellungen, Normen und Traditionen der Mehrheitsbevölkerung und denen der Sinti und Roma wurde bis heute nicht überwunden. Umso erstaunlicher ist, dass Sinti und Roma sich Bestandteile ihrer eigenen Kultur erhalten konnten (vgl. Djuric et al. 2002: S. 287 ff.). Die evangelischen Kirchen in Deutschland sowie Thomas bezweifeln eine übergreifende Kultur der Sinti und Roma und sprechen von sehr individuellen Lebenswelten und unterschiedlichen kulturellen Identitäten (vgl. Evangelische Kirche in Deutschland 1991: S. 27 und vgl. Thomas 2000: S. 131). Es ist dennoch nicht zu leugnen, „dass eine eigenständige Kultur der Sinti und Roma existiert“ (Liégeois 1999: S. 51). Eventuell stellen sich Sinti und Roma die Frage nach ihrer kulturellen Identität aber völlig anders als die Mehrheitsbevölkerung. Als staatenloses Volk besitzen sie eine mehrschichtige Identität. Sie sind zum Beispiel Angehörige einer Sinti-Gruppe und zugleich Angehörige der Mehrheitsbevölkerung, in Deutschland dementsprechend deutsche Staatsbürger. „Kulturkontakt, Kulturwandel und interkulturelle Beziehungen zwischen Roma und Mehrheitsbevölkerung sind zentrale Charakteristika der Kultur dieses Volkes“ (Reemtsma 1996: S. 69).

Zahlreiche Hinweise deuten darauf, dass ihre kulturellen Wurzeln indischer Herkunft sind (vgl. Djuric et al. 2002: S. 287 ff.). „Die Kultur der [...] [Sinti und Roma] affirmiert den Menschen und die menschlichen Werte, unter denen Glück, Liebe und Freiheit einen zentralen Platz einnehmen. Sie ist demnach biophil [...] und als solche ist sie Bestandteil von humanistischer Tradition und Erbe“ (Djuric et al. 2002: S. 289). Den Sinn menschlicher Existenz erkennen sie nicht im „Haben, sondern im Sein“ (Djuric et al. 2002: S. 289). In europäischen Kulturen gilt die Schrift als Grundlage kultureller Identität. Sinti und Roma hatten bis zum Ende des 20. Jahrhunderts lediglich eine mündliche Kultur, mittels der sie ihre Mythen und Legenden, ihren Glauben, ihre Geschichten, Bräuche und auch ihre Sprache weitergaben. Jeder Stamm besaß ein Zeichensystem[9], um Nachrichten zu übermitteln, ähnlich den

---

9 „Dieser geheime Verständigungscode heißt sikajmako oder patrina (Blatt vom Baum), denn bei der Nachrichtenübermittlung wurden

Wegzeichen von Pfadfindern (vgl. Djuric et al. 2002: S. 291 f.). Merkmale ihrer eigenständigen Kultur sind in ihrer Religionsauffassung, ihren Familien, ihrer Reisetätigkeit und Berufstätigkeit zu erkennen.

III.1.3 Religion

Sinti und Roma der jeweiligen Staaten praktizieren meist den Glauben der Mehrheitsbevölkerung. So sind zahlreiche deutsche Sinti katholischen Glaubens (vgl. Köpf 1994: S. 15 f.), in Norddeutschland dagegen meist evangelisch (vgl. Evangelische Kirche in Deutschland 1991: S. 29). Zu Zeiten des jugoslawischen Bürgerkriegs war es problematisch, dass die im Kosovo lebenden Roma muslimisch waren, in Serbien orthodox und in der Vojvodina katholisch. Die Tatsache, dass Sinti und Roma, Angehörige eines Volkes, verschiedenen Glaubensrichtungen angehören, führte zu der Annahme, sie seien Ungläubige (vgl. Köpf 1994: S. 15 f.). Formal betrachtet besitzen Sinti und Roma scheinbar keine eigene religiöse Identität. In der Vergangenheit wurden Sinti und Roma verfolgt und zum Teil gezwungen, ihren Glauben abzulegen. Trotz dieses Umstandes und der Tatsache, dass ihre Religion nicht institutionalisiert war, behielten sie zahlreiche religiöse Elemente ihrer indischen Herkunft bei. Sie glauben an eine Vielzahl von Wesen und Geistern, die sich in zwei Gruppen aufgliedern: Die eine Gruppierung untersteht Gott, die andere dem Teufel. Diese bilden die Grundsätze ihrer dualistischen Weltanschauung, um die sich alles dreht. In ihrer Vorstellung regieren die Wesen und Geister die Welt, demzufolge sind sie äußerst schicksalsgläubig (vgl. Djuric et al. 2002: S. 301). „Die Roma und Sinti [...] haben das Karma verabsolutiert und finden für alle Ereignisse, besonders für die der Menschenwelt, eine Erklärung im Schicksal (astraja)" (Djuric et al. 2002: S. 301). Sie messen dem Glück eine absolute Bedeutung bei. Sie sind „unvergleichlich mehr mit der Sorge beschäftigt, wie sie im irdischen Leben zum Glück gelangen, als mit der Sorge um die Rettung der Seele und das ewige Leben, was die Schlüsselideen vieler Religionen sind" (Djuric et al. 2002: S. 313). Nach wie vor bestehen bei Sinti und Roma noch ureigene religiöse Feste, wie das Neujahrsfest der Roma sowie das

---

Blätter, Federn, Späne, Teile einzelner Gegenstände aus Metall oder Glas, Nahrungsreste usw. benutzt, oder man schrieb die Zeichen an bestimmte Stellen in der Natur" (Djuric et al. 2002: S. 291).

Bibi-Fest (zur Feier der Göttin Bibi). Dennoch pflegen Sinti und Roma vornehmlich die Religion, deren Konfession sie angehören. Aufgrund der Zugehörigkeit unterschiedlicher Religionen stellt sich ihr Weltbild in Bezug zu Leben und Tod unterschiedlich dar (vgl. Djuric et al. 2002: S. 316 ff.).

III.1.4 Familie

Die Familie bildet das Zentrum für Sinti und Roma. Ihre Mitglieder wohnen meist dicht beieinander, sprechen sich mit Namen an, die nicht in Ausweisen stehen und leben nach strengen Regeln. Wer dagegen verstößt, kann von der Gruppe ausgeschlossen und entehrt werden. „Er wird ‚palitsidu', wie es in der Sinti-Sprache heißt, also zurückversetzt" (Köpf 1994: S. 10).

Laut Verband der Sinti und Roma besitzen sie ein intaktes Familienleben. Sie unterliegen nicht dem Druck der Leistungsgesellschaft, den Lebensstandard stetig zu erhöhen. Ihr Streben ist auf das Lebensnotwendige beschränkt. Der beschriebene Familienzusammenhalt scheint allerdings zu schwinden. Beispielsweise lehnen sich Mädchen gegen die Rollenerwartungen innerhalb ihrer Familien auf, indem sie ihren Ehepartner selbst auswählen. Zahlreiche Mädchen heiraten vor ihrem 20. Lebensjahr. Dabei gilt Jungfräulichkeit als tugendhaft und wird erwartet. Der Mann ist das Oberhaupt der Familie, die Frau ihm untergeordnet. Ersparnisse werden von den Frauen verwaltet. Da Sinti und Roma, insbesondere die Reisenden, ihr Vermögen in Goldschmuck anlegen, entstand eventuell das Bild vom „reichen Zigeuner". Wahrer Reichtum ist für Sinti und Roma aber Kinderreichtum. Die Kinder werden innerhalb der Familie erzogen und gebildet. Ihre Tradition kannte keine Schule (vgl. Köpf 1994: S. 9 ff.).

Die Grundlagen der Erziehung bei Sinti und Roma bilden die Erziehung zu Autonomie, Verantwortung und Gemeinschaftssinn. Familien leben in drei bis vier Generationen zusammen und erziehen kollektiv. Sobald die Kinder alt genug sind, unterstützen sie durch ihre Arbeitskraft die Familie; das ist nicht zu verwechseln mit Kinderarbeit. Dieses Familiensystem ermöglicht eine vollständige Integration des Kindes, da es zeitgleich Objekt und Subjekt der Erziehung ist. In einzelnen Situationen erhält ein Kind ebensoviel Verantwortung wie ein Erwachsener (vgl. Liégeois 1999: S. 70 ff.).

III.1.5 Reisetätigkeit

Die historischen Wurzeln der Wanderbewegungen beziehungsweise Reisetätigkeit sind vielschichtig. Sinti und Roma waren aufgrund von Verfolgungen gezwungen, neue Lebensräume zu finden. Ökonomische Gründe sowie das Bedürfnis zur Familienzusammenführung der weit voneinander lebenden Familien waren weitere Beweggründe (vgl. Liégeois 1999: S. 31 ff.).

„Der Nomadismus ist sowohl eine Lebensform als auch eine Geisteshaltung" (Liégeois 1999: S. 57). In der Gegenwart hat das Reisen kulturelle, soziale und wirtschaftliche Gründe. Auf Reisen werden Kontakte gepflegt, Hochzeiten gefeiert und Berufe ausgeübt. Die Reisetätigkeit ist ein wesentlicher Bestandteil ihrer Kultur, allerdings nicht für alle Sinti und Roma gleichermaßen. Es gibt einen strukturellen Nomadismus, der auf sozialen und wirtschaftlichen Strukturen fußt, die situationsgebundene Reisetätigkeit aufgrund äußerer Einflüsse, eine Mischform des oben genannten sowie die sesshaft gewordenen Sinti und Roma (vgl. Liégeois 1999: S. 56 f.). In den 80er-Jahren hatte in der Bundesrepublik Deutschland bereits der Großteil der Sinti einen festen Wohnsitz, lediglich zehn Prozent waren dauerhaft auf Reisen. Nach wie vor reiste aber die Mehrheit mindestens einige Wochen im Jahr, wobei sie wieder an ihren Wohnort zurückkehrten; circa ein Viertel reiste mehr als drei Monate im Jahr. Ungefähr 25 % bis 30 % lebten damals in Obdachlosen- oder Zigeunersiedlungen (vgl. Hundsalz 1982: S. 19 ff.). Es ist zu berücksichtigen, „dass ökonomisch erfolgreiche sesshaft gewordene Sinti und Roma in den offiziellen Statistiken der meisten westeuropäischen Länder nicht als solche auftauchen" (Acton, zit. aus: Liégeois 1999: S. 58).

III.1.6 Berufstätigkeit

Zu Anfang der 80er-Jahre waren viele Sinti arbeitslos und Sozialhilfeempfänger; circa 25 % übten keine berufliche Tätigkeit aus (vgl. Hundsalz 1982: S. 21). Laut Köpf gehen heute die meisten Sinti und Roma alltäglichen Berufen nach. Viele reisen aus beruflichen Gründen, beispielsweise als Kaufleute, Antiquitätenhändler, Musiker oder Künstler (vgl. Köpf 1994: S. 19). Traditionell ausgeübte Berufe verschwinden. Sinti und Roma arbeiten in Industrie und Wirtschaft oder betreiben ein selbstständiges Gewerbe. Hierfür mangelt es ihnen aber oft an schulischer und beruflicher Qualifikation (vgl. Evangelische Kirche in Deutschland 1991: S. 49). Liégeois beschreibt die berufliche Aktivität von Sinti und Roma positiver. Dabei lobt er insbesondere die Flexibilität und

Vielseitigkeit dieser Menschen. So führt eine Person zum Teil verschiedene Berufe beziehungsweise Tätigkeiten parallel aus, je nach Notwendigkeit. Neben ihrer Vielseitigkeit ist die Unabhängigkeit ein wesentliches Element ihrer beruflichen Aktivität. Aufgrund ihrer zeitlichen Unabhängigkeit sind sie bestens in der Lage, soziale Verpflichtungen wahrzunehmen. Diese Unabhängigkeit wiegt für sie höher als die Sicherheit einer festen Stelle. Ihre Berufswahl ist ein Kompromiss zwischen Erfordernis und dem Bedürfnis nach einer unabhängigen Lebensweise. Der oben erwähnte Wechsel der beruflichen Tätigkeiten macht eine statistische Erhebung zur Berufstätigkeit nahezu unmöglich, wenngleich es einige Erhebungen dazu gibt. Die klassischen Tätigkeitsfelder von Sinti und Roma sind: „Metallbearbeitung, Sammlung und Verkauf bestimmter Materialien, Musik, Zirkus, Schaustellerei, Pferdezucht und -handel, Hausierhandel, Verkauf auf Märkten, Herstellung und Verkauf verschiedener Waren, Landarbeit, Wahrsagen, als Ergänzung auch Betteln“ (Liégeois 1999: S. 65 f.). Neue berufliche Tätigkeiten kommen hinzu und alte werden entsprechend der Nachfrage wiederentdeckt. Einige Berufe unterliegen anscheinend einer Mode. So gab es Zeiten, in denen das Handeln mit Antiquitäten sehr gefragt war, dann das Durchführen von Teerarbeiten sowie das Reparieren von Dächern. Liégeois erwähnt und kritisiert zugleich in diesem Zusammenhang die Handhabung der Sozialhilfe bei Sinti und Roma. Diese Form der Unterstützung wird ihnen oft nicht gerecht, und sie erhalten teilweise nicht den ihnen zustehenden Satz (vgl. Liégeois 1999: S. 65 ff.). „Dennoch hält sich in der öffentlichen Meinung und sogar bei Behörden die Vorstellung, dass Sinti und Roma im Gegenteil ein ‚parasitäres‘ Volk sind, das auf Kosten des Staates und der Kommunen lebt, ohne selbst etwas zu leisten“ (Liégeois 1999: S. 69).

III.2 Geschichte der Sinti

III.2.1 Wanderungen

III.2.1.1 Ursprung

Die Sprache Romanes[10] sowie historische Schriftstücke ermöglichen Rückschlüsse zur Herkunft der Sinti und Roma (vgl. Djuric et al. 2002: S. 41). Die sprachliche Verwandtschaft zum Sanskrit belegt die indische Herkunft der Sinti und Roma (vgl. Liégeois 1999: S. 31). Es bindet Kollektiverinnerungen dieses Volkes und beinhaltet Sprachelemente anderer Kulturen, mit denen dieses Volk während der Jahrhunderte Kontakt hatte. Historische Schriftstücke in literarischer und wissenschaftlicher Form verschiedenster Kulturen geben Aufschlüsse über die Geschichte der Sinti und Roma. Die Vermutung, dass Sinti und Roma indischer Herkunft sind, konnte aufgrund mangelnder historischer Daten nicht eindeutig belegt werden. Dies liegt insbesondere an der unzureichenden Geschichtsdokumentation der Hindus. Es ist nur eine Vermutung, dass der Name Sinti sich auf die indische Region Sindh zurückführen lässt (vgl. Djuric et al. 2002: S. 41 ff.).

Die Wanderungen der Sinti sind in fünf Zeiten einzuteilen. Anfang des vierten Jahrhunderts verließen kleine Gruppen von Sinti und Roma Indien in Richtung Persien. Soziale und wirtschaftliche Gegebenheiten waren Beweggründe für diese erste Wanderungsbewegung. Vom siebten bis zehnten Jahrhundert vollzog sich die zweite Wanderungsbewegung. Diese Wanderung reichte bis Kurdistan und Armenien, einzelne Gruppen zogen noch weiter. Die dritte Wanderung dauerte vom elften bis zum zwölften Jahrhundert. Aufgrund politischer Wirren flohen Sinti und Roma in Richtung Türkei und Griechenland. Die Kriege Dschingis-Khans sorgten im 13. Jahrhundert für die vierte Wanderungsbewegung. Sie flohen und gerieten auf ihren Wanderungen in kriegerische Konflikte anderer Völker. Es ist unklar, inwieweit Sinti und Roma

---

10 Bei der Verwendung des Begriffes Romanes orientiere ich mich am Beispiel Liégeois'. „Die Sprache der Sinti und Roma heißt korrekt Romani, das zugehörige Adverb romanes - also: Das Romani ist eine Sprache indischen Ursprungs; dieser Autor schreibt auf Romanes. Um den Leser nicht unnötig zu verwirren, habe ich außer in Zitaten die Form Romanes (also auch das Romanes) benutzt, wie ich es auch oft von Sinti und Roma selbst gehört habe" (Liégeois 1999: S. 21).

in die Kriege involviert waren. Ohne eine historische Analyse sind exakte Aussagen zu Herkunft und Wanderungsbewegungen nicht zu leisten. Im 14. Jahrhundert begann die europäische Wanderungsbewegung. Aufgrund ausreichender wissenschaftlich verwendbarer Quellen bestehen über diese fünfte Wanderungsbewegung genauere Kenntnisse (vgl. Djuric et al. 2002: S. 41 ff.).

III.2.1.2 Europa

Im 14. und 15. Jahrhundert wanderten Sinti und Roma von Osten nach Europa. Die Gruppen blieben nur kurz an einem Ort und durchstreiften große Teile Europas (vgl. Djuric et al. 2002: S. 1 ff.).

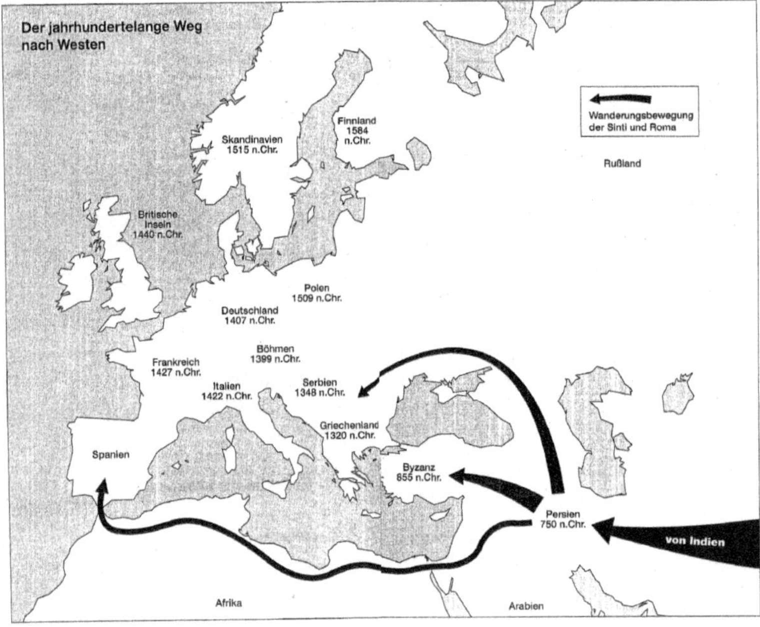

(Köpf 1994: S. 6 f.)

Anfangs noch geduldet, wurden sie in vielen Teilen Europas zunehmend vertrieben. Begonnen haben die Vertreibungen im 15. Jahrhundert in Luzern, Brandenburg und Spanien. Der Reichstag erklärte Sinti und Roma 1496/1497[11] für vogelfrei. Zu Beginn des 16. Jahrhunderts vertrieb man sie mit vergleichbaren Methoden aus Holland, Portugal, England, Frankreich, Schottland, Flandern, Dänemark, Böhmen, Polen und Litauen (vgl. Strauß 1998: S. 35).

Die Wege der Gruppen kreuzten und verwischten sich. Die Geschwindigkeit der Wanderungen nahm ab. Zum Teil schränkten einige Gruppen ihre Wanderungen stark ein oder wurden sesshaft, meist aus ökonomischen Gründen. In einigen Regionen Europas kam es zu kulturellen Vermischungen, wie zum Beispiel im spanischen Andalusien. In der zweiten Hälfte des 19. Jahrhunderts kam es zu einer weiteren Wanderungsbewegung. Zahlreiche rumänische Roma wurden aus der Sklaverei entlassen und verließen das Land. Eine dritte Wanderbewegung auf europäischem Boden ging 1960 von Jugoslawien aus (vgl. Djuric et al. 2002: S. 41 ff.).

III.2.1.3 Deutschland

Anfang des 15. Jahrhunderts erreichten die ersten Sinti Deutschland. Zu Beginn wurden sie freundlich empfangen, zumal sie über Geld sowie Schutz- und Geleitbriefe verfügten. Das Ansehen der Sinti verschlechterte sich zügig, da man sie zum Beispiel für Tartaren hielt. Ihnen wurde nachgesagt, zu stehlen, dunkle Magie des Teufels anzuwenden und für den türkischen Feind zu spionieren. Gerade die Bevölkerung des 15. Jahrhunderts war empfänglich für diese Mutmaßungen. Es war eine von Angst geprägte Zeit; die Menschen fürchteten Umweltkatastrophen, Seuchen, Türken, den Teufel und seine Helfer. Diese Helfer waren nach damaliger Vorstellung Juden, Hexen und eben Zigeuner, die dementsprechend verfolgt wurden. Am 4. September 1498 beschloss der Reichstag, alle Sinti aus Deutschland zu vertreiben und erklärte sie für vogelfrei. Sinti zogen sich zurück, bewahrten ihre gesellschaftliche und kulturelle Identität und assimilierten sich nicht. Seit dem 18. Jahrhundert wurde die Gesetzgebung modifiziert, dennoch nicht abgeschafft. Sinti blieben Bürger mit

---

11 Anders als Strauß datiert Wippermann diese Erklärung auf den 4. September 1498 (vgl. Wippermann 1992: 3.4.1.-2).

eingeschränkten Rechten. Sie durften zum Beispiel keine Waffen und Hunde besitzen und wurden in besonderen Dateien geführt. Sie unterstanden weiterhin einem Sonderrecht, obwohl die meisten Sinti inzwischen deutsche Staatsbürger waren (vgl. Wippermann 1992: 3.4.1.-1 ff.).

Ab 1899 wurden Sinti und Roma auf deutschem Gebiet systematisch verfolgt. Beispielsweise wurde 1906 in Preußen eine „Zigeunergesetzgebung“ eingeführt und 1926 in Bayern das "Arbeitsscheuengesetz". Diese Gesetze boten die Möglichkeit, auch gegen bereits assimilierte Sinti und Roma hart vorzugehen. Zeitgleich gab es in Literatur und Kunst eine Romantisierung des Zigeunerlebens, die in der Bevölkerung eine kulturelle Fremdartigkeit hervorrief. Dies erleichterte den Nationalsozialisten, die Politik der Verfolgung durchzuführen (vgl. Strauß 1998: S. 35). Die erwähnten Sonderregelungen sind ein Grund, weshalb nur wenige Sinti und Roma sozial aufstiegen (Künstler, Pferdehändler und Schausteller) und die meisten arm blieben. Zahlreiche arbeiteten als Händler, Hausierer, Kesselflicker, Scherenschleifer, Musiker oder Korbflechter. Es erwies sich als notwendig, zumindest während der Sommermonate zu reisen, um diese Berufe auszuüben. Jedoch war das nicht der einzige Grund, weshalb nur wenige sesshaft wurden. Zahlreiche Gemeinden bemühten sich, eine Ansiedlung zu verhindern, was auch finanzielle Gründe hatte. Denn beispielsweise mussten in Preußen die Gemeinden seit 1842 für die finanzielle Unterstützung von Armen an ihrem Ort aufkommen. Sinti und Roma konnten daher kaum sesshaft und angepasst leben (vgl. Wippermann 1992: 3.4.1.-3 f.).

Die Geschichte der "Ablehnung" wurde bis zu ihrem negativen Höhepunkt im Dritten Reich fortgeführt. Aussagen Ritters, Leiter einer rassehygienischen Forschungsstelle, belegen die damalige Verachtung (vgl. Köpf 1994: S. 30 ff.). Ritter[12] schrieb im Jahre 1939: „Sowohl aus sozialen wie kriminalpolitischen Gründen wird es sich als notwendig erweisen, einen großen Teil dieser Mischlinge in geschlossenen Arbeitskolonien unterzubringen. Vom rassehygienischen Standpunkt aus muss darüber hinaus gefordert werden, dass die hemmungslose Fortpflanzung dieser Mischlingspopulation unterbunden, und dass dem weiteren Ein-

12 In diesem Zusammenhang ist die Lektüre von Texten Ritters zu empfehlen (Ritter 1938a; Ritter 1938b; Ritter 1939 und Ritter 1941) sowie Hohmanns Studien hierzu (Hohmann 1991).

sickern von Zigeunerblut in den deutschen Volkskörper ein Ende bereitet werden muss. Welche Wege zu beschreiten sind, um zu diesem Ziel zu gelangen, hat der Gesetzgeber zu entscheiden" (Ritter 1939: S. 19).

Die indische Herkunft der Sinti und somit den Status als Arier umging Ritter, indem er über 90 % der Sinti als Mischlinge ansah, die sich auf den Wanderungen nach Europa mit anderen Völkern mischten. Dies war die Argumentationsgrundlage für die menschenverachtende Verfolgung und Ausrottung (vgl. Köpf 1994: S. 67 ff.).

Am 8. Dezember 1938 setzte Himmler, Reichsführer der SS, mittels Runderlass die Vernichtungsmaschinerie in Gang; Polizei, Beamte und Wissenschaft arbeiteten Hand in Hand (vgl. Djuric et al. 2002: S. 270). Bis zum Ende des Dritten Reiches starben circa 15.000 aus Deutschland stammende Sinti und Roma in Konzentrationslagern. Der Tsiganologe Hohmann schätzt, dass insgesamt ungefähr 500.000 Sinti und Roma ermordet wurden, Kenricks Schätzung liegt bei 277.200 Toten (vgl. Köpf 1994: S. 65 f.).

Die Diskriminierung während des Dritten Reiches setzte sich - wenn auch nicht in solch brutaler Konsequenz - nahtlos nach 1945 fort. Noch 1956 begründete der Bundesgerichtshof eine Entschädigungsablehnung damit, dass Sinti und Roma nicht aus Rassegründen nach Polen umgesiedelt wurden, sondern aufgrund von Vorbeugungs- und Sicherungsmaßnahmen. Außerdem erhielten die meisten Sinti, deren Pässe von den Nazis eingezogen wurden, erst in den Siebzigerjahren ihre deutsche Staatsbürgerschaft zurück (vgl. Köpf 1994: S. 67 ff.). In der Bundesrepublik entwickelte sich nach dem Naziregime kein Unrechtsbewusstsein bezüglich der NS-Verfolgung und Vernichtung gegenüber den Sinti und Roma. Denken und Grundhaltung veränderten sich nicht. Sinti und Roma wurden nicht gleichberechtigt behandelt und hatten demzufolge Schwierigkeiten, am wirtschaftlichen Aufschwung teilzuhaben. Erst in den 60er-Jahren akzeptierten die Kommunen, dass die bis dato in Wohnwagen und Notunterkünften lebenden Sinti und Roma Teil der Kommunen waren. Sie richteten Barackensiedlungen ein, die meist weit außerhalb der Städte lagen. (vgl. Mihok & Widmann 2001: S. 44 f.) „In […] [diesen] Siedlungen wuchs ein Teil der jungen Generation wie in einem Getto heran - mit geringen Chancen auf gute Schulbildung sowie soziales und wirtschaftliches Fortkommen" (Mihok & Widmann 2001: S. 45).

III.2.2 Exkurs: Antiziganismus

Nach wie vor besteht in zahlreichen Köpfen der Mehrheitsbevölkerung ein irreales, romantisches Zigeunerbild voller Klischees und Unkenntnis, welches das Fortbestehen von Vorurteilen und Antiziganismus begünstigt (vgl. Giere 1996: S. 148). Das Bild der Sinti und Roma, der als Zigeuner bekannten Volksgruppe, ist geprägt von Gefahr und Romantik. Auf der einen Seite besteht die Vorstellung des kriminellen Zigeuners, der auf Kosten anderer lebt, in der Fußgängerzone bettelt und dessen Kinder stehlen. Andererseits assoziiert man beim Wort Zigeuner Freiheit, Magie, Reise, Gruppenzusammenhalt und Musik. Diese Wahrnehmung entsteht durch Alltagsgespräche, Presseberichte, Literatur, Filme und Kunst, kaum durch erlebte Erfahrungen. Bedenkt man die relativ geringe Bevölkerungszahl an Sinti und Roma in Deutschland, so werden nur wenige Menschen direkten Kontakt mit ihnen haben (vgl. Mihok & Widmann 2001: S. 42 ff.).

1994 ermittelte das Emnid-Institut, dass 68 % der Deutschen es ablehnen, Zigeuner als Nachbarn zu haben (vgl. Mihok & Widmann 2001: S. 42). Das Allensbach-Institut kam zwei Jahre zuvor zu ähnlichen Ergebnissen. Mit 64 % erzielte diese Gruppe eine ähnlich hohe Ablehnungsquote wie Alkoholiker (64 %), Linksradikale (62 %) und Drogenkonsumenten (66 %). Im Vergleich dazu war die Ablehnung von Moslems (17 %), Juden (7 %), Gastarbeitern (12 %) und Dunkelhäutigen (8 %) relativ gering. In der Öffentlichkeit werden Sinti als eine Gruppe Krimineller wahrgenommen (vgl. Margalit 1997: S. 250 ff.). Wie oben erwähnt, kann dieses Bild kaum aufgrund persönlicher Erfahrungen entstanden sein, da in Deutschland nur rund 70.000 (vgl. Mihok & Widmann 2001: S. 43 ff.) bis 130.000 (vgl. Hornberg 2000: S. 18) Sinti und Roma leben.

Die Gründe der Ablehnung liegen in der unzureichenden Aufklärung über die historischen Verbrechen an Sinti und Roma sowie an den Informationsquellen. Es mangelte an Unrechtsbewusstsein, und Vorurteile blieben nach Kriegsende lange bestehen (vgl. Mihok & Widmann 2001: S. 43 ff.).

III.3 Situation der Sinti in Bad Hersfeld

„Von den über 100 Sinti, die Ende März 1943 aus Hersfeld und Umgebung nach Auschwitz verschleppt worden waren, überlebten 30 Personen, jüngere Männer und Frauen, die zum Arbeitseinsatz zunächst ins Hauptlager Auschwitz, dann über die Konzentrationslager Buchenwald und Ravensbrück zu verschiedenen Produktionsstätten im Reich transportiert worden waren und dort Zwangsarbeiten leisteten. Einzelne Häftlinge wurden für medizinische Versuche missbraucht" (Engbring-Romang 2002: S. 130).

Nach Kriegsende kehrten Sinti aus Bergen-Belsen und weiteren Konzentrationslagern zurück nach Bad Hersfeld (vgl. Der Spiegel Nr. 43/1979: S. 112) und lebten zunächst in einfachsten Holzverschlägen und Caravans neben einer Barackensiedlung im Kistnersgrund[13], die sie in den 50er-Jahren bezogen. Die Lebensbedingungen waren katastrophal und wurden vom Gesundheitsamt als gesundheitsgefährdend eingestuft (vgl. Kehl et al. 1993: S. 395).

Lebten 1978 circa 200 Sinti in Bad Hersfeld (vgl. Der Spiegel Nr. 43/1979: S. 112), so waren es 1993 250 bis 350 Sinti; dies entsprach etwa einem Bevölkerungsanteil von 1 %[14] (vgl. Kehl et al. 1993: S. 392). Dennoch wurde und wird die Situation um die relativ kleine Gruppe der Hersfelder Sinti als problematisch betrachtet (vgl. Der Spiegel Nr. 43/1979: S. 112; vgl. Kehl et al. 1993: S. 392 und vgl. Hersfelder Zeitung 23. März 1998). Das Verhältnis zwischen Sinti und Mehrheitsbevölkerung war bereits frühzeitig gestört. Nach einem nicht bewiesenen Diebstahl durch Sinti-Kinder erreichte der Konflikt 1958 einen negativen Höhepunkt, der in verschiedenen Aussagen und Geschehnissen deutlich wird. So äußerte sich der damalige Bürgermeister Dr. Janssen, dass die Stadt Bad Hersfeld „‚1945 gezwungen worden [sei], die Zigeuner' als Verfolgte des Naziregimes aufzunehmen" (Der Spiegel Nr. 43/1979: S. 114). Landrat Zerbe forderte, dass den Sinti „die Lust an Bad Hersfeld vergehen [muss]" (Der Spiegel Nr. 43/1979: S. 114). Außerdem entlastete er die staatlichen Organe von der Pflicht der Straftatenaufklärung, indem er die Sinti für kollektiv-

---

13 Es handelt sich hierbei um ein Gebiet in Bad Hersfeld.

14 Hierbei ist das Fehlerpotenzial eines solchen Wertes zu berücksichtigen. Kommunen führen seit der Nazizeit keine ethnischen Statistiken über Sinti. Sie sind deutsche Staatsbürger und werden dementsprechend statistisch geführt.

schuldig erklärte. „Der Landrat bemerkte, dass es grundsätzlich gleichgültig sei, wo gestohlen worden ist, fest stehe, dass der Kistnersgrund der Herd der Übergriffe sei" (Der Spiegel Nr. 43/1979: S. 114). In der Presse wurde bedauert, dass der Beschluss des Magistrats, eine große Laterne im Kistnersgrund zu installieren, noch nicht umgesetzt wurde. Außerdem wurden die Einzäunung des Geländes sowie die Einrichtung einer fünf Mann starken Polizeistation gefordert. 1964, nach einem weiteren - nicht bewiesenen - Diebstahlsdelikt, forderten Bad Hersfelder die „Registrierung aller im Lager Lebenden, Einstellung der Unterstützung für Zigeuner [sowie die] Umzäunung des Lagers mit Stacheldraht" (Der Spiegel Nr. 43/1979: S. 114). Die Gruppe der Sinti war auch Jahre später in Bad Hersfeld nicht erwünscht. Dies belegt die Tatsache, dass es zum Beispiel für Sinti in Bad Hersfeld noch 1979 Lokalverbote gab (vgl. Djuric et al. 2000: S. 210 und vgl. Der Spiegel Nr. 43/1979: S. 112 ff.).

Es wurde jahrelang unkonstruktiv und zum Teil menschenverachtend über die Wohnsituation der Sinti diskutiert, ohne dass sich etwas Grundlegendes änderte (vgl. Der Spiegel Nr. 43/1979: S. 112 ff.). So wurde das „Zigeunerproblem" (vgl. Hersfelder Zeitung 14. Juni 1978 und vgl. Hersfelder Zeitung 30. Juni 1978) in Bad Hersfeld ein politisches Thema. Es entstand massiver Widerstand gegen die Errichtung einer Siedlung (vgl. Hersfelder Zeitung 24. November 1979 und vgl. Hersfelder Zeitung 22. Dezember 1979). Erst mit der zeitgleichen Bürgerrechtsbewegung des Zentralrates Deutscher Sinti und Roma wurde auch in Bad Hersfeld eine öffentliche, emotionale und ergebnisorientierte Diskussion über die Wohnverhältnisse der ortsansässigen Sinti geführt. Diese führte dazu, dass am Stadtrand 27 Einzelhäuser errichtet wurden, die 1981 von 125 Sinti bezogen wurden. 1986 bezogen die in der Barackensiedlung verbliebenen 50 Sinti Wohnungen in der Untere Kühnbach[15]. Eine soziale Betreuung dieser Gruppe war mit Errichtung der Siedlung geplant, wurde aber nicht umgesetzt (vgl. Kehl et al. 1993: S. 396). Laut Zeitungsartikel leben derzeit in 17 der 27 Häuser knapp 200[16] Sinti (vgl. Hersfelder Zeitung 1. November 2008).

15 Die Untere Kühnbach bezeichnet eine Straße in Bad Hersfeld.

16 Aufgrund der persönlichen Forschungskontakte mit Sinti in der Siedlung erscheint diese Angabe fehlerhaft (zu hoch). Es ist kaum vorstellbar, dass fast 200 Sinti in 17 Häusern in der Sinti-Siedlung an der B 27 leben. Dies würde bedeuten, dass im Schnitt über elf Personen in ei-

Bad Hersfelder Sinti verstehen sich selbst als reisende Händler, die mit Möbeln und Schrott handeln. Die Frauen hausieren und ergänzen dadurch das Familieneinkommen. Dennoch reichen die Einnahmen meist nicht aus. Zwei Drittel erhalten in den Herbst- und Wintermonaten Sozialhilfe[17]. Somit beziehen sie ihr Einkommen aus dem Handelgewerbe und den Geldern aus öffentlichen Mittelzuweisungen, wie zum Beispiel Wiedergutmachungsgelder, Arbeitslosenhilfe, Renten, Sozialhilfe und Kindergeld. Der Zusammenbruch ihrer traditionellen Erwerbstätigkeiten sowie der Zusammenbruch ihrer sozialen Strukturen, eine direkte Folge der Vernichtung während des Dritten Reiches, verursachen die Auflösung der Sinti-Kultur. Daraus resultiert eine kulturelle Orientierungslosigkeit, zumal die Kultur der Mehrheitsbevölkerung die Assimilation fördert (vgl. Kehl et al. 1993: S. 396).

In der Vergangenheit wurden Sinti ausgegrenzt, schotteten sich jedoch auch ab. Derzeit fühlen sie sich in Bad Hersfeld geduldet, allerdings nicht akzeptiert (vgl. Hersfelder Zeitung 1. November 2008).

III.4 Schulsystem

Dieser Abschnitt stellt das deutsche beziehungsweise hessische Schulwesen in Kürze vor. Die Betrachtung beginnt mit dem Blick auf historische und strukturelle Bedingungen des Systems und geht dann über in die aktuelle Schuldiskussion.

III.4.1 Geschichte des deutschen Schulsystems

Das deutsche Schulwesen hat weit zurückreichende Wurzeln. Die folgende Darstellung beschränkt sich jedoch auf die historischen Entwicklungen seit Ende des Dritten Reiches.

---

nem Haus wohnen. Aufgrund der kleinen Größe der Häuser sowie meiner Beobachtungen während der Interviews ist diese hohe Zahl nicht nachvollziehbar. Allerdings leben weitere Sinti im Stadtteil Hohe Luft sowie verteilt in anderen Regionen Bad Hersfelds.

17 Einen aktuellen Überblick über die finanzielle Situation der Sinti vermittelt das Interview mit den in Bad Hersfeld tätigen Hartz-IV-Fallmanagern (vgl. Ergebnisse: Hartz IV-Fallmanager).

In Westdeutschland wurde nach dem Krieg das Bildungswesen des Dritten Reiches von der amerikanischen ZOOK-Kommission[18] untersucht und beurteilt: „Dieses System hat bei einer kleinen Gruppe eine überlegende Haltung und bei der Mehrzahl der Deutschen ein Minderwertigkeitsgefühl entwickelt, das jene Unterwürfigkeit und jenen Mangel an Selbstbestimmung möglich machte, auf denen das autoritäre Führerprinzip gedieh. [...] Es ist augenscheinlich, dass das Erziehungssystem eines Landes die Grundlagen des ‚Klassengeistes' verstärken oder auch eine kulturelle Gemeinschaft aller Bürger aufbauen kann" (ZOOK-Kommission, zit. aus: Universität Duisburg Essen - Arbeitsgruppe Bildungsforschung/Bildungsplanung [22.09.05]: S. 33). Laut Alliiertem Kontrollrat sollten im neuen Schulsystem drei Aspekte berücksichtigt werden: Ökonomie, Organisation und Inhalt. Erstens ist jedem Bürger der Zugang zu Bildung ökonomisch zu ermöglichen. Zweitens, die Gliederung des Schulsystems sollte nicht mehr vertikal organisiert sein. Drittens sollten die Inhalte (Curricula) des Schulsystems neu und demokratisch geprägt sein. Diese Empfehlung wurde jedoch nicht berücksichtigt. In der Bundesrepublik wurde das bestehende Schulsystem restauriert. Es wurde mit begabungstheoretischen und ökonomischen Argumenten begründet (vgl. Universität Duisburg Essen - Arbeitsgruppe... [22.09.05]: S. 33 f.). Ein Beispiel hierfür ist die Argumentation des Psychologen Weinstock: „Dreierlei Menschen braucht die Maschine. Den, der sie bedient und in Gang hält, den, der sie repariert und verbessert, schließlich den, der sie erfindet und konstruiert. Hieraus ergibt sich: Die große Masse der Ausführenden, die kleine Gruppe der Entwerfenden und dazwischen die Schicht, die unter den beiden vermittelt [...]. Offenbar verlangt die Maschine eine dreigliedrige Schule: eine Bildungsstätte für die Ausführenden, also zuverlässig antwortenden Arbeiter, ein Schulgebilde für die verantwortlichen Vermittler und endlich ein solches für die Frager, die sogenannten theoretisch Begabten" (Weinstock 1955: S. 152).

Erst volkswirtschaftliche Zusammenhänge und demokratische Grundideen sorgten in den 60er-Jahren für eine Veränderung der Bildungslandschaft. Aus ökonomischer Sicht sollte die „Bil-

---

18 Die ZOOK-Kommission war eine neunköpfige Expertengruppe, die im Auftrag des amerikanischen Präsidenten 1946, unter Leitung von George F. Zook, das deutsche Schulwesen kritisch analysierten (vgl. Oelkers 2006: S. 47).

dungsproduktion" angekurbelt werden, damit Deutschland global wettbewerbsfähig bleibt. „Die Kunstfigur des ‚katholischen Arbeitermädchens vom Lande'" (Universität Duisburg Essen - Arbeitsgruppe... [22.09.05]: S. 35) diente dem Bildungsbürgertum als Argumentation, „die Ungleichheit der Bildungschancen [...] abzubauen" (Universität Duisburg Essen - Arbeitsgruppe... [22.09.05]: S. 35). Die Schullandschaft hat sich daraufhin verändert. 1964 wurde die Hauptschule eingerichtet, das Fachlehrerprinzip eingeführt, Gesamtschulen im Rahmen von Schulversuchen eingerichtet und 1972 die gymnasiale Oberstufe neu strukturiert (vgl. Universität Duisburg Essen - Arbeitsgruppe... [22.09.05]: S. 35 ff.). Dennoch bleibt als Fazit der Reformjahre: „Die Bildungsreform ist nicht gescheitert, aber sie ist `stecken geblieben´ - unter anderem auch in der großen ökonomischen Krise seit Mitte der Siebzigerjahre" (Universität Duisburg Essen - Arbeitsgruppe... [22.09.05]: S. 38).

Die größte schulpolitische Veränderung fand nach der deutschen Wiedervereinigung in der ehemaligen DDR statt, indem die neuen Bundesländer die Schulstruktur der alten Länder kopierten. Eine weitere Debatte über eine Reform des Schulwesens wurde seither nicht ernsthaft geführt. Erst die Ergebnisse verschiedener Studien (TIMMS, PISA-E, PISA-O und Iglu) führten zu einer erneuten Diskussion über die Struktur des deutschen Schulsystems (vgl. Auernheimer 2003: S. 9).

III.4.2 Struktur des deutschen Schulwesens

Das hessische Schulwesen zum Zeitpunkt der Datenerhebung[19] gliedert sich nach Jahrgangsstufen, Schulstufen und Schulformen. „Die Jahrgangsstufen eins bis vier bilden die Grundstufe (Primarstufe), die Jahrgangsstufen fünf bis neun oder zehn die Mittelstufe (Sekundarstufe I) und die anschließenden drei Jahrgangsstufen des gymnasialen Bildungsganges sowie die beruflichen Schulen die Oberstufe (Sekundarstufe II). Schulen für Erwachsene haben die Aufgabe, den Erwerb von Abschlüssen der allgemeinbildenden Schulen der Sekundarstufe nachträglich zu ermöglichen"

19 Inzwischen wurden gesetzliche Veränderungen durchgeführt, welche die Ergebnisse dieser Forschungsarbeit nicht beeinträchtigen. Die aktuelle Fassung (Stand: 6/2008) des hessischen Schulgesetzes befindet sich auf der Homepage des Hessischen Kultusministeriums (hessisches Kultusministerium [15.04.09]).

(HSchG § 11 (2)). Die Schulformen der allgemeinbildenden Schulen sind die Grundschule, Hauptschule, Realschule, das Gymnasium, die schulformübergreifende (integrierte) Gesamtschule sowie die Förderschule. Außerdem gibt es noch die beruflichen Schulen und die Schulen für Erwachsene. Hauptschulen, Realschulen und Gymnasien sind dabei zum Teil als schulformbezogene (kooperative) Gesamtschulen eingerichtet. Außerdem gibt es Förderstufen, die schulformübergreifend an Hauptschulen, Realschulen, Grundschulen oder kooperativen Gesamtschulen angegliedert sein können. Diese umfassen die Jahrgänge fünf und sechs (vgl. HSchG § 11).

Rohrmann gliedert das deutsche Schulsystem vertikal und horizontal auf. Es „ist in vertikaler Hinsicht fünf- und in horizontaler Hinsicht achtfach gegliedert. Vertikal differenziert es nach Leistungsgesichtspunkten, horizontal nach spezifischen Besonderheiten der Schülerschaft, die im gesellschaftlichen Verständnis als Behinderungen in einem ontologischen Sinne gelten" (Rohrmann 2007: S. 181).

Regel- und Sonderschulsystem in Deutschland							
	Sonderschule für						
Regelschule	Verhaltens-gestörte	Blinde	Sehbehinderte	Gehörlose	Schwerhörige	Körperbehin-derte/Kranke	Sprach-behinderte
Gymnasium							
Realschule							
Hauptschule							
Lernbehinderte							
Geistigbehinderte							

(Rohrmann 2007: S. 181)

Das deutsche Schulsystem existiert in seinen Grundstrukturen kaum hundert Jahre. Einerseits ist es somit vergleichsweise jung, andererseits bereits sehr veraltet. Es tritt fortschrittlich und rückständig zugleich auf, altmodisch aber anpassungsfähig (vgl. Gudjons 1997: S. 277).

Ein solches Schulsystem erfüllt drei wichtige Funktionen: Qualifikation, Selektion und Legitimation. Die Schule qualifiziert die nächste beziehungsweise heranwachsende Generation. Sie selektiert die Schüler nach Leistungen und verteilt so unterschiedliche soziale Positionen und vermittelt gesellschaftliche Werthaltungen (vgl. Universität Duisburg Essen - Arbeitsgruppe... [22.09.05]: S. 4 f.). Die Schule steuert einen entscheidenden Beitrag zur Sozialisation junger Menschen bei. Das Schulsystem ist anhand der Sozialisationsbedürfnisse gereift und dient hauptsächlich diesem Zweck. Fünf Merkmale kennzeichnen das Schulsystem:

1.) Es beinhaltet einen komplexen Organisationsgrad. Dies ist Ausdruck für die gesellschaftliche Funktion der Schule. Das System differenziert sich gerade in den oberen Jahrgängen immer mehr.

2.) Das deutsche Schulsystem ist nach der Primarstufe ein dreigliedriges Schulsystem. Berücksichtigt man die Gesamtschule und die verschiedenen Sonderschularten, dann muss von einem mehrgliedrigen Schulsystem[20] gesprochen werden. Eine Initiative (1970) des Deutschen Bildungsrates zur flächendeckenden Einführung eines Gesamtschulwesens scheiterte.

3.) Ein Kennzeichen des Schulsystems ist die Trennung von beruflicher und allgemeiner Bildung.

4.) Das Schulwesen wird föderalistisch organisiert. Verantwortlich dafür ist die Kulturhoheit (GG: Art. 72-75)[21] der einzelnen Bundesländer. Auf Länderebene werden die einzelnen Schulsysteme staatlich-zentralistisch organisiert. Dies hängt mit der historischen Verbundenheit zu Preußen zusammen. Damals wurde der Staat als Antrieb für Reformen im Schulwesen betrachtet. Dass es heute anders geht, beweisen die Niederlande und die USA.

5.) Die verschiedenen Bildungsgänge haben sich in den vergangenen Jahrzehnten einander angenähert. Dadurch ist das Bildungswesen für Schüler durchlässiger geworden. Ein bereits langjähriger Trend ist, dass immer weniger Schüler die Hauptschule besuchen und in die Realschulen, Gymnasien und auch Gesamtschulen drängen. Außerdem wird die demografische Entwicklung die Schulen (Schullandschaft) nachhaltig verändern (vgl. Gudjons 1997: S. 277 ff.).

---

20 Literaturempfehlung: Rohrmann 2007: S. 181 ff.

21 Die Artikel 74a und 75 des Grundgesetzes wurden inzwischen aufgehoben (vgl. GG: Art. 74a & 75).

III.4.3 Bildungsauftrag

Der gesetzlich geregelte Bildungsauftrag prägt das Bild der Schule ähnlich entscheidend wie die Schulstruktur. Der Bildungsauftrag der hessischen Schulen ergibt sich aus Art. 56 der Verfassung des Landes Hessen und sichert jedem Schüler ein Recht auf Bildung zu (vgl. HV: Art. 56).

Der Bildungsauftrag des Landes Hessen beinhaltet, die Schüler in verschiedenen Bereichen zu schulen: Sie sollen zum Beispiel die Rechte wahren, staatsbürgerliche Verantwortung übernehmen, christliche und humanistische Traditionen erfahren, Achtung und Toleranz lernen, Gleichberechtigung erfahren, andere Kulturen kennen und verstehen lernen, Verantwortungsbewusstsein entwickeln und auf die Zukunft vorbereitet werden (vgl. HSchG § 2 (2)). Außerdem sollen die Schüler lernen, zu lernen und Leistung zu bringen, Konflikte selbstständig zu lösen, kritisch Informationen zu bearbeiten, Gleichberechtigung zwischen Geschlechtern zu entwickeln und Kreativität zu entfalten. Auf ihre Rolle als Bürger der Europäischen Union sind Schüler vorzubereiten (vgl. HSchG § 2 (3 f.)).

Prinzipien für die Umsetzung des Bildungsauftrags sind, dass die Schule „die Freiheit der [...] Weltanschauung [...] und des Gewissens sowie das verfassungsgemäße Recht der Eltern auf die Erziehung ihrer Kinder [achtet] und Rücksicht [nimmt] auf die Empfindungen und Überzeugungen Andersdenkender“ (HSchG § 3 (1)). Außerdem muss Schule den Gedanken der Gleichberechtigung von Mann und Frau Rechnung tragen, keine Schüler „wegen des Geschlechts, der Abstammung, der Rasse, der Sprache [...] benachteiligen oder bevorzugen“ (HSchG § 3 (3)). Die Schule hat weiterhin drohendem Leistungsversagen und Lernbeeinträchtigungen im Bereich Sprache und in der emotionalen, sozialen und körperlichen Entwicklung mit präventiven Maßnahmen vorzubeugen (vgl. HSchG § 3 (6)). Die Aufgabe der Förderung der deutschen Sprache wird ausdrücklich im hessischen Schulgesetz betont. Schüler mit nicht deutscher Sprachherkunft sollen somit entsprechend ihrer Eignung befähigt werden, die gleichen Abschlüsse wie ihre deutschsprachigen Mitschüler zu erreichen (vgl. HSchG § 3 (13)).

Neben den formulierten offenen Bildungsinhalten gibt es die verdeckten Bildungsinhalte. Zum einen ist Schule ein Ort der Bildung, zum anderen ein Erfahrungsraum für Schüler. Damit sind nicht allein die Stundeninhalte gemeint, sondern der „heimliche Lehrplan“. Selbst wenn Schule nicht erziehen möchte, so erzieht sie mittels „heimlichen Lehrplans“. Beispielsweise erfahren Schüler in der Schule, „was hier ‚wichtig' und was ‚unwichtig' ist, wer hier mit welchem Problem zur Sprache kommt oder zum Verstummen und Schweigen verurteilt ist, wer hier mit welcher Legitimation Entscheidungs- und Beurteilungsmacht hat, ob die Betroffenen an den notwendigen Entscheidungen beteiligt sind und für ihre Bedürfnisse Aufmerksamkeit und Gehör finden oder nicht, ob und wie und durch welche Vorkehrungen die Schwachen oder die, die ‚anders' sind als die Mehrheit, vor Willkür und Kränkung oder gar vor Gewalt geschützt werden, welche Werte und Regeln hier wirklich gelten (und nicht nur behauptet oder beschworen werden), woran man sich hier gemeinsam freut, worauf man gemeinsam stolz ist oder was einen gemeinsam belastet oder bekümmert, wie man sich hier auf kulturelle und religiöse Zugehörigkeit und Vielfalt einlässt, welchen Stellenwert hier musische oder kulturelle Erfahrungen haben, die nicht gleich wieder einem didaktischen Zweck untergeordnet werden, und ob sich die behauptete Wertschätzung solcher Erfahrungen auch im Alltag widerspiegelt" (Bildungsserver Hessen [23.09.05]). „Während offiziell der Auftrag der Schule auf eine Gleichbehandlung aller Kinder, ungeachtet ihrer Herkunft [...], zielt, existiert ein verborgener Lehrplan, der zu einer Reproduktion der gesellschaftlichen Verhältnisse und damit zur Aufrechterhaltung der Ungleichheit der Schichten [...] führt" (Valtin [02.05.09]: S. 7). Der ‚heimliche Lehrplan' beeinflusst die Schule und es ist nahezu unmöglich, seine Mechanismen zu beseitigen (vgl. Meyer [09.05.09]).

III.4.4 Erkenntnisse aus Schuluntersuchungen

Die Struktur und der Bildungsauftrag eines Schulsystems haben entscheidenden Einfluss auf seine Leistungsfähigkeit. Verschiedene Untersuchungen, wie zum Beispiel PISA, beschäftigten sich mit der Qualität des deutschen Bildungssystems.

Die PISA-Ergebnisse[22] bescheinigen Deutschland ein miserables Bildungssystem. Die Ergebnisse sorgen für Aufregung in der deutschen Bildungsdiskussion. Beispielsweise kritisiert der Statistiker Lorenz Borsche die Ergebnisse und zweifelt die statistische Aussagekraft der PISA-Studie an. Seiner Ansicht nach wird die Schwierigkeit der Beschulung von Migranten zu wenig berück-

---

22 Die Daten der PISA-Studien 2000, 2003 und 2006 stehen auf der Homepage der OECD als Download bereit (http://www.oecd.org/doc... [29.04.09]).

sichtigt. In Schweden und England gibt es einen vergleichbar hohen Ausländeranteil wie in Deutschland, laut Borsche sind es jedoch Ausländer ‚anderer Qualität'. „Der Sohn eines ehemaligen Landarbeiters wird in der Regel in der Schule einen anderen PISA-Wert erreichen als der Sohn eines in England lebenden Inders, der von seiner Oberschichtfamilie zum Studium nach Oxford geschickt wurde" (Deggerich [02.05.09]). Es klingt bösartig rassistisch und ist sicherlich auch eine Überzeichnung der Tatsachen, stützt sich jedoch auf die ISEI-Werte[23] der jeweiligen Vergleichsländer. Borsche kommt zu der Erkenntnis, dass Deutschland im Bereich der Integrationspolitik versagt hat. „Es ist der Einfluss der sozialen Stellung der Immigranten, der die PISA-Werte nahezu vollständig erklärt, nicht Schultyp, Lehrplan, finanzielle Ausstattung oder die angeblich unfähigen Lehrer selbst" (Deggerich [02.05.09]). Das Max-Planck-Institut, mitverantwortlich für die PISA-E-Studie, belächelt allerdings die Aussagen Borsches und hält seine Erkenntnisse für unwissenschaftlich (vgl. Deggerich [02.05.09]).

Fuhrmann kritisiert dagegen den Focus der PISA-Studie. Bis Anfang des 20. Jahrhunderts diente Bildung noch dem Selbstzweck, heute dagegen werden Bildungsstandards verlangt und abgeprüft, die dem ökonomischen Wohl des Volkes dienen (vgl. Fuhrmann 2002, S. 15 ff.). Hartmut von Hentig kritisiert an PISA den eingeengten Fokus der Studie. Es wurden drei Leistungen gemessen (Lesekompetenz, mathematische Grundbildung und naturwissenschaftliche Grundbildung), jedoch nicht die Leistungsfähigkeit von Schule (vgl. von Hentig 2003: V 18 ff.).

Trotz verschiedenster Kritik an der PISA-Studie sind vier Aspekte unbestreitbar:

1.) Im Vergleich zu den überprüften Staaten schneiden die deutschen 15-Jährigen schlecht ab. Sogar die deutschen Gymnasiasten zeigen im internationalen Vergleich keine Spitzenleistungen.

2.) In Deutschland wiederholen auffällig viele Schüler (24 % der 15-Jährigen) im Laufe ihres Schülerdaseins eine Jahr-

---

23 ISEI: „Die Eltern der Testkinder erreichen von Land zu Land höchst unterschiedliche soziale Stellungen (die am Beruf der Eltern als sogenannten ISEI (International Socio-Economic Index) gemessen werden)" (Deggerich [02.05.09]).

gangsstufe. Insgesamt ist das deutsche Schulsystem sehr selektiv.

3.) Die soziale Schichtzugehörigkeit spiegelt sich in Deutschland in den Schulleistungen der Schüler wider.

4.) Aufgrund der Schichtzugehörigkeit sowie der sprachlichen Situation sind Migrationskinder im deutschen Schulsystem stark benachteiligt. Das deutsche Schulwesen reagiert nicht ausreichend auf diese Probleme (vgl. Auernheimer 2003: S. 7 f.).

Die PISA-Ergebnisse werden in der deutschen Schullandschaft strittig diskutiert, beispielsweise die Ergebnisse der naturwissenschaftlichen Testung 2006. Festzustellen ist, Kinder mit sozial schwacher Herkunft sind im deutschen Schulsystem nach wie vor benachteiligt (vgl. Erziehung und Wissenschaft... 1/2008: S. 6 ff.).

Es gibt Kritik an der PISA-Studie, unbestritten ist, dass das deutsche Schulwesen Schwachpunkte aufweist. Nicht ohne Grund schneidet es im internationalen PISA-Vergleich nicht zufriedenstellend ab. Dabei interessiert nicht die Platzierung innerhalb dieses Vergleichs, sondern die reale Leistungsfähigkeit des Systems. Die mediale Aufbereitung und Instrumentalisierung der Studie sorgte allerdings erst für die öffentliche Diskussion über das Schulwesen. Wichtig ist und bleibt der einzelne Schüler und nicht die Platzierung in einem Ranking.

III.4.5 Schulische Problemfelder

Es gibt verschiedene Problemfelder im deutschen Schulsystem, beispielsweise die mangelnden Sprachfähigkeiten einzelner Schülergruppen, Schulschwänzer, Leistungsfähigkeit von Schule, eine mangelnde Chancengerechtigkeit sowie die Frage nach der Verantwortlichkeit für diese Probleme.

III.4.5.1 Sprachfähigkeiten

In der Konrad-Agahd-Grundschule in Berlin-Neukölln ist zu beobachten, was mittels PISA festgestellt wurde. Schulkinder im deutschen Schulsystem wiederholen häufig Jahrgangsstufen und landen am Ende der Schulzeit an ihrem gesellschaftlichen Startpunkt. Leider starten Migrantenkinder ihre Schulkarriere von unten - gesellschaftlich betrachtet - und landen dort aufgrund ihrer Sprachdefizite wieder. 2003 beherrschten in Berlin zum Zeitpunkt ihrer Einschulung fast die Hälfte der Erstklässler „nicht ausreichend Deutsch, um dem Unterricht problemlos zu folgen"

(Schmidt 2004: S. 88). Selbst ein Viertel der deutschen Muttersprachler zeigten sprachliche Defizite, 8 % sogar erhebliche Kommunikationsschwierigkeiten. Die Ursache sind ungleiche Startbedingungen. Das dreigliedrige Schulsystem zementiert diesen Nachteil endgültig (vgl. Schmidt 2004: S. 88 f.). „Die Zahl der Gymnasiasten ohne deutschen Pass stagniert schon seit Jahren bei ein paar Prozent. Auf der Hauptschule dagegen wächst der Ausländeranteil langsam, aber stetig" (Schmidt 2004: S. 89).

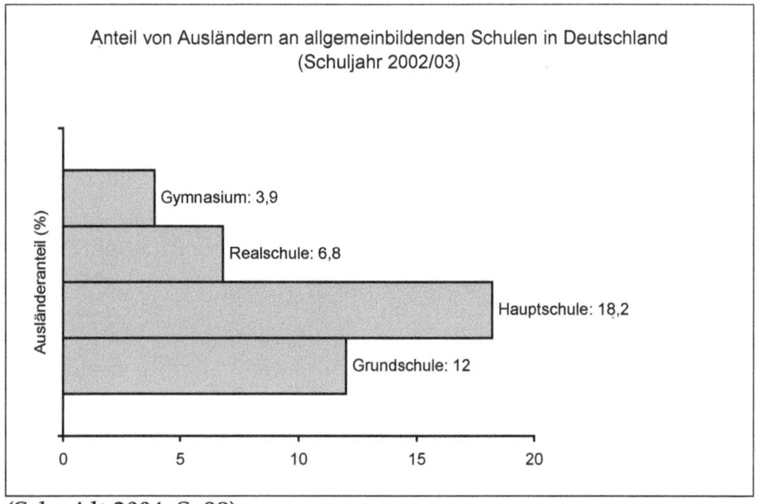

(Schmidt 2004: S. 89)

Die Benachteiligten des Bildungssystems sind „männliche Ausländer: Sie liegen überall bei höheren Abschlüssen auf den hinteren Rängen, beim Hauptschulabschluss [...] und bei denen ohne Abschluss liegen sie deutlich vorn" (Lersch 2001: S. 233).

Diesen Kreislauf möchte das Bundesland Hessen aufbrechen, indem es den Druck auf die Eltern erhöht. Alle Erstklässler werden in Hessen ein Jahr zurückgestellt, wenn sie zum Zeitpunkt der Einschulung nicht ausreichend Deutsch sprechen. Schmidt zitiert einen Lehrer, der die Wirksamkeit solch administrativer Maßnahmen bezweifelt: „Wie soll die Halbtagsschule mit Unterricht ausgleichen, dass jemand den ganzen übrigen Tag kein Deutsch spricht? Und warum soll ein Türke oder Araber eigentlich noch Deutsch lernen wollen in Stadtteilen wie Neukölln, in denen er vielleicht bald Arbeit in seiner Muttersprache findet?" (Schmidt 2004: S. 89). In jener Lebenswelt zählen eigene Eintrittskarten, ein höherer Schulabschluss zählt nicht dazu (vgl. Schmidt 2004: S. 89).

III.4.5.2 Schulische Fehltage

Ein weiteres Problem ist das Schwänzen. Die Zahl der regelmäßigen Schwänzer beläuft sich laut Bertelsmann-Stiftung auf eine halbe Million Schüler. Exemplarisch am Beispiel der Stadt Berlin ist das Ausmaß zu erahnen (siehe Grafik).

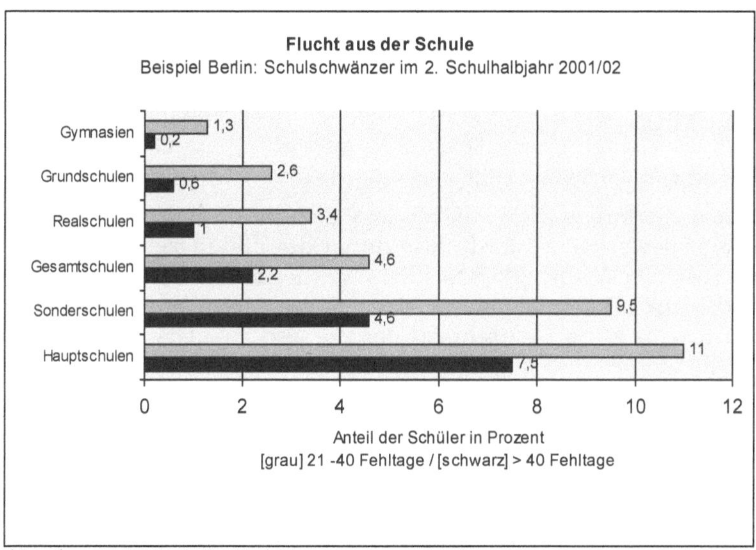

(Andresen: 2004: S. 108)

Es besteht ein direkter Zusammenhang zwischen Schulschwänzen und Kriminalität. So leiden demnach nicht nur die Schulleistungen betreffender Schüler. Solche Tatsachen treiben Behörden an, mit drastischen Maßnahmen gegen Schulschwänzer vorzugehen. Leider drücken Eltern - auch die besser gestellten - oft beide Augen zu, wenn es um die Einhaltung der Schulpflicht ihrer Kinder geht. Bußgelder werden ignoriert, insbesondere von Sozialhilfeempfängern. Bei überforderten Elternhäusern sind Bußgelder jedoch ohnehin sinnlos. Jenen Schülern muss ein Gefühl des Vertrauens vermittelt werden, damit sie die Schule wieder besuchen. Laut Schreiber-Kittl wollen einige Schüler nur auf ihre Probleme aufmerksam machen. Lehrer sind allerdings häufig überfordert, sich um diese Schüler ausreichend zu kümmern (vgl. Andresen 2004: S. 107 ff.).

III.4.5.3 Leistung und Chancen

Im Rahmen der öffentlichen Diskussion lautet das Urteil zur Leistungsfähigkeit, dass Schulen zu teuer sind, Schüler wenig lernen und zu lange im Schulsystem verweilen. Die Schule selbst entzieht sich häufig der Frage nach der Leistungsfähigkeit. Das vorhandene Desinteresse an Erkenntnissen der Wissenschaft liegt „wohl in dem bisherigen wenig dialogischen Nebeneinander von Schulpraxis, Schulforschung, Bildungspolitik und Bildungsökonomie" (Daschner 1998: S. 7). Die Leistungsfähigkeit wird zwar an der Schule beurteilt, benötigt aber den Blick von außen. Der gemeinsame Dialog aller ist somit Voraussetzung, um die Leistungsfähigkeit zu erhöhen (vgl. Daschner 1998: S. 6 f.).

Ohne eindeutige Zielvorgaben lässt sich die Qualität der Bildung kaum bewerten. Klar ist, dass durch die Bildungsexpansion das Niveau der erreichten Abschlüsse gestiegen ist. Dieser Trend ist ein wirtschaftlicher Standortfaktor im globalen Wettbewerb. Dennoch wird es im Deutschland der Zukunft ein „Überangebot unqualifizierter und ein Mangel an qualifizierten Beschäftigten" (Klemm 1998: S. 10) geben.

Der gesellschaftliche Nutzen darf den Nutzen für den Einzelnen aber nicht verdrängen. Frauen, Gesundheit und Demokratie zählen zu den Gewinnern des Systems. Frauen erreichen seit Jahrzehnten immer höhere Bildungsabschlüsse. Höhere Bildung ermöglicht eine gesündere Lebensweise, und das Bewusstsein für Demokratie nimmt mit höherer Bildung zu. Allerdings profitieren nicht alle Menschen im gleichen Maß von der Bildung. Mitglieder der sozialen Unterschicht bleiben meist Mitglieder dieser Schicht und brechen durch Bildung nicht aus ihr aus. Zu den Verlierern des Systems zählen Arbeiterkinder und Kinder ausländischer Herkunft. Die Chancengleichheit im Bildungssystem ist nicht vorhanden (vgl. Klemm 1998: S. 10 f.).

Bildungsforscher Schleicher kommt zur Erkenntnis, dass das selektive Schulsystem gescheitert ist. Es reicht nicht, die Schüler nach der Grundschule auf drei Schulformen zu verteilen. Schwache Schüler werden nach unten selektiert, das Problem jedoch nicht gelöst. Eine gute Schule müsste sich verpflichtet fühlen, die Schüler zu fördern. Deutschland produziert mit seinem Schulsystem zwei folgenschwere Probleme. Zum einen kann dieses System nicht den nötigen Bedarf an Spitzenkräften erzeugen, zum anderen wird sich die Arbeitslosigkeitsproblematik verschärfen, „weil sich Hauptschulen zu Restschulen entwickelt haben. Es klingt hart, aber mit Menschen ohne Basiskompetenzen kann eine Wissensgesellschaft nichts anfangen" (Presseinterview mit Schleicher 2004: S. 11 f.). Es gab seit den 70er-Jahren keine ernst zu nehmende Diskussion mehr zum Problemfeld "mangelnde Chancengleichheit". Selbst in der bekannten Ruck-Rede von Roman Herzog findet sich kein Beitrag hierzu. Auch Johannes Rau erwähnt das Problem im Jahr 2000 nur unzureichend. Das Fazit lautet: „[...] die Illusion der verwirklichten Chancengleichheit breitete sich stillschweigend aus" (Geißler 2/2003: S. 11). Ebenso wurde dieses Thema seit den 70er-Jahren wissenschaftlich kaum mehr beachtet. Die PISA-Ergebnisse wirbelten diese Lethargie auf. PISA hat zweifelsfrei belegt, dass es in Deutschland „eine gravierende Benachteiligung der Kinder aus sozial schwachen Schichten" (Geißler 2/2003: S. 11) gibt und die schichttypische Chancenungleichheit keine Folge des Leistungsprinzips ist. Sie kann mittels pädagogischer und politischer Maßnahmen verkleinert werden. Die Bildungsexpansion der letzten Jahrzehnte hat dieses Problem nur geringfügig reduziert (vgl. Geißler 2/2003: S. 11 f).

Schulbesuch von 15-Jährigen im Jahr 2000 (in Prozent)					
Schicht der Bezugsperson	Sonderschule	Hauptschule	Realschule	IGS	Gymnasium
Obere Dienstklasse	(1,6)	13	29	4	52
Untere Dienstklasse	(0,3)	14	32	9	45
Selbstständige (bis 9 Mitarbeiter)	(0,8)	29	35	8	28
Routinedienstleistungen	(4)	28	32	12	24
Facharbeiter	(3)	34	37	10	16
Un-/angelernte Arbeiter	(7)	41	30	12	11
Obere Dienstklasse: führende Angestellte, höhere Beamte, freie akademische Berufe, Selbstständige ab 10 Mitarbeiter. Untere Dienstklasse: mittlere und gehobene Angestellte und Beamte.					

(Geißler 2/2003: S. 13)

Auch im Jahre 2000 studierten deutlich mehr Beamtenkinder (mehr als die Hälfte) als Arbeiterkinder (7 von 100). Die Ursache liegt darin, dass die Selektion nach Leistung in den unteren Schichten deutlich strenger ist. „Um eine Empfehlung der Grundschule für das Gymnasium zu erhalten, müssen Kinder aus bildungsschwachen Familien (Väter ohne Hauptschulabschluss) Leistungen erbringen, die um 50 Prozent höher liegen als die der empfohlenen Kinder aus bildungsstarken Schichten (Väter mit Abitur)" (Geißler 2/2003: S. 13). Außerdem folgen Beamtenkinder eher der Empfehlung, ein Gymnasium zu besuchen als Arbeiterkinder. Bezieht man sich auf die PISA-Ergebnisse, dann ist diese soziale Auslese nicht einmal effektiv (vgl. Presseinterview mit

Schleicher 2004: S. 11 ff.). Im internationalen Vergleich gibt es in Deutschland die größten Leistungsunterschiede zwischen den Schülern, dennoch ist das obere Viertel der deutschen Schüler international nur Durchschnitt. Finnland dagegen hat geringere Leistungsunterschiede zwischen den Schülern und rangiert bei den PISA-Ergebnissen auf einem Spitzenplatz. PISA hat nun die Sichtweise bezüglich der Chancengleichheit verändert. Eine erneute Illusion der Chancengleichheit darf sich nicht wiederholen. Ernüchternd ist die Tatsache, dass dieses Problemfeld nur ein Randschauplatz der PISA-Diskussion ist. Der eigentliche PISA-Schock und die rege Debatte wurde durch den schlechten Rangplatz Deutschlands Schulen verursacht, nicht aufgrund mangelnder Chancengleichheit. Der PISA-Schock hat zwar einiges in Gang gebracht, die Grundstrukturen blieben aber gleich. Daher werden sich die Bildungsleistungen in Deutschland nicht grundlegend verbessern (vgl. Presseinterview mit Schleicher 2004: S. 11 ff.).

III.4.5.4 Exkurs: Schulische Segmentierung und Selektion

Bereits 1967 beschrieb Rolff die Selektionsfunktion von Schule. Eine schichtenorientierte Auslesefunktion beinhaltet Schule nach wie vor. (vgl. Rolff 1997, S. 9 ff.). Der UN-Sonderberichterstatter Muñoz bezeichnet arme und Migrantenkinder als Benachteiligte des deutschen Schulsystems. Er geht davon aus, dass die verantwortlichen Bildungsbehörden der Sprachkompetenz eventuell zu viel Bedeutung beimessen. Ein wesentliches Element zur schulischen Einstufung bildet die Prüfung der deutschen Sprache. Dies verursacht einen Selektionseffekt für Kinder mit nichtdeutscher Muttersprache (vgl. Rat für Menschenrechte der Vereinten Nationen [06.04.09]).

„Die Sonderschule bietet das extremste Beispiel für die schichtenspezifische Auslese durch die Schule“ (Rolff 1997, S. 187). Die schulische Sonderpädagogik unterstützt die Selektion innerhalb des deutschen Schulsystems. Wenn ein Kind sonderpädagogisch auffällt, beispielsweise aufgrund einer Lernhilfeproblematik oder Verhaltensauffälligkeit, führt dies meist zum Ausschluss aus dem Regelschulsystem in das Sonderschulwesen (vgl. Rohrmann 2007: S. 183). Eine Integration dieser Kinder ist nicht gewollt. Die Ablehnung der Integration durch die Lehrerschaft wird mit bereits bestehenden Problemfeldern begründet, eine Integration würde Schule überfordern (vgl. Feuser 1995: S. 220). „Die Zukunft eines humanen und demokratischen EBU[24] liegt nicht in der Pluralität selektierender und segregierender Erziehungs- und Unterrichtssysteme, sondern in der Einheit eines die nahezu unendliche Vielfalt menschlicher Entwicklungs- und Seinsmöglichkeiten fördernden Erziehungs- und Schulsystems" (Feuser 1995: S. 228).

III.5 Schulsituation von Sinti

Die Weltbank wies auf die Korrelation von Armut mit Erziehung und Ausbildung hin und rief die Dekade der Roma aus. Erklärtes Interesse ist die schulische Integration dieser Kinder (vgl. Kaps 03. Februar 2005: S. 11). Ihre Zukunft wird wesentlich von ihrer schulischen Situation abhängig sein. Die bisherige Schulsituation war erfolglos für alle Beteiligten, egal ob Lehrer, Eltern oder Kinder, selbst wenn sie zur Schule gingen (vgl. Liégeois 1999: S. 23 f.).

Das Verhältnis von Sinti und Roma in Deutschland zu Bildung ist im historischen Zusammenhang von Schule und Staatsgewalt zu sehen. Die Verfolgung und die Situation, sich nirgendwo lange aufhalten zu dürfen, nötigten Sinti dazu, ihre berufliche Tätigkeit dementsprechend anzupassen.

Ihre Reistätigkeit wurde nach Gründung des Deutschen Reiches, 1871, staatlicherseits unterbunden, indem nur diejenigen Gewerbescheine erhielten, deren Kinder die Schule besuchten. Zeitgleich wurde Schulen verboten, Kinder von reisenden Sinti für kurze Zeit zu beschulen. Bei Schulpflichtsverletzungen drohte Eltern die Wegnahme der eigenen Kinder. Schulen waren somit Teil des Systems zur Unterdrückung der Sinti. Während des Dritten Reichs löste die Rassenpolitik die Assimilationspolitik ab. Im Rahmen der Rassenpolitik, durch die circa 500.000 Sinti und Roma in Europa starben, durften Sinti und Roma nicht mehr die Schule besuchen (vgl. Kultusministerium des Landes Nordrhein-Westfalen 1993: S.7 f.). Schulische Relevanz hatte dabei ein Runderlass von 1941; alle Sinti- und Roma-Kinder konnten daraufhin vom Schulbesuch ausgeschlossen werden, wenn sie „durch ihr Erscheinen im Unterricht andere Kinder störten" (Engbring-Romang 2001: S. 210). In Hessen folgten nicht alle Schulen dieser „Empfehlung" von 1941. Ausschulungen gab es, doch zahlreiche Kinder besuchten bis zur Deportation die Schulen (vgl. Engbring-Romang 2001: S. 210 ff.). Von 1945 bis in die 70er-Jahre setzten

24 EBU = Erziehungs-, Unterrichts- und Bildungswesen

sich die staatlichen Maßnahmen gegen Sinti und Roma fort (vgl. Kultusministerium des Landes Nordrhein-Westfalen 1993: S. 8). Sie galten als „kulturell minderwertig, als kriminell veranlagt, als nicht integrationsfähige Nomaden" (Lindemann 1991: S. 15). Wurr und Träbing-Butzmann erforschten die schulischen Widerstände, denen Sinti in Schule begegnen (vgl. Wurr & Träbing-Butzmann 1998). Sie werden „fast ausschließlich im Zusammenhang mit Kriminalität und sozialen Konflikten thematisiert, sie sind ein Problem der öffentlichen Ordnung und erscheinen als ein kollektiver Akteur auf der Grundlage biologisch fundierter Zusammenhörigkeit" (Hamburger 1998: S. 47).

Aktuelles, europaweites Problem ist der Schulabsentismus von Sinti und Roma (vgl. Hornberg 2000: S. 16). Das in diesem Zusammenhang bestehende Vorurteil, dass Sinti keine Bildungsinteressen hätten, wird von Thomas scharf kritisiert. Sie betont, dass von Seite der Schule die sozialen und historischen Wirklichkeiten ignoriert werden. Eine Untersuchung der 80er-Jahre belegt, dass circa 31,3 % der Sinti-Schulkinder eine Sonderschule besuchen, nur 1,4 % ein Gymnasium oder eine Realschule. Eine Reflexion dessen findet kaum statt. Desinteresse und Reisetätigkeit werden von Schule als Gründe angeführt (vgl. Thomas 2000: S. 138 f.) und nicht etwa „unzureichende Sprachkenntnisse, Analphabetismus der Eltern [...] oder fehlende kulturbezogene Lernangebote, in denen auch die Bedürfnisse der [...] Sinti-Schülerschaft Berücksichtigung fänden oder unzureichend ausgebildete Lehrkräfte" (Thomas 2000: S. 139). Deutlich ist, dass das Verhältnis zwischen Sinti (und Roma) und Schule sich durch verschiedene Problemfelder auszeichnet:

- „In den Schulen ist die Unterrichtssprache die der sie umgebenden Gesellschaft, nicht ihre Familiensprache. Dies bedeutet, dass sie nicht nur Lesen, Schreiben und Rechnen lernen müssen, sondern parallel auch die Sprache der sie umgebenden Gesellschaft.
- Sie stoßen in der Schule vielfach auf ihnen unvertraute kulturelle Praxen, so zum Beispiel auf eine rigide Zeiteinteilung, wie sie viele Sinti- und Roma-Kinder nicht gewohnt sind, da sie in ihrem häuslichen Kontext diesbezüglich wenig reglementiert werden.

- Zahlreiche Unterrichtsinhalte korrespondieren nicht mit ihren Lebenserfahrungen, deutlich wird dies beispielsweise, wenn es um ihr Zuhause (Wohnung beziehungsweise Haus versus Wohnwagen) geht; dies erschwert den Zugang zu solchen Themen, sofern diese nicht um ihre Perspektive erweitert werden.
- Ihre Geschichte und Lebensweise wird in der Regel nicht zum Unterrichtsgegenstand gemacht, was ihnen eine Identifikation mit den Unterrichtsinhalten erschwert.
- Viele Sinti- und Roma-Eltern fürchten den Einfluss der Schule, da die dort vermittelten Werte und Normen nicht mit den ihren korrespondieren. [...]
- Als besonders problematisch erweist sich die Situation für die fahrenden Sinti und Roma, denen ein kontinuierlicher Schulbesuch aufgrund ihrer Lebensweise erschwert wird" (Hornberg 2000: S. 22 f.).

Der Erfolg der Beschulung von Sinti in Deutschland „ist völlig unzureichend. Es gibt kaum reguläre Schulabschlüsse. Es herrscht eine überproportional hohe Analphabetenquote" (Krause 1989: S. 104). Der hessische Landesverband Deutscher Sinti und Roma fordert eine Verbesserung ihrer Schulsituation (vgl. Verband der Sinti und Roma, Landesverband Hessen 2005: S. 5). Trotz dieser Ergebnisse ist, laut Studie des Landes Nordrhein-Westfalens und nach Ansicht Thomas', die Mehrheit der deutschen Sinti und Roma, abhängig von ihrer Reisetätigkeit, schulisch integriert (vgl. Kultusministerium des Landes Nordrhein-Westfalen 1993: S. 9 und vgl. Thomas 2000: S. 128 f.). Die Kernprobleme der Beschulung sind jedoch:

- „Schulbesuch und Reisetätigkeit
- Schwierigkeiten im Bereich der organisatorischen Anforderungen von Schule
- Schwierigkeiten in Bezug auf die soziale Integration der Kinder
- Defizite im kognitiven Bereich[25]" (Kultusministerium des Landes Nordrhein-Westfalen 1993: S. 9)

---

25 „In vielen Arbeiten, die sich mit den intellektuellen Leistungen von Angehörigen nichtwestlicher Kulturen auseinandergesetzt haben, konnte [...] nachgewiesen werden, dass die Leistungen der Versuchspersonen immer dann besser waren, wenn weniger verbale Leistungen gefordert wurden. Ebenfalls erwies sich, dass Kinder aus diesen

Thomas benennt für die Schulsituation der Sinti und Roma in Deutschland drei Problemfaktoren, die sich leicht von den oben genannten Punkten unterscheiden: Die Reisetätigkeit von Sinti bedingt keinen konstanten Schulbesuch[26] und die Sprachschwierigkeiten - Deutsch als Zweitsprache - beeinflussen die Schullaufbahn. Ferner behindern sich die Eltern aus Furcht vor Preisgabe der eigenen Roma- beziehungsweise Sinti- Identität. Ihre Sozialisation und fremde Kultur erfordern folglich individuelle Schulbedürfnisse (vgl. Thomas 2000: S. 128 f.). Sinti-Kinder werden oft in den ersten zwei Grundschuljahren an die Förderschule überwiesen. Das Problem besteht europaweit. Dies wurde bereits auf dem 1. Europäischen Kongress für Sinti und Roma, der 1994 in Sevilla stattfand, sowie dem Nachfolgekongress 1997 in Barcelona bestätigt (vgl. Wurr & Träbing-Butzmann 1998: S. 13).

Die schulische Situation der Sinti in Deutschland ist mit der sozialen Situation in Beziehung zu setzen; beide Bereiche bedingen

---

Gruppen bei ‚abstrakten' Testaufgaben schlecht abschneiden. Weniger Unterschiede zu anderen Kindern ergeben sich hingegen, wenn ‚praktische' Fähigkeiten gefordert werden. Diese Differenzierungen lassen sich [...] auch bei Zigeunerkindern wiederfinden. [...] Von einigen Autoren wird in diesem Zusammenhang auch mitgeteilt, dass Zigeunerkinder vor allem bei ‚logischen' und ‚abstrakten' Denkleistungen Schwierigkeiten hätten - also Fähigkeiten, die häufig in den üblichen Intelligenz- und Leistungstests gefordert werden. Von vielen Kulturpsychologen wird zur Erklärung dieser teilweise schlechteren Leistungen von Kindern aus nichtwestlichen Kulturen in den meisten Intelligenztests auf die besonderen Lebensbedingungen der jeweiligen Kultur hingewiesen. Meist wird in diesem Zusammenhang betont, dass verbale und abstrakte Fähigkeiten im täglichen Leben dieser Gruppen nicht die Bedeutung haben, wie sie etwa in der westlichen Kultur als gegeben gesehen werden muss. Diese Einschränkungen gelten ohne Einschränkung auch für die Zigeuner. Als ein Beleg hierfür kann auch gelten, dass die Zigeunersprache kaum abstrakte Begriffe enthält, was von einigen Autoren in direkte Beziehung zur geringen Ausbildung des abstrakten Denkvermögens gebracht wird. Die Ergebnisse sprechen jedenfalls dafür, bei den Zigeunerkindern nicht von einer ‚niedrigen', sondern ‚anderen' Intelligenz zu sprechen" (Hundsalz 1979: S. 45 f.).

26 In Hessen regelt der Erlass vom 4. Februar 06 (II.3 OE 170.000.074 - Gült. Verz.Nr.: 7204) den Unterricht für Kinder von beruflich Reisenden. Die Kinder haben die Schulpflicht zu erfüllen; während der Reisen sind sie verpflichtet, ein Schultagebuch zu führen. Das bedeutet, sie müssen an Reisestandorten Schulen besuchen (vgl. Hessisches Kultusministerium [18.04.09]).

einander (vgl. Thomas 2000: S. 128 f.). Hundsalz erkannte bereits Ende der 70er-Jahre, dass der sozialen Situation der Sinti in der Schule nicht ausreichend Rechnung getragen wird (vgl. Hundsalz 1979: S. 42). Hinzu kommt, dass Sinti und Roma dem System Schule äußerst kritisch gegenüberstehen. Zum einen sollen ihre Kinder etwas lernen, um ihr Leben verantwortlich gestalten zu können. Zum anderen ist dort die Schule, die Fremdbestimmung verkörpert, „ein gerade für Roma nicht zu unterschätzender Aspekt" (Schmidt 1991: S. 297). Dabei ist zu berücksichtigen, dass Erziehung traditionell im familiären Kollektiv erfolgt. Eine Schulbildung existiert in der Tradition der Sinti und Roma nicht, auch wenn sie heutzutage Schulen besuchen (vgl. Köpf 1994: S. 9 ff.). Die Wertvorstellungen und Erziehungsstile sowie -ziele von Sinti unterscheiden sich von denen der Mehrheitsbevölkerung und scheinen auf den ersten Blick eine nicht zu überbrückende Diskrepanz zwischen Sinti und Mehrheitsbevölkerung darzustellen (vgl. Hornberg 2000: S. 135).

III.6 Schulsituation der Sinti in Bad Hersfeld

Das zuständige Staatliche Schulamt in Bebra ordnet zum Zeitpunkt der Datenerhebung der Stadt Bad Hersfeld vier Grundschulen im Stadtbereich Bad Hersfeld sowie zwei Grundschulen in eingemeindeten Ortsteilen außerhalb zu. Es gibt keine klassischen Haupt- und Realschulen sowie Gymnasien, dafür aber drei schulformbezogene Gesamtschulen, eine gymnasiale Oberstufe, zwei berufliche Schulen sowie eine Sonderschule. Die Sonderschule (Friedrich-Fröbel-Schule) ist hierbei eine Schule für Lernhilfe (vgl. http://www.schulamt... [9.08.07]).

Im Schuljahr 1992/93 besuchten 133 Schüler die oben erwähnte Friedrich-Fröbel-Schule. 49 dieser Schüler gehörten zur Gruppe der Sinti. Das schulische Ziel der Eltern für ihre Kinder war, dass diese Lesen, Schreiben und Rechnen lernten. Interesse an schulischen Abschlüssen zeigten sie nicht. Eine Schwierigkeit stellte die schulische Betreuung während der Reisezeit dar. Mittels Schulbegleitheft[27] (Schultagebuch) waren die Kinder verpflichtet und

27 Schulbegleithefte dokumentieren die Schullaufbahn der Kinder und erleichtern Schülern wie Lehrern den Schulwechsel. Stammschulen der Kinder sind verantwortlich für die Schullaufbahn, Stützpunktschulen werden während der Reisen aufgesucht (vgl. Hornberg 2000: S. 26).

formell in der Lage, auf Reisen eine Schule zu besuchen. In der Praxis wurde dies nur selten umgesetzt. Zum einen schränkten die Gemeinden die Campiermöglichkeiten für Sinti-Gruppen zunehmend ein und zum anderen entzogen sich zahlreiche Familien der Schulpflicht. Selbst wenn Sinti-Kinder auf Reisen Schulen besuchten, waren die Lernfortschritte sehr gering, da sie selten leistungsgerecht unterrichtet wurden. Kamen die Kinder nach der Reisezeit wieder zur Schule, hatten sie beinahe ein halbes Jahr nicht am Unterricht teilgenommen oder ihn nur lückenhaft besucht. Viele Lerninhalte vergaßen die Kinder und somit waren sie innerhalb des Klassenverbandes nur mit intensiver Differenzierung des Lerninhalts zu unterrichten. Die Motivation zum regelmäßigen Schulbesuch im Winterhalbjahr war sehr unterschiedlich. Manche besuchten die Schule regelmäßig, andere wiederum hatten viele Fehltage. Zahlreiche Kinder hatten außerdem keinen Kindergarten besucht, wuchsen mit der Muttersprache Romanes auf und wurden „nach den Normen einer anderen Kultur in einer zerfallenden Sozialstruktur erzogen" (Kehl et al. 1993: S. 399). Dementsprechend waren meist Lern- und Entwicklungsrückstände vorhanden, die den Erwartungen der Grundschule selten genügten. Diese Faktoren waren die Gründe für erfolglose Schulkarrieren von Sinti-Kindern. Häufig scheiterten sie an den Regelschulen und besuchten dann die Schule für Lernhilfe. Bisher reagierte das Schulsystem lediglich mit Selektionsmechanismen, und Förderkonzepte blieben bisher erfolglos. Die Auflösung der traditionellen Strukturen schien mit Auffälligkeiten der Schüler zu korrelieren. So erhöhten sich die Zahl der unentschuldigten Fehltage und Sachbeschädigungen sowie die Aggressivität gegenüber Mitschülern und Lehrern (vgl. Kehl et al. 1993: S. 399 ff.). „Die hohe Anzahl von Sinti-Kindern macht die Friedrich-Fröbel-Schule in Bad Hersfeld zu einer ganz besonderen Schule mit einmaligen Fragestellungen und Problemen in Hessen, möglicherweise in ganz Deutschland" (Kehl et al. 1993: S. 402).

Nach Zeitungsinformationen besserte sich in den letzten Jahren die Schulsituation der Sinti in Bad Hersfeld. Im Gegensatz zu früheren Jahren schaffen viele Sinti den Wechsel von der Grundschule zur Gesamtschule. So besserte sich auch der Kontakt zwischen Eltern und Lehrern. Hilfreich hierfür ist ein Unterrichtsprojekt[28] für Sinti in Bad Hersfeld unter der Führung von Herrn Sam-

---

28 Seit Schuljahresanfang 2005/2006 findet in Bad Hersfeld ein Schulprojekt zur Unterstützung der Sinti statt. Ziele dieses Projektes sind, die

son Lind. Dennoch bestehen weiterhin Vorbehalte der Sinti gegenüber Schule (vgl. Hersfelder Zeitung 12. August 2008). Laut Lind haben viele Sinti-Kinder in Bad Hersfeld Schwierigkeiten im Lesen und Schreiben (vgl. Hersfelder Zeitung 1. November 2008).

Fehlzeiten der Sinti-Schüler zu reduzieren, das vorhandene Misstrauen der Eltern gegenüber Schule abzubauen und die Akzeptanz von Regeln aufzubauen (vgl. Engbring-Romang [21.04.09]).

IV Methodik und Ergebnisse

Zur Beantwortung der gestellten Forschungsfragen waren verschiedene Methoden der Informationsbeschaffung nötig. Zur Klärung der ersten Frage, wie Schulkarrieren von Sinti an Hersfelder Schulen verlaufen, wurden statistische Analysen zur Schulbesuchsquote, zu den Fehltagen sowie zu den Schulabschlüssen der in Bad Hersfeld beschulten Sinti durchgeführt. Zudem wurden Erkenntnisse hierzu mittels qualitativer Interviews verschiedener Personenkreise ermittelt.

Die Beantwortung der Frage, was die Ursachen der Schulsituation von Sinti an Hersfelder Schulen sind, erforderte die Durchführung und Analyse einer umfassenden Interviewreihe, welche hauptsächlich die Gruppen Lehrer, Sinti-Eltern und Sinti-Schüler einschloss. Auch hierfür wurden die Informationen zur Schulbesuchsquote an allen Schulen in Bad Hersfeld erhoben sowie, mittels Schulaktenanalyse an der Friedrich-Fröbel-Schule, Daten zu Schulabschlüssen und Fehltagen von Sinti. Die Fehltageanalyse orientiert sich dabei grob an den Erhebungskriterien einer Berliner Untersuchung[29] (vgl. E-Mail: Berliner Senatsverwaltung... [07.08.07]).

Die Analyse von Schulakten ehemaliger Schüler der Friedrich-Fröbel-Schule bot sich an, da die Schule die Akten ihrer Schulabgänger im Archiv lagerte. Die Akten wurden nicht, wie es zum Teil an anderen Schulen gängige Praxis ist, an weiterführende Schulen abgegeben. Somit bot sich die Möglichkeit, 209 abgeschlossene Schulkarrieren rückwirkend zu analysieren und die gestellten Fragen nach den Fehltagen sowie Abschlüssen von Sinti anhand der Daten exemplarisch zu beantworten. Ferner bestand mit den Daten der Nicht-Sinti eine passende Vergleichsgruppe zu den Sinti der Friedrich-Fröbel-Schule.

Eine Datenerhebung an Grundschulen wäre aufgrund der Weitergabe der Akten nicht möglich und eine Studie an den Regelschulen hätte den Forschungsrahmen zu groß werden lassen. Eine

---

29 Es handelt sich um eine in Berlin durchgeführte statistische Erhebung (1. Halbjahr 2004/2005) bezüglich der Fehltage von Schülern. Im Rahmen dieser Studie existiert eine Vergleichsgruppe (Förderschwerpunkt „Lernen"), die mit Daten der Friedrich-Fröbel-Schule (Schule für Lernhilfe) in Beziehung gesetzt werden kann.

solch umfangreiche Datenerhebung wäre im Rahmen dieser Studie nicht leistbar gewesen. Informationen im Vorfeld der Datenerhebung ließen vermuten, dass diesbezüglich die aussagekräftigsten Ergebnisse an der Friedrich-Fröbel-Schule zu erreichen sind.

IV.1 Methodik: Schulbesuchsquote

Ziel der Erhebung war die Feststellung der Schulbesuchsquote von Sinti in Bad Hersfeld. Hiermit ist der verhältnismäßige Anteil der Sinti an der jeweiligen Schule gemeint. An der Erhebung waren fünf Grundschulen Bad Hersfelds, inklusive zwei Schulen eingemeindeter Stadtteile, drei Gesamtschulen sowie zwei Berufsschulen, eine gymnasiale Oberstufe und eine Schule für Lernhilfe beteiligt.

Eine detaillierte Auflistung nach Jahrgangsstufen wurde angefragt, eine entsprechende Rückmeldung erfolgte allerdings nur von wenigen Schulen. Primäres Ziel war die Feststellung der Gesamtschülerzahl sowie der Gesamt-Sintizahl an einer Schule. Alle Hersfelder Schulen erhielten diesbezüglich im zweiten Halbjahr des Schuljahres 2006/2007 ein entsprechendes Anschreiben[30].

Aufgrund der Tatsache, dass ethnische Zugehörigkeiten an Schulen nicht statistisch erfasst werden, mussten diese Daten im Rahmen der Untersuchung erhoben werden. Die Anfrage richtete sich direkt an die Schulleitungen, da jene einen detaillierten Überblick über die eigene Schülerklientel hatten. Das staatliche Schulamt sowie das Kultusministerium führten keine „Sinti-Statistik" und hatten nicht die schulinternen Kenntnisse über die ethnische Zugehörigkeit der Schüler. Für das Erkennen der Gruppe der Sinti, wurden bei Bedarf Namenskriterien an die entsprechenden Schulen weitergegeben. Diese entstanden aufgrund eigener Erfahrungen, Gesprächen mit informierten Lehrkräften der Friedrich-Fröbel-Schule sowie einem Sinti, der die Bad Hersfelder Sinti-Familien zur Zeit der Datenerhebung kannte und als Mittler zwischen Sinti und Schule fungierte. Keine Schule bekundete, dass sie die Erhebung nicht durchführen konnte, im Gegenteil. Alle kontaktierten Schulen beantworteten die statistischen Anfragen zur Schulbesuchsquote.

30 Siehe Anhang (Erhebungsbogen zur Analyse der Schulbesuchsquote).

Die Anfrage beschränkte sich auf den Zeitraum des zweiten Halbjahres des Schuljahres 2006/2007. Somit wurde eine relativ exakte Vergleichbarkeit geschaffen. Ein weitgesteckter Erhebungszeitraum war aus organisatorischen Gründen notwendig, da die Schulen unterschiedlich viel Zeit für die Bearbeitung der Erhebung benötigten. Der Rücklauf der Anfrage bestätigte, dass die Entscheidung gegen eine Stichtagserhebung richtig war. Es ist unvermeidbar, dass ein Schüler bei einem Schulwechsel eventuell zweifach in der Statistik vorkommt. Insgesamt ist es eine zu akzeptierende Fehlerquote, welche die Aussagekraft des Ergebnisses nicht schmälert.

Die Feststellung, welche Schulformen Sinti besuchten, ist ein Indiz für erfolgreiche Schulkarrieren. Im Vergleich zu den Nicht-Sinti in Bad Hersfeld kann so bestimmt werden, ob Sinti in Bad Hersfeld weniger erfolgreiche Schulkarrieren, ebenso erfolgreiche oder erfolgreichere Schulkarrieren als Nicht-Sinti absolvierten. Besuchten beispielsweise deutlich weniger Sinti den Realschulzweig, dagegen deutlich mehr den Hauptschulzweig, dann wäre dies ein Indiz für negativere Schulkarrieren, da sie geringwertigere Abschlüsse[31] erzielen würden.

Neben der bereits erwähnten Schwierigkeit bezüglich der Stichtagserhebung gab es unerwartete Probleme. Beispielsweise beantworteten einige Schulen die Erhebungsbögen relativ unkonventionell, indem sie beispielsweise nicht - wie gewünscht - nach Jahrgängen differenzierten. Andere Schulen nahmen Vorklassenschüler mit in die Erhebung auf, ohne diese kenntlich zu machen. Die Berufsschule konnte aufgrund von Schwierigkeiten mit einer Onlinedatenbank keine detaillierte Angabe zur Schülerzahl machen und nahezu alle Schulen beantworteten die Anfrage erst nach mehrmaligen Aufforderungen. Insgesamt beeinflussten die aufgetretenen Schwierigkeiten nicht das Gesamtergebnis. Bei der großen Summe an Schülern fielen die sich dadurch ergebenden statistischen Messfehler nicht ins Gewicht, zumal sie kaum zu vermeiden waren.

---

31 Es ist nicht Absicht, den Hauptschulabschluss abzuwerten, jedoch ermöglicht der Hauptschulabschluss den Schulabgängern weniger Berufschancen (Zukunftschancen) als zum Beispiel ein Realschulabschluss. Dementsprechend wird der Hauptschulabschluss im Vergleich als „geringwertigerer Abschluss" beurteilt.

IV.2 Ergebnisse: Schulbesuchsquote

Im zweiten Schulhalbjahr des Schuljahres 2006/2007 besuchten 7199 Schüler die an der Erhebung beteiligten Schulen. Von diesen 7199 Schülern gehörten 86 der Gruppe der Sinti an und die übrigen 7113 der Gruppe der Nicht-Sinti. Die Sinti bilden so mit 1,2 % eine kleine Minderheit. Von den 7199 Schülern besuchten 1130 die Grundschulen, 2559 die örtlichen Gesamtschulen, 2749 die beruflichen Schulen, 653 die gymnasiale Oberstufe und 108 die örtliche Schule für Lernhilfe.

Die Grundschulen wurden von insgesamt 1130 Schülern besucht, davon gehörten 36 der Gruppe der Sinti an. Dies entspricht einem Prozentsatz von 3,2 % im Verhältnis zu allen Grundschülern, einem Prozentsatz von 0,4 im Verhältnis zur Gesamtschülerzahl sowie von 36,0 % zum Verhältnis zur Gesamt-Sintizahl an Schulen in Bad Hersfeld. Das bedeutet, dass im Erhebungszeitraum ungefähr jeder dritte (2,78 %) Sinti-Schüler die Grundschule besuchte.

Bei einer Analyse der Werte für die Grundschulen fällt auf, dass die Grundschule Sommerseite, die Kolibri-Schule sowie die Grundschule Sorga nicht von Sinti besucht wurden. Erklärung hierfür ist vermutlich das Einzugsgebiet dieser Schulen. Die Kolibri-Schule liegt im Stadtteil Asbach, einem eingemeindeten Dorf außerhalb des Stadtkerns. Der Ortsteil Sorga wurde ebenfalls eingemeindet und befindet sich außerhalb der Wohnregionen von Sinti. Die Grundschule Sommerseite befindet sich im Ortsteil Sommerseite, einem Wohngebiet, in dem - nach aktuellem Kenntnisstand - ebenfalls keine Sinti wohnen. Dagegen liegen die Einzugsgebiete der Linggschule, der Wilhelm-Neuhaus-Schule sowie der Ernst-von-Harnack-Schule im Wohngebiet der Hersfelder Sinti. Insbesondere im Einzugsgebiet der Ernst-von-Harnack-Schule leben zahlreiche Sinti-Familien. Dies geht aus der Statistik deutlich hervor. Während an der Linggschule nur zwei und an der Wilhelm-Neuhaus-Schule drei Sinti-Schüler beschult wurden, waren es dagegen im selben Zeitraum an der Ernst-von-Harnack-Schule 31 Sinti. Dies entspricht bei einer Gesamtschülerzahl von 228 einem Prozentsatz von 13,6 %. Die übrigen Grundschulen unterrichteten jeweils 0 % bis 1,3 % Sinti an ihrer Schule. Die Werte sind ein Indiz dafür, dass zahlreiche Sinti im Einzugsgebiet der Ernst-von-Harnack-Schule leben.

In der Sekundarstufe I wurden 2559 Schüler an drei Gesamtschulen beschult. Davon entfielen 949 Schüler auf die Geistalschule, 815 auf die Gesamtschule Obersberg sowie 795 Schüler auf die

Konrad-Duden-Schule. 16 Sinti nahmen am Unterricht in der Sekundarstufe I teil, keiner am Unterricht an der Geistalschule. Neun Schüler besuchten die Gesamtschule Obersberg und sieben Schüler wurden an der Konrad-Duden-Schule beschult. Der Sinti-Anteil lag damit bei 1 % an beiden Schulen. Auf die gesamte Sekundarstufe I bezogen wurden 0,6 % Sinti beschult. Im Verhältnis zur Gesamtschülerzahl sind dies 0,2 % und im Verhältnis zur Gesamt-Sintizahl 18,6 %. Im Erhebungszeitraum besuchte somit ungefähr jeder fünfte (5,38 %) Sinti-Schüler die Sekundarstufe I. Zu erwähnen ist, dass von diesen 16 Sinti keiner einen Real- oder Gymnasialschulzweig besuchte; alle befanden sich in den Hauptschulzweigen. An der gymnasialen Oberstufe sowie den Beruflichen Schulen wurde kein Sinti im zweiten Schulhalbjahr des Schuljahres 2006/07 beschult.

Die Friedrich-Fröbel-Schule, eine Schule für Lernhilfe, beschulte im Erhebungszeitraum 108 Kinder. Davon gehörten 74 der Gruppe der Nicht-Sinti und 34 der Gruppe der Sinti an. Das bedeutet, dass 31,5 % aller Schüler dieser Schule zur Gruppe der Sinti gehörten und eine relativ große Gruppe bildeten. Im Verhältnis zur Gesamtschülerzahl der Stadt Bad Hersfeld sind es zwar nur 0,5 %, jedoch im Verhältnis zur Gesamt-Sintizahl 39,5 %. Im Erhebungszeitraum besuchte annähernd jeder dritte (2,53) Sinti-Schüler die Sonderschule.

Schulbesuchsquote; 2. Schulhalbjahr; 2006/2007						
Schulen	Schülerzahl (insgesamt)	Nicht-Sinti	Sinti	Sinti-Anteil an Schule (%)	Sinti im Verhältnis zur Gesamtschülerzahl (%)	Sinti im Verhältnis zur Gesamt-Sintizahl (%)
Grundschulen						
Grundschule an der Sommerseite	159	159	0	0,0	0,0	0,0
Ernst-von-Harnack-Schule	228	197	31	13,6	0,4	36,0
Linggschule	318	316	2	0,6	0,0	2,3
Wilhelm-Neuhaus-Schule	239	236	3	1,3	0,0	3,5
Kolibri-Schule	86	86	0	0,0	0,0	0,0
Grundschule Sorga	100	100	0	0,0	0,0	0,0
Grundschulen (alle)	1130	1094	36	3,2	0,5	41,9
Gesamtschulen						
Gesamtschule Geistal	949	949	0	0,0	0,0	0,0
Gesamtschule Obersberg	815	806	9	1,1	0,1	10,5
Konrad-Duden-Schule	795	788	7	0,9	0,1	8,1
Gesamtschulen (alle)	2559	2543	16	0,6	0,2	18,6
Förderschule						
Friedrich-Fröbel-Schule	108	74	34	31,5	0,5	39,5
gymnasiale Oberstufe						
Modellschule Obersberg (Gym.)	653	653	0	0,0	0,0	0,0
Berufliche Schulen						
Berufl. Schulen Bad Hersfeld	1793	1793	0	0,0	0,0	0,0
Modellschule Obersberg (Berufl.)	956	956	0	0,0	0,0	0,0
Berufliche Schulen (alle)	2749	2749	0	0,0	0,0	0,0
Insgesamt	7199	7113	86	1,2	1,2	100,0

Bei einem Vergleich der Schulbesuchsquote der Nicht-Sinti und Sinti an der Schule für Lernhilfe wird deutlich, dass anteilsmäßig mehr Sinti die Friedrich-Fröbel-Schule besuchten. 39,5 % der Sinti waren Schüler der Schule für Lernhilfe, dagegen nur 1,04 % der Nicht-Sinti.[32]

32 Diese Werte sind nur bedingt mit den Daten für das Bundesland Hessen vergleichbar. Beispielsweise reicht das Einzugsgebiet der Friedrich-Fröbel-Schule über die Stadtgrenzen Bad Hersfelds hinaus. Es können keine zuverlässigen Vergleiche zwischen den vor Ort erhobenen Daten und den Werten der hessischen Schulstatistik erzielt werden.

Friedrich-Fröbel-Schule Gesamtschülerzahl: 108	Schüleranzahl	Anteil an Friedrich-Fröbel-Schule (%)	Verhältnis zur Gesamtschülerzahl (%)	Verhältnis zur Gesamt-Sintizahl bzw. Nicht-Sintizahl (%)
Sinti	34	31,5	0,5	39,5
Nicht-Sinti	74	68,5	1,03	1,04
1,5 % aller Schüler (Sinti und Nicht-Sinti) in Bad Hersfeld besuchen die Friedrich-Fröbel-Schule.				

Bei der Analyse der Werte ist festzustellen, dass die Schulkarrieren von Sinti in Bad Hersfeld häufig unbefriedigend verlaufen. Definiert man Schulerfolg an der Höhe der Schulabschlüsse, entsprechend der besuchten Schulform, dann sind die Daten ein Indiz für negative Schulkarrieren der Sinti in Bad Hersfeld. Ein weiteres Merkmal für die negativen Schulkarrieren von Sinti in Bad Hersfeld ist die Tatsache, dass die 16 Sinti an den drei beziehungsweise zwei Gesamtschulen alle den Hauptschulzweig besuchten.

IV.3 Methodik: Schulabschlüsse

Im Rahmen der an der Friedrich-Fröbel-Schule durchgeführten Schulaktenanalyse wurden Daten zu den Schulabschlüssen von Sinti in Bad Hersfeld statistisch erfasst. Die Erhebung beschränkte sich bei Sinti auf die Abschlussjahrgänge 1996 bis 2005. Als Vergleichsgruppe dienten Daten von Nicht-Sinti der Abschlussjahrgänge 2003 bis 2005. Als weiterer Referenzwert dienten neben den Daten der Nicht-Sinti auch statistische Daten des Bundeslandes Hessen.

Die Abschlüsse an der Friedrich-Fröbel-Schule unterteilte man nach den Abschlussmöglichkeiten „Abschlusszeugnis" sowie „Abgangszeugnis"[33]; im Rahmen dieser Erhebung entstand der dritte Bereich „ohne Zeugnis"[34]. Die Bereiche „Abgangszeugnis"

---

33 Diese Unterteilung orientiert sich an den Vorgaben des HSchG § 74 (3 & 4).

34 In wenigen Schulakten fehlten die Abschluss- beziehungsweise Abgangszeugnisse. In diesen Fällen gab es keine Hinweise auf erworbene Abschlüsse. Aufgrund der Akteninformationen ist davon auszugehen, dass keine Abschlüsse erzielt wurden.

und „ohne Zeugnis“ stehen für einen nicht erworbenen Schulabschluss, wogegen das „Abschlusszeugnis“ den „erfolgreichen“ Schulabschluss markiert.

Die Analyse der Schulabschlüsse an der Friedrich-Fröbel-Schule war zielführend, da sie Hinweise für erfolgreichen beziehungsweise erfolglosen Schulbesuch lieferte. Je mehr Sinti die Schule mit Abschluss beenden würden, umso erfolgreicher wären sie im Rahmen der schulischen Gesamtsituation.

Aufgrund der zu vermutenden hohen Schulbesuchsquote von Sinti an der Friedrich-Fröbel-Schule war an dieser Schule ein ausreichendes Erhebungsmaterial zu erwarten. Die Vermutung lag nahe, dass keine andere weiterführende Schule diese ausreichende Erhebungsmenge bot. Zudem konnten die Ergebnisse der Friedrich-Fröbel-Schule in sich ausgewertet und - wie oben erwähnt - mit Daten des Bundeslandes Hessen verglichen werden. In gewisser Weise stehen die Daten exemplarisch für die schulische Gesamtsituation der Sinti und Nicht-Sinti in Bad Hersfeld.

IV.4 Ergebnisse: Schulabschlüsse

Die Daten beruhten - wie im Kapitel Methodik bereits beschrieben - auf den Ergebnissen der Schulaktenanalyse des Archivs der Friedrich-Fröbel-Schule. Dabei stellte sich heraus, dass in den Jahren 1995 bis 2005 von 42 Sinti sieben Schüler einen Abschluss der Schule für Lernhilfe erreichten und 35 Sinti ohne Abschluss die Schule verließen. Das bedeutet, dass 16,7 % einen Abschluss erreichten und 83,3 % die Friedrich-Fröbel-Schule ohne Abschluss beendeten.

Werte an Friedrich-Fröbel-Schule der Sinti (1996-2005)	Anzahl	%
Mit Abschluss aus der Schule für Lernhilfe	7	16,7
Ohne Abschluss aus der Schule für Lernhilfe	35	83,3
Gesamt	42	100

Betrachtet man nur die Jahrgänge 2003 bis 2005, dann schlossen zwei Schüler die Friedrich-Fröbel-Schule mit Abschluss und zwölf Sinti die Schule ohne Abschluss ab. Prozentual ähneln diese Werte sehr den Werten für die zuvor beschriebenen Jahrgänge 1996 bis 2005. Demnach erlangten 14,3 % einen Schulabschluss, 85,7 % dagegen nur ein Abgangszeugnis.

Werte an Friedrich-Fröbel-Schule der Sinti (2003-2005)	Anzahl	%
Mit Abschluss aus der Schule für Lernhilfe	2	14,3
Ohne Abschluss aus der Schule für Lernhilfe	12	85,7
Gesamt	14	100

Die Nicht-Sinti der Abschlussjahrgänge 2003 bis 2005 schlossen die Friedrich-Fröbel-Schule im Schnitt erfolgreicher ab. Von 55 Schülern erhielten 45 den Schulabschluss und nur zehn erreichten ein Abgangszeugnis. In Prozentwerten ausgedrückt bedeutet dies, dass 81,8 % einen Schulabschluss erzielten und 18,2 % keinen Schulabschluss erreichten.

Werte an Friedrich-Fröbel-Schule der Nicht-Sinti (2003-2005)	Anzahl	%
Mit Abschluss aus der Schule für Lernhilfe	45	81,8
Ohne Abschluss aus der Schule für Lernhilfe	10	18,2
Gesamt	55	100

Vergleicht man diese Werte mit denen für das Bundesland Hessen, so steht fest, dass die Werte für die Nicht-Sinti der Jahrgänge 2003 bis 2005 denen des Landes Hessen prozentual sehr ähneln. Im Land Hessen erzielten von 2169 Schülern der Schule für Lernhilfe im Jahr 2005/2006 1769 einen Sonderschulabschluss und 400 gingen ohne Abschluss von der Schule für Lernhilfe. In Prozenten ausgedrückt erreichten 81,6 % den Abschluss und 18,4 % erzielten keinen (vgl. Hessisches Statistisches Landesamt [06.04.09]). Die Werte von Nicht-Sinti der Jahrgänge 2003 bis 2005 und die Werte der Schulabgänger für Hessen unterscheiden sich lediglich um wenige Prozentpunkte.

Werte für Hessen (Schuljahr 2005/2006)	Anzahl	%
Mit Abschluss aus der Schule für Lernhilfe	1769	81,6
Ohne Abschluss aus der Schule für Lernhilfe	400	18,4
Gesamt	2169	100

Bei einem Vergleich der Daten wird deutlich, dass Sinti in Bad Hersfeld deutlich erfolgloser die Friedrich-Fröbel-Schule abschlossen als ihre Nicht-Sinti-Mitschüler an der Friedrich-Fröbel-Schule. In Bezug zu den Werten für das Land Hessen schließen sie die Schule für Lernhilfe deutlich erfolgloser ab als der Landesdurchschnitt. Relevant hierbei ist, dass die Nicht-Sinti an der Friedrich-Fröbel-Schule vergleichbare Werte mit denen des Landes Hessen erzielten.

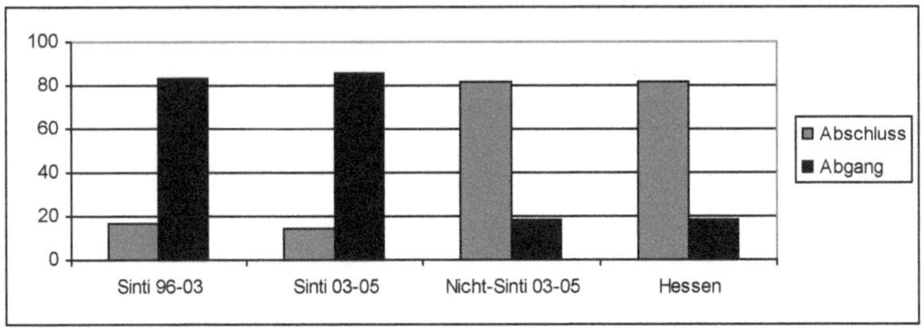

Im untersuchten Zeitraum haben sich die Werte für Sinti (1996-2005 und 2003-2005) nicht grundlegend geändert, somit sind die Prozentwerte der beiden Sinti-Erhebungsgruppen ähnlich. Ergebnis ist, dass Sinti an der Friedrich-Fröbel-Schule ihre Schulkarriere deutlich erfolgloser abschließen als der hessische Landesdurchschnitt sowie ihre Mitschüler (Nicht-Sinti) an der Friedrich-Fröbel-Schule.

IV.5 Methodik: Fehltageanalyse

Die durchgeführte Fehltageanalyse diente der Beantwortung der Frage, wie häufig die Hersfelder Sinti die Schule nicht besuchten. Es wurden Daten (Schulaktenanalyse) erhoben, ohne die individuellen Ursachen des Fehlens detailliert zu ergründen. Dabei interessierte nicht, ob ein Schüler aufgrund einer Krankheit, mutwillig, freiwillig oder unfreiwillig fehlte. Es interessierten allein empirisch feststellbare Zahlen über die Fehltage der jeweiligen Schüler.

Die Untersuchung wurde an der Friedrich-Fröbel-Schule durchgeführt. Dort hatten die Schüler die Möglichkeit, ein Abschlusszeugnis oder Abgangszeugnis zu erlangen. Die Schulkarriere war vorerst abgeschlossen, selbst wenn sie danach weitere Schulen besuchten. Aufgrund der abgeschlossenen Schulkarrieren waren die Werte beziehungsweise Schulakteneinträge miteinander vergleichbar und zweckmäßig, um die anfangs gestellte Frage nach den Fehlzeiten zu beantworten.

Es wurden komplette Schulkarrieren der zehn Abschlussjahrgänge von 1996 bis 2005 an der Friedrich-Fröbel-Schule analysiert, um eine ausreichende Datenmenge zu erzielen. Neben den Werten der Sinti wurden Daten der drei Abschlussjahrgänge 2003 bis 2005 von Nicht-Sinti erhoben, um sie mit den entsprechenden drei Jahrgängen der Sinti zu vergleichen. Dadurch entstand ein direkter Vergleich zwischen Sinti und Nicht-Sinti an der Friedrich-Fröbel-Schule. Darüber hinaus wurden die Ergebnisse mit Daten der Berliner Untersuchung in Beziehung gesetzt, um die Datenmenge einer großen Erhebungsgruppe gegenüberzustellen. Ein direkter Eins-zu-eins-Vergleich war dabei aus verschiedenen Gründen kaum möglich. Zum einen aufgrund der unterschiedlichen Schullandschaft sowie der Tatsache, dass im Rahmen der in Bad Hersfeld durchgeführten Untersuchung Durchschnittswerte der gesamten Schulkarrieren der Probanden verwendet wurden und nicht nur - wie in Berlin - Daten eines Schulhalbjahres. Die Ergebnisse ermöglichten dennoch einen vorsichtigen Vergleich zur Berliner Untersuchung, einer Studie mit einer umfangreicheren Erhebungsmenge.

Die Analyse der Fehltage ist aufschlussreich, da die Anzahl der Fehltage ein Indiz für Schulerfolg beziehungsweise Misserfolg sein kann. Folglich verhält es sich so, dass Schüler mit wenigen Fehltagen schulisch anscheinend meist erfolgreicher sind als Schüler mit einer hohen Fehltagequote. So sind Fehltage ein Indiz für Schulmotivation und der Beimessung von Bedeutung für Schule.

IV.6 Ergebnisse: Fehltageanalyse

Aus Gründen der Vergleichbarkeit sind die Daten ähnlich aufbereitet wie die Daten der Berliner Untersuchung (E-Mail: Berliner Senatsverwaltung… [07.08.07]). Sie unterscheidet fünf Fehltagekategorien. Kategorie eins bedeutet, dass diese Schüler keinen Fehltag während des erhobenen Schulhalbjahres hatten. In Kategorie zwei hatten die Schüler zwischen ein und zehn Fehltagen pro Halbjahr, in Kategorie drei waren es elf bis 20 Fehltage, in Kategorie vier waren es 21 bis 40 Fehltage und in Kategorie fünf mehr als 40 Fehltage. Im Rahmen der Fehltageanalyse wurden die Daten in die Vergleichsgruppen

- Sinti und Nicht-Sinti 2003-2005,1. Schulhalbjahr,
- Sinti und Nicht-Sinti 2003-2005, 2. Schulhalbjahr,
- Sinti und Nicht-Sinti 2003-2005, 1. und 2. Schulhalbjahr sowie
- Sinti 1996-2005, 1. Schulhalbjahr

eingeteilt.

Sinti und Nicht-Sinti 2003-2005, 1. Halbjahr: In dieser Vergleichsgruppe wurden die Fehltage von 14 Sinti und 55 Nicht-Sinti ausgewertet. Auffällig ist, dass kein Sinti Fehltage der Kategorien eins und zwei erzielte. Die meisten erreichten Fehltage der Kategorie fünf und erzielten damit mehr als 40 Fehltage im Schulhalbjahr. Dagegen erreichte kein Nicht-Sinti einen Wert der Kategorie fünf. Die Mehrheit der Nicht-Sinti erfüllte Werte der Kategorie zwei, somit fehlten sie durchschnittlich zwischen einem und zehn Tagen im ersten Schulhalbjahr.

2003-2005 (1. Halbjahr)	Kategorie		1	2	3	4	5
			keine	1-10	11-20	21-40	> 40
Friedrich-Fröbel-Schule:	Schüler	14	0	0	3	5	6
Sinti	%	100	0,0	0,0	21,4	35,7	42,9
Friedrich-Fröbel-Schule:	Schüler	55	0	38	14	3	0
Nicht-Sinti	%	100	0,0	69,1	25,5	5,5	0,0

Sinti und Nicht-Sinti 2003-2005, 2. Halbjahr: In dieser Vergleichsgruppe wurden ebenso die Fehltage von 14 Sinti und 55 Nicht-Sinti ausgewertet. Die Ergebnisse ähneln den Durchschnittswerten für das erste Schulhalbjahr, wobei Sinti und Nicht-Sinti insgesamt etwas mehr Fehltage erzielten. Identisch ist, dass die meisten Sinti wieder Werte der Kategorie fünf erreichten und Nicht-Sinti Werte der Kategorie zwei. Wiederum erfüllte kein Sinti Werte der Kategorie eins oder zwei und kein Nicht-Sinti Werte der Kategorie fünf.

2003-2005 (2. Halbjahr)	Kategorie		1	2	3	4	5
			keine	1-10	11-20	21-40	> 40
Friedrich-Fröbel-Schule:	Schüler	14	0	0	1	6	7
Sinti	%	100	0,0	0,0	7,1	42,9	50,0
Friedrich-Fröbel-Schule:	Schüler	55	0	31	19	5	0
Nicht-Sinti	%	100	0,0	56,4	34,5	9,1	0,0

Sinti und Nicht-Sinti 2003-2005, 1. und 2. Halbjahr: Bei der Erfassung der Durchschnittswerte der einzelnen Schüler und der Daten beider Schulhalbjahre[35] fällt auf, dass Sinti über das ganze Jahr deutlich öfter der Schule fernblieben als die Gruppe der Nicht-Sinti. Die meisten Nicht-Sinti erreichten Fehltagewerte der Kategorie zwei, wogegen kein Sinti Fehltagewerte der Kategorie eins oder zwei erfüllte. Die meisten Sinti erzielten Werte der Kategorie fünf, dagegen erreichte kein Nicht-Sinti diesen Wert.

35 Aufgrund der zwei Schulhalbjahre verdoppeln sich in der Tabelle die statistischen Werte.

2003-2005 (1. und 2. Halbjahr)	Kategorie		1	2	3	4	5
			keine	1-10	11-20	21-40	> 40
Friedrich-Fröbel-Schule:	Schüler	14	0	0	4	11	13
Sinti	%	100	0,0	0,0	14,3	39,3	46,4
Friedrich-Fröbel-Schule:	Schüler	55	0	69	33	8	0
Nicht-Sinti	%	100	0,0	62,7	30,0	7,3	0,0

Sinti 1996-2005, 1. Halbjahr: Auch wenn keine direkten Vergleichswerte für diese Erhebungsgruppe bestehen, so bestätigen diese Werte den bisher festgestellten Trend. In dieser Vergleichsgruppe wurden die Fehltage von 42 Sinti ausgewertet, die in den Jahren 1996 bis 2005 ihre Schulkarriere absolvierten. Kein Sinti erreichte dabei die Werte der Kategorie eins. Die Mehrheit der Sinti erreichte im Durchschnitt mehr als 40 Fehltage pro erstes Schulhalbjahr, somit Werte der Kategorie fünf.

1996-2005 (1. Halbjahr)	Kategorie		1	2	3	4	5
			keine	1-10	11-20	21-40	> 40
Friedrich-Fröbel-Schule:	Schüler	42	0	3	4	13	22
Sinti	%	100	0,0	7,1	9,5	31,0	52,4

Gesamtvergleich: Bei Gegenüberstellung der Werte der Friedrich-Fröbel-Schule wird offenkundig, dass die Gruppe der Sinti deutlich öfter der Schule fernbleibt als die Gruppe der Nicht-Sinti. Die Werte der Fehltagekategorien verlaufen diametral zueinander.

Bei Hinzuziehung der Werte der Berliner Untersuchung fällt auf, dass die Schüler der Friedrich-Fröbel-Schule im Schnitt häufiger fehlten als die Vergleichsgruppe im Rahmen der Berliner Untersuchung. Die Ergebnisse der Bad Hersfelder Nicht-Sinti unterscheiden sich dabei geringfügig von den Daten der Berliner Studie. Die Ergebnisse der Bad Hersfelder Sinti unterscheiden sich in diesem Vergleich dagegen deutlich von den Resultaten der Berliner Studie. Sinti erlangen eindeutig erhöhte Fehltagewerte.

Berliner Untersuchung und Untersuchung an Friedrich-Fröbel-Schule[36]							
			Fehltagekategorien (%)				
Schulart/Schule	Jahrgang	Schüler	1	2	3	4	5
			keine	1-10	11-20	21-40	> 40
Berlin/Förderschwerpunkt „Lernen"							
2004/2005; 1. Halbjahr	1-4	2333	76,9	18,6	2,6	1,7	0,2
	5,6	1364	74,4	18,8	3,8	1,8	1,3
	7-10	3551	65,9	22,1	5,4	3,5	3,1
	11-13	6	83,3	16,7	0,0	0,0	0,0
	alle Jg.	7254	71,1	20,3	4,2	2,6	1,8
Friedrich-Fröbel-Schule							
1996-2005; 1. Halbjahr							
Sinti	1-9	42	0,0	7,1	9,5	31,0	52,4
2003-2005; 1. Halbjahr							
Sinti	1-9	14	0,0	0,0	21,4	35,7	42,9
Nicht-Sinti	1-9	55	0,0	69,1	25,5	5,5	0,0

IV.7 Methodik: Interviews

Ziel der Interviews war die Klärung der Ursachen des Schulerfolgs beziehungsweise Misserfolgs von Sinti sowie eine Unterstützung der statistischen Erhebung zur Beantwortung der ersten Frage nach der Einschätzung der Schulkarrieren. Um ein umfassendes Bild zu erhalten, wurden Fragen zu den Bereichen „Identität und Lebenswelt", „Schulkarriere" sowie „schulische Integration" gestellt. Zur Beantwortung beider Kernfragen waren zahlreiche aufeinander abgestimmte Interviews nötig. Insgesamt gab es vier Interviewgruppen, die in sich und miteinander in Beziehung gesetzt wurden.

Insgesamt 65 Personen konnten in 52 Interviews befragt werden, davon 35 Lehrkräfte, 18 Sinti (und drei Roma[37]) und neun weitere Personen („sonstige Interviewpartner"). Nahezu von jeder Bad Hersfelder Schule wurde mindestens eine Lehrkraft interviewt. Lediglich Lehrer von Schulen, an denen seit Jahren keine Sinti-Schüler mehr waren, wurden nicht befragt, da sie keine Aussagen zu dem Thema beitragen können. Im Vordergrund standen die Schulen mit dem größten Sinti-Anteil. An diesen Schulen – Friedrich-Fröbel-Schule und Ernst-von-Harnack-Schule – wurde ein

36 In der Tabelle werden Daten der ersten Schulhalbjahre miteinander aufgelistet.

37 Diese Interviews wurden – nach Prüfung – im Rahmen der Studie nicht berücksichtigt. Die Situation der Roma in Bad Hersfeld ist nicht Gegenstand dieser Forschung.

deutlich größerer Anteil Lehrer interviewt; an der Friedrich-Fröbel-Schule wurden 15 und an der Ernst-von-Harnack-Schule zehn Lehrkräfte befragt. Ihre gesammelten Erfahrungen in der Beschulung von Sinti wurden dementsprechend im Rahmen dieser Erhebung genutzt. Des Weiteren wurde eine Lehrkraft der Wilhelm-Neuhaus-Schule, zwei Lehrer der Linggschule, zwei der Konrad-Duden-Schule, eine Lehrkraft der Gesamtschule Obersberg, drei der Gesamtschule Geistal sowie zwei Vertreter der EIBE-Kurse[38] (Berufliche Schulen Bad Hersfeld) interviewt. Häufig wurden dabei zwei oder mehr Personen gemeinsam befragt, damit sich im gegenseitigen Austausch der Fachleute in Schulfragen der Informationsgehalt erhöhte. Gespräche mit Schulsozialarbeitern wurden nicht gesondert ausgewertet, diese zählten als Vertreter der Schule zur Interviewgruppe der Lehrer.

Eine zweite und dritte Gruppe bildeten die Sinti-Eltern und Sinti-Schüler. Hierbei war es äußerst schwierig, an Interviewpartner zu gelangen. Erste Kontakte zu Sinti sollten über einen Mittelsmann, selbst ein Sinti, gebildet werden. Nachdem dies nicht gelang, wurden Sinti direkt zu Hause aufgesucht und um ein Gespräch gebeten. Nach einigen ablehnenden Begegnungen, ermöglichte sich der Kontakt zu einer Familie. Über diese Familie entwickelten sich nun weitere Kontakte, aus denen wiederum weitere Verbindungen entstanden. Durch dieses Schneeballsystem ergab sich die Möglichkeit, zahlreiche Sinti zu interviewen. Durch die Verortung der Interviews in den gewohnten häuslichen Bereich, bewusst nicht in der Schule, entstand für die Kinder eine vertraute Atmosphäre, die ergebnisrelevante Interviews ermöglichte.

Die Fragenkataloge für die Lehrer, Sinti-Eltern und Sinti-Schüler (auch ehemalige) waren eng aufeinander abgestimmt, unterschieden sich aber in Art und Weise der Fragestellung sowie der Art der Gesprächsführung. Geschlossene Fragestellungen wurden in allen Gesprächen vermieden, allerdings waren die Fragen bei den Schülern deutlich konkreter und enger gesetzt als beispielsweise bei den Lehrern. Alle Fragen deckten sich inhaltlich mit denen der anderen Interviewgruppen und ermöglichten somit eine direkte

38 EIBE ist ein hessisches Projekt des Kultusministeriums zur Bekämpfung der Jugendarbeitslosigkeit mittels Qualifizierungen (Einbindung in die Arbeits- und Berufswelt) (vgl. http://www.eibe-online.de... [06.04.09]).

Vergleichbarkeit. Dies war hilfreich für die nachfolgende Auswertung.

Eine vierte Gruppe bildete die Gruppe „sonstige Interviewpartner". Darunter fielen zum Beispiel Gespräche mit Vertretern des Allgemeinen Sozialen Dienstes (ASD) und der Agentur für Arbeit. Diese Interviews ergaben sich aus weiterführenden Informationen der Lehrer oder Sinti und wurden durchgeführt, um konkrete Fachfragen detailliert zu klären.

Die eingesetzten Leitfragenkataloge umfassten die Bereiche Lebenswelt der Sinti, Schulbedeutung sowie die schulische Integration. Diese Kriterien entstanden aufgrund von Vorgesprächen, eigenen Erfahrungen und Informationen aus Fachliteratur. Die Interviews wurden nach der Methode der qualitativen Sozialforschung geführt und dauerten circa eine Dreiviertelstunde bis eineinhalb Stunden. Dabei nahmen die Lehrerinterviews meist etwas mehr Zeit in Anspruch, insbesondere wenn drei Lehrer gleichzeitig befragt wurden. Die Interviews mit den Sinti-Schülern dauerten dagegen meist nur eine Dreiviertelstunde.

Die Gruppeninterviews bei den Lehrern (wie oben erwähnt) sowie anderen Fachkräften wurden bevorzugt, da durch sie ein größerer Erkenntnisgewinn zu erwarten war. Die Fachkräfte ergänzten sich gegenseitig und es entstanden informative Gespräche. Sinti wurden dagegen alleine interviewt, um einzelne und unbeeinflusste Meinungen zu erhalten. Insbesondere wurden Schüler meist ohne Eltern, Frauen ohne ihre Männer und umgekehrt interviewt. Zweck war, dass die Gesprächsteilnehmer nicht auf andere Gesprächsteilnehmer Rücksicht nehmen mussten und das Gespräch in einer offenen, vertrauensvollen Atmosphäre stattfand. Dadurch waren ehrliche und ungeschönte Aussagen zu erwarten.

Die zahlreichen Kriterien der jeweiligen Fragebögen dienten der Beantwortung der Kernfragen dieser Arbeit. Alle Kriterien zusammen ergaben ein detailliertes Bild der Schulsituation der Sinti. Die Interviews ermöglichten Erkenntnisse zur Klärung der Ursachen für die Schulsituation der Sinti und trugen zur Bewertung beziehungsweise Einschätzung der Schulsituation bei. Die Befragung verschiedener Interviewgruppen war nötig, um einen umfassenden Blick auf die Situation dieser Schüler zu erhalten. Neben der Bedeutung der Lehrer- und der Elterninterviews bildeten natürlich die Schüler selbst eine wichtige Erhebungsgruppe. Die Informationen der „sonstigen Interviewpartner" ergänzten dabei sinnvoll und ermöglichten zweckmäßige Hintergrundinformationen.

Interviewkriterien

Die einzelnen Interviewkriterien, aus denen die jeweiligen Leitfragen abgeleitet wurden, unterteilen sich in folgende Bereiche:

- **Identität/**Lebenswelt umfasste dabei die Themen Familienleben, Sozialkontakte und Beruf.
- **Schulbedeutung** beinhaltete die Bereiche Schulkarriere, Schulnutzen sowie Schulleistungen.
- **Schulische Integration** schloss die Inhalte Wohlfühlfaktor und das Schulleben der Sinti-Kinder ein.

Diese Themengebiete werden im Folgenden erklärt, indem die Rubriken detailliert aufgezeigt und den entsprechenden Fragen in den jeweiligen Interviewgruppen vorgestellt werden. Während der Interviews bildeten die aufgelisteten Fragen ein Leitfragengerüst, das als Orientierung diente. Von diesem konnte in der Interviewsituation abgewichen werden, um eine konstruktivere Gesprächssituation zu erzielen.

Identität und Lebenswelt: Diese Rubrik unterteilte sich in die in der Tabelle aufgeführten Unterpunkte. Ziel war, mittels des umfassenden Leitfragenkatalogs ein möglichst detailliertes Bild der Lebenswelt und Identität der Sinti in Hersfeld zu gewinnen.

Bei den Lehrern begann die Befragung zu dem Bereich Identität/Lebenswelt mit der Leitfrage „Was fällt Ihnen zum Thema Sinti ein?". Danach folgten die unten genannten Fragen zu den einzelnen Unterpunkten.

Lehrer: Identität/Lebenswelt

Rubrik	Unterpunkte	Leitfragen
Was fällt Ihnen zum Thema Sinti ein?	Sinti (Beschreibung)	
	Familie	Bitte berichten Sie mir Ihre Kenntnisse über die familiäre Situation der Hersfelder Sinti!
	Tagesablauf	Versuchen Sie mal, den Tagesablauf Ihrer Sinti-Schüler zu beschreiben!
	Freizeitaktivitäten	Können Sie mir sagen, wie Sinti-Schüler ihre Freizeit verbringen?
	Wochenende	Wissen Sie, wie Ihre Schüler die Wochenenden verbringen?
	Stelle/Job	Bitte berichten Sie mir Ihre Kenntnisse über die berufliche und finanzielle Situation der Hersfelder Sinti!
	Reisetätigkeit	Welche Kenntnisse haben Sie über die Reisetätigkeit von Sinti?
Berichten Sie bitte von Ihrem ersten schulischen Kontakt mit Sinti!	Sinti (Persönlichkeit)	Vergleichen Sie Ihren ersten Eindruck von Sinti mit Ihrem aktuellen Bild von Sinti!
	Schülerbeschreibung	Bitte versuchen Sie einmal, Sinti-Schüler zu beschreiben!

	Rollenverhalten (Familie)	Bestehen bei Sinti-Schülern Unterschiede zwischen Jungen und Mädchen?
	Deutschkenntnisse	Können Sie mir etwas über die Deutschkenntnisse von Sinti-Schülern und deren Eltern berichten?

Bei den Eltern wurde der Bereich Identität/Lebenswelt enger aufgebaut, die Fragen konkreter gestellt. Dies war nötig, da der Bildungsgrad dieser Gruppe meist niedriger war. Zudem hatten einige Interviewpartner sprachliche Verständnisschwierigkeiten, zumindest bei komplexen Fragestellungen (wurde im Vorfeld vermutet). Außerdem wurden die Fragen aus einer anderen Perspektive heraus gestellt. Die Eltern berichteten hierbei über einen Bereich, den sie deutlich detaillierter kannten als die Gruppe der Lehrer. Beispielsweise wurde bei den Eltern kleinschrittiger zur Familie gefragt.

Eltern: Identität/Lebenswelt

Rubrik	Unterpunkte	Leitfragen
Was fällt Ihnen ein, wenn Sie das Wort Sinti hören?	Sinti (Beschreibung)	Was bedeutet es für Sie, Sinti zu sein?
		Als Sinti sind Sie deutscher Staatsbürger. Was verbinden Sie damit?
Bitte beschreiben Sie Ihre Familie!	Familie	Beschreiben Sie bitte auch Ihre Verwandtschaft!
		Welche Bedeutung hat Familie für Sie?
	Kinder	Bitte beschreiben Sie Ihre Kinder!
	Familienaktivitäten	Was unternehmen sie als Familie gerne gemeinsam?
Beschreiben Sie den Alltag Ihrer Kinder!	Tagesablauf	Beschreiben Sie den Tagesablauf Ihres Kindes!
	Wochenende	Berichten Sie mal, was Ihr Kind am Wochenende unternimmt!
	Freunde	Bitte beschreiben Sie die Freunde Ihrer Kinder! >>> Hat Ihr Kind Freunde, die keine Sinti sind?
	Freizeitaktivitäten	Was machen Ihre Kinder gerne in der Freizeit?
	Rollenverhalten (Familie)	Dürfen Mädchen auch all das, was Jungen dürfen oder gibt es da Unterschiede? >>> (evtl.) Was für Unterschiede gibt es da?
Beschreiben Sie bitte, wie Sie Ihr Leben finanzieren!	Stelle/Job	Beschreiben Sie mir bitte Ihre berufliche Tätigkeit!
	Reisetätigkeit	Fahren Sie auf Reisen? >>> Beschreiben Sie mal so eine Reise!
		Wieso fahren Sie auf Reisen? >>> Welche Orte bereisen Sie und weshalb?
	Unterstützung	Erhalten Sie finanzielle Unterstützung, wie z.B. Hartz IV?
Wo ist für Sie der Unterschied zwischen den Sprachen Romanes und Deutsch?	Deutschkenntnisse	Welche Sprache sprechen Sie zu Hause? >>> Erinnern Sie sich daran, seit wann Ihr Kind die deutsche Sprache spricht?

Bei den Schülern beziehungsweise Ex-Schülern waren die Fragen ähnlich denen der Eltern aufgebaut. Jedoch wurde zum Teil noch kleinschrittiger nachgefragt. Dies war teils bei den erwachsenen, ehemaligen Schülern nicht nötig, allerdings bei den Jugendlichen. Sie waren es meist nicht gewohnt, derart fachliche Gespräche zu führen. Das Interview musste also enger geführt werden, damit verwertbare Ergebnisse entstanden. Die Perspektive war hier wiederum eine andere als bei den Eltern und den Lehrern. Dies zeigte sich bei der Frage nach den Kindern. Wogegen die Lehrer danach nicht gefragt wurden, orientierte sich die Frage bei den Schülern an deren Geschwistern, bei den Eltern dagegen an den eigenen Kindern.

Sinti-Schüler: Identität/Lebenswelt

Rubrik	Unterpunkte	Leitfragen
Was fällt dir ein, wenn du das Wort Sinti hörst?	Sinti (Beschreibung)	Was bedeutet es dir, ein Sinti zu sein?
Beschreibe deine Familie!	Familie	Welche Familienmitglieder wohnen in Bad Hersfeld oder naher Umgebung?
	Kinder (Geschwister)	Beschreibe deine Brüder und Schwestern!
	Kind (Selbstbeschreibung)	Versuche, dich selbst zu beschreiben!
	Familienaktivitäten	Was unternimmst du gerne mit deiner Familie?
Wie verbringst du deinen Tag?	Tagesablauf	Was hast du gestern gemacht?
	Wochenende	Beschreibe mal, was du an deinen Wochenenden machst! >>> Wie hast du dein letztes Wochenende verbracht?
	Freunde	Beschreibe mir bitte deine Freunde! >>> Was gefällt dir an deinen Freunden?
		Bist du auch mit Jugendlichen befreundet, die keine Sinti sind?
	Freizeitaktivitäten	Was machst du nach der Schule, also in deiner Freizeit?
		Wie hast du dein letztes Wochenende verbracht?
	Rollenverhalten (Familie)	Dürfen Mädchen auch all das, was Jungen dürfen oder gibt es da Unterschiede? >>> (evtl.) Was für Unterschiede gibt es da?
Wovon lebt deine Familie?	Stelle/Job	Was arbeiten deine Eltern?
	Reisetätigkeit	Fährt deine Familie auf Reisen? >>> Beschreibe mal so eine Reise!
		Wie gefallen dir diese Reisen? >>> Warum?
	(Evtl. fragen: Unterstützung)	Evtl. fragen: Bekommen deine Eltern Geld vom Staat?
Welche Sprache sprichst du zu-Hause?	Deutschkenntnisse	(evtl.) Erinnerst du dich daran, seit wann du deutsch sprechen kannst?

Die Schüler kannten ihre Lebenswelt natürlich am besten, konnten diese jedoch nicht immer pointiert beschreiben, im Gegensatz zu einigen Eltern oder Lehrern. Aus dem Grund war die Befragung aus allen drei Perspektiven zweckmäßig für die genaue Analyse der Identität und Lebenswelt. Zahlreiche Aspekte der Lebenswelt beeinflussten indirekt die Schulsituation der Kinder und waren somit Bestandteil des Leitfragenkatalogs; beispielsweise die Sprachkenntnisse, die Reisetätigkeit, das Rollenverhalten oder der Tagesablauf.

Schulbedeutung: Der zweite Bereich umfasste die Bedeutung von Schule aus Sicht der Sinti. Hierbei berichteten Lehrer wiederum aus einer anderen Perspektive als die Eltern beziehungsweise die Gruppe der Schüler. Alle Gesprächspartner galten als Fachleute. Auch wenn Lehrer das größere schulische Fachwissen hatten, so kannten Sinti, insbesondere die Schüler, ihre Schulsituation doch sehr genau und erlebten diese hautnah. Dementsprechend waren die jeweiligen Leitfragebögen unterschiedlich aufgebaut.

Lehrer: Schulbedeutung

Rubrik	Unterpunkte	Leitfragen
Was halten die Eltern von dieser Schule?	Einstiegsfrage	
	Schulkarriere	Kann man Unterschiede im Verlauf von Schulkarrieren zwischen Sinti und Nicht-Sinti erkennen?
	Rollenverhalten (Schule)	Gibt es bei Verläufen von Schulkarrieren Unterschiede zwischen Jungen und Mädchen? >>> Können Sie ein paar Beispiele nennen?
Welche Lebensentwürfe beziehungsweise Lebensziele haben diese Schüler?	Lebensentwurf	Welchen Lebensentwurf haben die Eltern für ihre Kinder?
	Rollenverhalten (Lebensentwurf)	Haben bei den Sinti Jungen und Mädchen unterschiedliche Lebensentwürfe?
	schulisches Ziel	Welches schulische Ziel haben Sinti? >>> Bitte belegen Sie Ihre Aussagen!
	berufliches Ziel	Können Sie etwas über die beruflichen Ziele von Sinti berichten?
Können Sie einschätzen, welchen Stellenwert Schulbildung für Sinti hat? >>> Woran machen Sie Ihre Einschätzung fest?	Nutzen von Schule (Schülersicht)	Welchen Nutzen erkennen die Schüler in der Schulbildung?
	Nutzen von Schule (Elternsicht)	Welchen Nutzen erkennen die Eltern in der Schulbildung?
Kann man signifikante Unterschiede in den Schulleistungen zwischen Sinti und Nicht-Sinti erkennen?	Schulleistungen	Woran liegt es, dass Sinti diese Schulleistungen zeigen?
	Arbeitsverhalten	Beschreiben Sie das Arbeitsverhalten von Sinti!
	Sozialverhalten	Beschreiben Sie das Sozialverhalten von Sinti!
	Pünktlichkeit Fehltage	Besuchen Sinti die Schule das ganze Jahr pünktlich und regelmäßig oder gibt es Zeiten, an denen Sinti die Schule nicht besuchen? >>> (evtl.) Wie gehen Sie als Lehrer damit um?

	Hausaufgaben (Schulmaterial)	Inwieweit erfüllen Sinti die an sie gestellten Schulaufgaben?
		>>> Stichwort: Hausaufgaben
		>>> Stichwort: Schulmaterial

	Reisetätigkeit und Schule	Wie erwerben die Kinder den Schulstoff, den sie während ihrer Reisezeit verpassen?
	Eltern-Lehrerkontakt	Beschreiben Sie die Elternkontakte mit Sinti!

Eltern wurden nicht direkt nach der Schulbedeutung befragt, dieses Themenfeld wurde eher passiv ermittelt. Die Fragen waren so formuliert, dass man die Bedeutung für Schule erhob, ohne direkt danach zu fragen. Grund hierfür war, „Wahrheiten“[39] zu gewinnen. Beispielsweise war die Frage „Können Sie einschätzen, welchen Stellenwert Schulbildung für Sinti hat?“ für Eltern ungeeignet, da diese Frage eventuell nicht die ganze „Wahrheit“ abdecken würde. So unterschieden sich Fragen nach den Zielen sowie dem Nutzwert von Schule deutlich von der direkteren Art des Fragens bei den Lehrern. Teilweise wurde gezielt nachgefragt, um Missverständnisse auszuräumen und die Antwort der Eltern richtig gewichten zu können.

Sinti-Eltern: Schulbedeutung

Rubrik	Unterpunkte	Leitfragen
Was muss Ihr Kind lernen, damit es als Erwachsener sein Leben erfolgreich meistert?	Lebensentwurf	Wie sollte Ihrer Meinung nach die Zukunft als Erwachsener Ihres Kindes aussehen?
	Rollenverhalten (Lebensentwurf)	Sieht die Zukunft als Erwachsene von Mädchen und Jungen gleich aus oder gibt es da für Sie Unterschiede? >>> Welche?
	Nutzen von Schule (Elternsicht)	Wie kann die Schule Ihr Kind auf diese Zukunft vorbereiten?
Beschreiben Sie die Schule Ihres Kindes!	Einstiegsfrage	
Warum besucht Ihr Kind die Schule?	Nutzen von Schule (Elternsicht)	Welchen Nutzen hat Schule Ihrer Meinung nach für Ihr Kind?
	Nutzen von Schule (Schülersicht)	Welchen Nutzen sieht Ihr Kind in der Schulbildung?
	schulisches Ziel	Wie sollte Ihr Kind die Schule abschließen? >>> Warum?
	berufliches Ziel	Was soll Ihr Kind nach der Schulzeit machen?

39 Die passive Befragung beinhaltet nicht den Vorwurf, dass Sinti-Eltern bewusst die Unwahrheit sagen. Eine indirekte Frage zur Schulbedeutung gewährleistet, dass Sinti-Eltern möglichst unbeeinflusst antworten, ohne dabei irgendwelche Erwartungen des Interviewers zu bedienen.

	Nutzen: Extrafrage	Besuchten Ihre Kinder einen Kindergarten oder eine Vorklasse? >>> Wie zufrieden waren Sie damit?
Beschreiben Sie Ihre Kontakte zur Schule!	Eltern-Lehrerkontakt	Beschreiben Sie die Treffen mit den Lehrern Ihres Kindes!
Beschreiben Sie die Schulleistungen Ihres Kindes!	Schulleistungen	Woran liegt es, dass Ihr Kind diese Schulleistungen hat?
	Arbeitsverhalten	Wissen Sie, wie gut Ihr Kind in der Schule mitarbeitet?
	Sozialverhalten	Können Sie einschätzen, wie sich Ihr Kind in der Schule verhält?
	Pünktlichkeit Fehltage	Besucht Ihr Kind die Schule das ganze Jahr pünktlich und regelmäßig oder gibt es Zeiten, an denen es die Schule nicht besucht?
	Hausaufgaben	Haben Sie den Eindruck, dass Ihr Kind seine Hausaufgaben immer macht? >>> Woher wissen Sie das?
		Wie kommt Ihr Kind mit den Hausaufgaben klar? >>> Erledigt Ihr Kind die Hausaufgaben alleine oder bekommt es dabei Hilfe?
	Reisetätigkeit und Schule	(evtl.) Wie lernt Ihr Kind während der Reisezeit für die Schule?

Die Schüler wurden ähnlich befragt wie die Eltern, allerdings wiederum aus einer anderen Perspektive. Einzelne Fragen wurden individuell umgestaltet. Ein erwachsener Ex-Schüler wurde zum Beispiel nicht nach seiner Zukunft als 35-Jähriger befragt, sondern schlicht nach seiner Zukunft.

Sinti-Schüler: Schulbedeutung

Rubrik	Unterpunkte	Leitfragen
Beschreibe mal deine Schule!	Einstiegsfrage	
Wie stellst du dir deine Zukunft als Erwachsener vor?	Lebensentwurf	Wie soll deine Leben aussehen, wenn du z.B. 35 Jahre alt bist?
Warum gehst du zur Schule?	schulisches Ziel	Nach welcher Klasse möchtest du die Schule abschließen? >>> Warum?
	berufliches Ziel	Was möchtest du nach deiner Schulzeit machen?
	Nutzen von Schule (Schülersicht)	Welchen Nutzen hat Schule für dich?
	Nutzen von Schule (Elternsicht)	Was sollst du nach Ansicht deiner Eltern in der Schule erreichen?
Beschreibe mal deine Schulleistungen!	Schulleistungen	Welche Unterrichtsfächer gefallen dir eher gut? >>> Wieso?
		Welche Unterrichtsfächer gefallen dir weniger? >>> Wieso?

	Arbeitsverhalten	Gibt es Unterrichtsfächern, in denen du fleißig mitarbeitest? >>> Woran liegt das?
		Gibt es Unterrichtsfächern, in denen du eher nicht fleißig bist? >>> Woran liegt das?
	Sozialverhalten	In welchen Unterrichtsfächern benimmst du dich eher besser? >>> Woran liegt das?
		In welchen Unterrichtsfächern benimmst du dich eher schlecht? >>> Woran liegt das?
	Pünktlichkeit Fehltage	Besuchst du die Schule das ganze Jahr pünktlich und regelmäßig oder gibt es Zeiten, an denen du zu spät kommst oder fehlst?
	Hausaufgaben	Machst du deine Hausaufgaben regelmäßig oder gibt es Tage, an denen du die Hausaufgaben auch schon mal vergessen hast?
		Wie kommst du mit den Hausaufgaben klar? >>> Erledigst du deine Hausaufgaben alleine oder bekommt du dabei Hilfe?
	Reisetätigkeit und Schule	Wie lernst du für die Schule, wenn du mit deiner Familie auf Reisen bist?
Beschreibe die Treffen deiner Eltern mit deinen Lehrern!	Eltern-Lehrerkontakt	

Schulische Integration: Diese Rubrik umfasste Fragen zur Klärung wesentlicher Bereiche der schulischen Integration von Sinti an Bad Hersfelder Schulen. Hierbei wurden alle Personen der drei Interviewgruppen als Fachleute angesehen. Die Unterpunkte sowie die verschiedenen Perspektiven prägten die Art und Weise der Formulierungen der Leitfragen. Ziel war die Gewinnung eines umfassenden Bildes zur schulischen Integration von Sinti an Bad Hersfelder Schulen.

Lehrer: Schulische Integration

Rubrik	Unterpunkte	Leitfragen
Können Sie einschätzen, ob sich Sinti an der Schule wohlfühlen? >>> Bitte begründen Sie Ihre Einschätzung!	Wohlfühlfaktor	
	Positives	Gibt es etwas, was Sinti an der Schule gut gefällt?
	Negatives	Gibt es etwas, was Sinti an der Schule schlecht gefällt?

	Integration	Haben Sie den Eindruck, dass Sinti an dieser Schule integriert sind? >>> Begründen Sie Ihre Einschätzung!
	Kontakte zu Mitschülern	Beschreiben Sie die Kontakte von Sinti zu Mitschülern!
	Kontakt zu Lehrern	Gibt es Unterschiede im Kontakt von Sinti-Schülern zu Lehrern als von Nicht-Sinti-Schülern zu Lehrern?
	Schulveranstaltungen (Klassenfahrten)	Beschreiben Sie die Teilnahme von Sinti an Schulveranstaltungen, wie z.B. Klassenfahrten!

Die Eltern wurden sehr nach ihren subjektiven Eindrücken befragt. Es war bewusst geplant, dass sie einzelne Berichte über Geschehnisse und Eindrücke formulierten.

Sinti-Eltern: Schulische Integration

Rubrik	Unterpunkte	Leitfragen
Bitte beschreiben Sie, wie wohl sich Ihr Kind an der Schule fühlt? >>> Woran machen Sie das fest?	Wohlfühlfaktor	Würden Sie Ihr Kind gerne auf eine andere Schule schicken? >>> Warum?
	Positives	Was gefällt Ihrem Kind gut an der Schule?
	Negatives	Was gefällt Ihrem Kind schlecht an der Schule?
	Kontakte zu Mitschülern	Beschreiben Sie die Kontakte Ihres Kindes zu Mitschülern! >>> Was unternimmt Ihr Kind mit den Freunden aus seiner Klasse?
	Kontakt zu Lehrern	Können Sie mir etwas zum Kontakt Ihres Kindes zu den Lehrern der Schule sagen?

	Schulveranstaltungen (Klassenfahrten)	Nehmen Ihre Kinder an Schulveranstaltungen, wie z.B. Klassenfahrten, teil?
		>>> a) Was erzählt Ihr Kind davon?
		>>> b) Gibt es Gründe, weshalb Ihr Kind daran nicht teilnimmt?

Bei den Schülern waren die Fragen ähnlich gestellt wie bei ihren Eltern. Sie wurden ebenso bewusst auf ihre subjektiven Empfindungen angesprochen. Insbesondere die Frage nach den Kontakten zu Nicht-Sinti-Mitschülern war bei dieser Probandengruppe zweckdienlich, um viele Informationen über die schulische Integration der Sinti-Schüler zu erhalten.

Sinti-Schüler: Schulische Integration

Rubrik	Unterpunkte	Leitfragen
Bitte beschreibe, wie wohl du dich an deiner Schule fühlst!	Wohlfühlfaktor	Beschreibe dein Gefühl etwas genauer!
		Würdest du gerne auf eine andere Schule gehen? >>> Warum?
	Positives	Was gefällt dir gut an der Schule? >>> Warum gefällt es dir gut?
	Negatives	Was gefällt dir nicht an der Schule? >>> Was gefällt dir daran nicht?
	Kontakte zu Mitschülern	Beschreibe deine aktuelle Schulklasse! >>> Triffst du dich mit einigen Klassenkameraden auch in deiner Freizeit?
	Kontakt zu Lehrern	Beschreibe mal deine Lehrer!
	Schulveranstaltungen	Beschreibe die letzte Klassenfahrt!

Alle Leitfragen wurden nicht zwingendermaßen gestellt, sondern dienten lediglich der Unterstützung bei der Gesprächsführung. Zum Teil war es sinnvoll, das Gespräch gleiten zu lassen, um bestimmte Informationen zu erhalten. Wichtig war, dass alle Bereiche und deren Rubriken und Unterpunkte angesprochen wurden. Nur dadurch entstanden eine direkte Vergleichbarkeit der Interviews innerhalb ihrer Interviewgruppe sowie die der ausgewerteten Gruppen mit den anderen Interviewgruppen.

Die Befragungen der Gruppe „sonstige Interviewpartner" ergaben sich aus Informationen der oben beschriebenen Gespräche. Einzelne Sachverhalte sollten dezidierter geklärt werden, indem hierzu Fachleute interviewt wurden. Zum Themenbereich der Identität und Lebenswelt der Sinti konnten zwei Vertreter des ASD interviewt werden. Die berufliche sowie finanzielle Situation wurden eingehend analysiert, indem ein Vertreter der Agentur für Arbeit sowie zwei Hartz-IV-Fallmanager interviewt wurden. Informationen zu kriminellen Aktivitäten von Sinti konnten mit einem Sachverständigen der Jugendgerichtshilfe geklärt werden. Die Notwendigkeit hierzu ergab sich, nachdem zahlreiche Gesprächspartner das Thema „Kriminalität" ansprachen, ohne dass es Gegenstand der Leitfragebögen war. Informationen zum Kindergarten- beziehungsweise Hortbesuch wurden durch Informationen einer Hortmitarbeiterin gewonnen. Um wichtige Aspekte nicht aus Unkenntnis zu ignorieren, konnte im Vorfeld der Befragung ein ortsansässiger Sinto interviewt werden, der beruflich eine Rolle als Mittler zwischen Sinti und Schule wahrnahm. Auch diese Interviews mussten intensiv vorbereitet werden, und die vorformulierten Leitfragen dienten nur einer groben Orientierung. Wenn es sinnvoll war, nahm das Gespräch eine neue Richtung. Im Vorfeld wurden Gesprächsziele definiert, die es zu erreichen galt. Eine stringente Leitfragenorientierung wäre zum Teil hinderlich gewesen; war zudem nicht nötig, da diese Interviews nicht eins zu eins miteinander verglichen wurden.

Die Interviewgruppen Lehrer, Sinti-Eltern und Sinti-Schüler konnten zu nahezu allen Unterpunkten befragt werden. Lediglich Perspektive und Wortlaut der Fragen unterschieden sich dabei voneinander. Die Fragen wurden im Laufe eines Gesprächs eingebunden. Es sollte eine Gesprächsatmosphäre entstehen und kein stringentes Ausfragen. Ziel der offenen Gesprächsführungen waren weitere Erkenntnisse, die außerhalb des geplanten Gesprächsverlaufes lagen.

Alle Interviews dienten dem Zweck, die Schulsituation der Sinti in Bad Hersfeld erklärbar zu machen. Ziel der Interviews war die Beantwortung beider zu Anfang gestellten Fragen; die Schulsituation von Sinti zu analysieren sowie die Ursachen für ihre Schulsituation zu ergründen.

Methodik - Ergebnisse der Interviews

Die Interviews wurden vollständig transkribiert[40] und wesentliche Aussagen anschließend mittels einer Auswertungssoftware[41] einzelnen Codes zugeordnet. Die Codes entsprachen den Unterpunkten der verschiedenen Leitfragebögen und waren dadurch unter den einzelnen Interviewgruppen miteinander vergleichbar.

Beispielsweise existierte in jedem Leitfragebogen der Interviewgruppen, ausgenommen „sonstige Interviewpartner", eine Frage zu dem Unterpunkt „Schulkarriere". Wie oben erwähnt, unterschied sich der Wortlaut der Frage beziehungsweise der Blickwinkel in den einzelnen Interviewgruppen, jedoch nicht die inhaltliche Ausrichtung. Somit waren alle Fragen und die entsprechenden Antworten hierzu miteinander in Beziehung setzbar.

---

40 Die Transkription orientierte sich an den Regeln von Hoffmann-Riem (vgl. Hoffmann-Riem 1984: S. 331); Transkriptionsregeln im Anhang.

41 MAXQDA2: VERBI Software - Consult - Sozialforschung GmbH Berlin, 2004.

Ziel war, die jeweilige Frage beziehungsweise Antwort aus verschiedenen Blickwinkeln zu analysieren. Alle Informationen der einzelnen Codeauswertungen basieren auf Aussagen der in den Abschnitten benannten Interviewpartner. Es ist eine Zusammenfassung der Aussagen der interviewten Personen. Einzelne Zitate belegen besonders erwähnenswerte Aussagen der Gesprächspartner. Die Ergebnisse werden nach den jeweiligen Interviewgruppen sortiert aufgeführt, bei Lehrkräften wurde zudem nach Schulen unterschieden, um ein detailliertes Bild zu erhalten.

IV.8 Ergebnisse: Interviews[42]

IV.8.1 Identität und Lebenswelt

IV.8.1.1 Ergebnisse: Sinti (Beschreibung)

Friedrich-Fröbel-Schule: Sinti-Schüler sind sportlich beziehungsweise akrobatisch talentiert und haben meist einen kräftigen Körperbau. Sie besitzen nur ein geringes Regelwissen und zeigen wenig Interesse am Unterricht sowie an einer Integration. Jungen achten stark auf ihr äußeres Erscheinungsbild, sind hübsch und schlank, lustorientiert, cool und zeigen direkte Aggressionen. Sie sind offen gewalttätig. Mädchen hingegen singen gerne, tragen Röcke und haben lange Haare, achten ebenfalls auf ihr Äußeres und sind indirekt gewalttätig.

Sinti-Schüler sind künstlerisch begabt, verhalten sich provozierend gegenüber Lehrern und Mitschülern. Sie agieren und sprechen insgesamt sehr laut, sind aggressiv und faul. Jungen sind im Unterricht zudem unaufmerksam, unkonzentriert, unehrlich und zeigen kein Schuldbewusstsein. Ihre laute Stimme wirkt schnell provozierend. Mädchen sind fröhlich, temperamentvoll und han-

42 Alle Ergebnisse beruhen auf Aussagen der entsprechenden Interviewpartner. Gegensätzliche Meinungen, Widersprüche sowie fehlerhafte Aussagen wurden unkommentiert aufgeführt. Unglaubwürdig erscheinende (Falsch-)Aussagen wurden dagegen nicht berücksichtigt. Da die Gesprächspartner zum Teil in unterschiedlichen Zeitformen antworteten, kommt es in der Darstellung der Ergebnisse zu Wechseln der Zeitformen. So antworteten ehemalige Schüler meist im Präteritum oder Perfekt und aktive Schüler im Präsens, ebenso verhielt es sich mit Lehrkräften und Eltern.

deln impulsiv. Die Jungen besitzen Gewalt über die Sintiza (Mädchen), generell dominieren sie die Mädchen, häufig auch die Mitschüler. Sie sind unkonzentriert, unaufmerksam, distanzlos sowie neugierig. Nachtragend sind sie nicht. Sie nutzen zahlreiche Schimpfwörter, sind lebhaft und verlangen viel Aufmerksamkeit. Sie agieren und wirken in ihrer Art selbstbewusst, offen und gelassen. Je älter sie werden, desto mehr Ressentiments gegenüber Nicht-Sinti bauen sie auf. Mädchen scheinen zudem frühreif und insgesamt weiter entwickelt zu sein als ihre deutschen Mitschüler. Bei ihnen besteht ein Nachholbedarf in kulturtechnischen Dingen. Ihre Feinmotorik ist insgesamt wenig entwickelt, im Gegensatz zu ihrer gut ausgebildeten Grobmotorik.

Ernst-von-Harnack-Schule: Die Sinti-Schüler sind zum Teil nicht ehrgeizig, in Arbeitsphasen geben sie schnell auf, wobei jedes Kind sehr individuell ist. Das Eingehen von Kompromissen sind sie nicht gewohnt. Sie setzen ihren Kopf durch und reagieren bisweilen bockig und vorlaut. Einige Jungen zeigen sich insbesondere Frauen gegenüber distanz- und respektlos. Es sind lebhafte und sportliche Kinder, selbst wenn sie zum Teil übergewichtig sind. Sie achten auf ihr Äußeres. Sie vergessen oder missachten Regeln. Einige Mädchen verhalten sich sehr zurückhaltend. Insgesamt muss man feststellen, dass es bei Sinti Extreme gibt; die einen verhalten sich äußerst wild, die anderen treten wiederum sehr zurückhaltend auf. Sinti-Schüler agieren emotional, lebhaft, spontan, offen und bedürfnisorientiert. Vielleicht sind die Jungen zu sehr verwöhnt. Sie haben ein ausgeprägtes Selbstbewusstsein. Sinti zeigen feinmotorische Schwächen. Sie treten in Gruppen auf, schüchtern andere Schüler ein, erpressen diese zum Teil und prügeln gerne. Insgesamt treten viele Sinti-Kinder laut und unordentlich auf.

Grundschulen: Sinti missachten oft vereinbarte Regeln und können den Wert eines Gegenstandes nicht einschätzen. Sie spielen sich in den Vordergrund, beharren auf ihrer Meinung und insbesondere die Jungen sind schwer von Absprachen zu überzeugen. „Sie haben enorme Vorbehalte gegenüber anderen Gruppierungen, also ein soziales Miteinander möchten sie mit anderen Nationalitäten auf keinen Fall" (GRU/1/86 f.). Sie nutzen Schimpfwörter und zeigen keine Integrationsbereitschaft. Anstrengende Leistungsanforderungen lehnen sie ab und reagieren schnell aufbrausend. Sie sind Argumenten schwer zugänglich. Meist sind in ihrer Wahrnehmung immer die anderen schuld. Sie werden beleidigend und neigen zu Bedrohungen.

EIBE: Auch wenn sie in ihrem Erscheinungsbild sehr individuell sind, so kann man sie an ihrer Optik erkennen, beispielsweise an ihrer braunen Hautfarbe und ihren gegelten Haarfrisuren. Probleme sind die Unpünktlichkeit, die mangelnde Anwesenheit sowie die Unzuverlässigkeit im Allgemeinen.

Gesamtschulen: Die meisten Sinti-Schüler sind sehr nett und freundlich, auch wenn es freche Ausnahmen gibt, die keine Autoritäten akzeptieren. Sie erhalten starke Unterstützung von zu Hause und treten recht selbstbewusst auf. Es sind außergewöhnliche Menschen, die sehr unter sich bleiben. Sie sind in ihrer Art eigenwillig und haben eine andere Denkweise als die deutsche Mehrheitsbevölkerung. Beispielsweise ist für sie Familie das Wichtigste in ihrem Leben. Die Mütter achten zu sehr auf ihre Kinder. Es besteht im Grunde kein Unterschied zu Schülern mit Migrationshintergrund. Die Mädchen verhalten sich meist zurückhaltend, sind gut gekleidet, sauber und tragen Zöpfe. Die Jungen tragen modische Haarfrisuren, treten großspurig auf und zeigen ein robustes Auftreten in Verbindung mit einem Machogehabe.

Sinti-Eltern: Keine Aussagen.

Sinti-Schüler: Keine Aussagen.

IV.8.1.2 Ergebnisse: Familie

Friedrich-Fröbel-Schule: Sinti haben oft viele Kinder und die Welt der Frauen ist sehr konservativ geprägt. Zu ihrer Zuständigkeit gehören Kinder, Haus und Küche. Sie üben keine Berufstätigkeit aus. Mädchen helfen den Frauen im Haushalt. Die meisten Familien sind relativ zerstört und unvollständig. Häufig verließen die Frauen die Männer und Väter sind nicht mehr präsent beziehungsweise es gibt andere Väter oder Lebensgefährten.

Bei Sinti besteht ein anderes Sozialgefüge. Sie rechnen damit, dass ihre Kinder für sie da sind. Sehr viele wohnen in der Sinti-Siedlung oder im Stadtteil Hohe Luft. Sie legen keinen Wert auf Schule oder Bildung. Sie spielen viel miteinander, wenig mit Nicht-Sinti-Kindern. Mädchen werden frühzeitig in die Verantwortung genommen und fehlen deshalb oft in der Schule. Die Kinder erfahren eine andere Sozialisation. Sehr früh werden sie sich selbst überlassen. Väter erziehen ziemlich brutal, berichtet eine Lehrkraft.

Familie ist bei Sinti ganz hoch angesiedelt. Sie sind in der Regel nicht nach deutschem Recht verheiratet. Eine Lehrkraft äußert, dass es vor Jahrzehnten zwei große Sippen sowie ein Sippenoberhaupt in Bad Hersfeld gab. Dieser Zusammenhalt der Sippen hat sich gelöst. Es besteht noch ein Wir-Gefühl, das sich aber auflöst. Sie heiraten nach Sinti-Art und leben häufig noch in Großfamilien. Es besteht eine enge familiäre Bindung, so sind alle miteinander verwandt. Die Kirche ist für die Familien ein Treffpunkt.

Männer arbeiten und die Frauen sind zu Hause. Die Söhne fahren bereits im Schulalter mit schrotten[43]. Die Frauen bekommen recht jung, unter 20 Jahren, bereits ihre Kinder, im Schnitt drei. Viele Familien kommen aus sozial schwachen Verhältnissen. Bei den meisten bestehen größere Familienproblematiken. Eltern sind nicht fähig, ihre Kinder zu unterstützen. Es herrscht ein starker Familienzerfall beziehungsweise Zerfall der Strukturen, bedingt durch ein fehlendes Oberhaupt, welches die Sippe zusammenhält. Dies führt insbesondere bei jungen männlichen Sinti zu starken Identitätsproblemen, weil sie keine Orientierung mehr haben. Die Väter sind zu Hause nicht präsent. Viele Familien sind nicht mehr vollständig und es gibt Trennungen (Scheidungen). Es herrscht ein Verfall der Gemeinschaftstrukturen. Bedingt dadurch gibt es zum Teil auch Drogenmissbrauch.

Die Familien sind sehr traditionsbewusst. Es gibt aber zwei, drei Familien, die der Mehrheitsbevölkerung bereits angepasst sind. Diese Familien wohnen auch in anderen Teilen der Stadt.

Ernst-von-Harnack-Schule: Die meisten Sinti leben im Stadtteil Hohe Luft und in der Siedlung in ärmlichen Verhältnissen. Aufgrund zu hoher Mieten ziehen sie aber aus der Siedlung weg. Es bestehen große Verwandtschaftskreise. Sie sind nach Sinti-Art verheiratet und Väter halten sich bei Erziehungsfragen raus. In der Schule haben die Lehrkräfte hauptsächlich mit den Müttern zu tun. Die wenigsten Familien leben noch nach den alten Strukturen, und auch diese bröckeln. Der Zusammenhalt innerhalb der Familien bricht auseinander. Sie haben viele Probleme, die andere Jugendliche ebenfalls zeigen. Gerade Sintiza haben Drogenprobleme; zum Teil scheitern auch ihre Beziehungen.

Oft leben sie noch mit Großeltern zusammen. Die Eltern überbehüten zum Teil ihre Kinder und Frauen sind an Entscheidungsprozessen wenig beteiligt. Sie legen weniger Wert auf Regeln und

43 Sie sammeln Schrott (Altmetall) und handeln damit.

Schule ist für sie nicht so wichtig. Kinder werden eher innerhalb der Familien erzogen, weniger in der Schule.

Grundschulen: Familienbande bestehen europaweit. Vor 30, 40 Jahren gab es bei den Hersfelder Sinti noch einen Vorstand. Es ist als Außenstehender kaum einzuschätzen, wer zu welcher Familie gehört, da die Väter andere Namen tragen als ihre Kinder.

Eine Lehrkraft berichtet, dass die Familien ihrer Sinti-Schulkinder in relativ normalen Verhältnissen leben. Beide Elternteile wohnen vor Ort und sind wenig auf Reisen. Die Familie kümmert sich um die Kinder, auch schulisch versuchen sie es. Die familiäre Bindung ist sehr groß. Viele Wochenenden verbringen sie bei ihrer Verwandtschaft.

EIBE: Ein Großteil der Familien lebt im Stadtteil Hohe Luft sowie in Richtung Unterhaun[44], unterhalb des Gewerbegebiets. Dort erhielten sie von der Stadt Wohnmöglichkeiten. Es ist ein Brennpunkt.

Gesamtschulen: Eine Lehrkraft hat das Gefühl, dass Sinti inzwischen weniger stark vertreten sind als vor zehn, 15 Jahren. Dies liegt sicherlich auch an der Ausgrenzungssituation außerhalb der Stadt. Diejenigen, die hier die Schule besuchen, reisen nicht regelmäßig und wohnen nicht in der Siedlung, sondern im Innenstadtbereich.

Laut einer Lehrkraft besitzt die Familie für Sinti eine hohe Bedeutung. Mütter haben große Ängste um ihre Kinder, sie klammern sehr. Den Familien fehlt es an Rhythmus, so verschlafen morgens ganze Familien. Sie hat den Eindruck, dass Jungen oder Männer innerhalb der Familien mehr bedeuten als Töchter. Konkrete Informationen über die Familienstrukturen besitzen die Lehrer nicht.

Eine Lehrkraft weiß, dass Sintiza in sehr jungen Jahren heiraten, jung Kinder bekommen und enge Familienstrukturen herrschen. Es gab Schülerinnen, die bereits mit 16, 17 Jahren Mutter wurden. Die Strukturen innerhalb dieser Familien sind sozialer als in Nicht-Sinti-Familien.

Sinti-Eltern: Sie berichten, dass sie in Bad Hersfeld sowie in Deutschland und dem Ausland, Frankreich, eine große Verwandtschaft besitzen. Im Gegensatz zu früher bekommen Sintiza

---

44 Unterhaun ist ein Ort, südlich von Bad Hersfeld.

heutzutage keine neun bis vierzehn Kinder mehr, sondern nur noch zwei bis drei.

Die ganze Siedlung in Bad Hersfeld und zahlreiche Sinti sind miteinander verwandt. Ihnen ist Familie besonders wichtig und es bestehen gute Kontakte untereinander. Wenn jemand in Not ist, dann hilft man sich gegenseitig.

Sie heiraten nach Sinti-Brauch. Jungen heiraten mit 17, 18 Jahren, im höchsten Fall mit 19. Mädchen heiraten mit 15, 16 oder 17. Es ist selten, dass ein Mädchen mit 18, 19 oder 20 noch zu Hause ist.

Sinti-Schüler: Eine Sintiza berichtet, dass Frauen nicht so früh heiraten. Gleichzeitig erklärt sie, dass ihre Schwester bereits mit 16 geheiratet hat. „[…] die hat schon mit 16 geheiratet, weil ihr Mann, also der Vater ist gestorben, darum hat mein Vater gesagt, dass er sie heiraten soll" (SinS/10/21-27). Eine weitere Sintiza sagt, dass ihre Schwester bereits mit 15 ihr erstes Kind bekam.

Viele berichten, dass zahlreiche Verwandte in Bad Hersfeld leben, von einigen die ganze Familie, bei anderen ist die Familie weitläufig in Deutschland und dem Ausland verteilt. Sie sprechen von positiven Familienverhältnissen und viele davon, dass ihnen die Familie sehr wichtig ist. Einer erläutert, dass ihm daran der Zusammenhalt gefällt und dass man sich umeinander kümmert. Eine Sintiza heiratete einen Kosovo-Albaner, dies war prinzipiell kein Problem, lediglich für einige ältere Sinti.

IV.8.1.3 Ergebnisse: Kinder

Friedrich-Fröbel-Schule: Eine Lehrkraft schildert, dass die Kinder ein anderes Temperament besitzen, sie können nicht ruhig sitzen. Es sind kinderreiche Familien. Wenn sie in die Pubertät wechseln, dann werden sie wie Erwachsene behandelt. Eltern fühlen sich dann nicht mehr in gleicher Weise verantwortlich für sie.

Gesamtschulen: Eine Lehrkraft sagt, die Mütter achten sehr auf ihre Kinder, zum Teil etwas überzogen. Weitere Aussagen zu den Kindern gibt es nicht.

Sinti-Eltern: Mehrere Eltern erwähnen, ihre Kinder sind temperamentvoll und lebhaft. Ein Vater erzählt, dass es den Kindern schwerfällt, ruhig zu bleiben. Mit Disziplin haben sie Schwierigkeiten.

Mehrere Eltern loben ihre Kinder. Eine Mutter betont, ihre Kinder sind sehr lieb und anständig, sie ist stolz auf ihre Kinder und diese stehen an erster Stelle in ihrem Leben. Eine weitere Mutter findet es gut, dass ihre Kinder nicht frech sind und keine Schimpfworte nutzen. Ein Sinto berichtet, es besteht enger Kontakt zu den eigenen Kindern. Sie sind tagtäglich anwesend und die Enkelkinder wachsen bei ihm auf. Eine Sintiza sagt, sie wären ganz allein, wenn sie ihre Kinder nicht hätten.

Sinti-Schüler: Diese berichten positiv von ihren Geschwistern. Eine Sintiza schildert, dass ihre Schwestern und sie den ganzen Tag zu Hause sind und sich um Haushalt und Kinder kümmern. Lediglich ihr Bruder ist ständig unterwegs, mit ihm hat sie nicht viel zu tun. Eine erzählt von ihren fünf Geschwistern, ihre Schwestern sind Hausfrauen und ihr Bruder Hausmann. Sinti kommen meist gut mit ihren Geschwistern zurecht. So spricht ein Sinto, dass alle Geschwister füreinander da sind und Familie wichtig für ihn ist.

IV.8.1.4 Ergebnisse: Familienaktivitäten

Sinti-Eltern: Eine Sintiza besucht mit der Familie Flohmärkte und sitzt gerne am Lagerfeuer. Eine weitere unternimmt derzeit gar nichts mit der Familie, da ein Familienmitglied gesundheitlich eingeschränkt ist. Ansonsten waren sie im Sommer auf Reisen, viel mit den Kindern draußen und auf Zeltmission. Eine andere erzählt, dass sonntags die Familie kommt, Kuchen gegessen wird und alle spazieren gehen. Ein Sinto erwähnt, sie machen gern Ausflüge, besuchen andere Familien sowie Märkte und Freizeitparks. Eine Mutter erzählt, dass sie mit den Kindern sehr viel unternehmen. Sie feiern Feste, besuchen den Tierpark, Freizeitparks und Volksfeste. Eine andere berichtet, sie unternehmen nichts gemeinsam. Ihre Kinder sind zwar tagtäglich bei ihr und bringen die Enkelkinder, Unternehmungen führen sie jedoch nicht durch. Sie sind zusammen, wenn sie auf Reisen sind. Eine Sintiza berichtet, ihr Mann ist viel unterwegs und nimmt wenig an Familienaktivitäten teil. Mit ihren Kindern unternimmt sie hingegen viel, geht spazieren, ins Kino, bastelt, malt, besucht Nachbarn, Tanten, den Onkel und holt Neffen und Nichten zu sich. Eine Mutter betont, dass keine Aktivitäten durchgeführt werden, erzählt aber davon, dass sie sonntags die Gemeinde und Verwandte besuchen oder in die Stadt gehen. Ein Vater erzählt, dass sie im Sommer viel gemeinsam unternehmen, im Winter weniger aufgrund der geringen Einkünfte aus Hartz IV.

Sinti-Schüler: Eine Sintiza berichtet, dass sie, ihre Schwester und ihre Mutter gemeinsam sauber machen. Eine weitere schildert, sie unternehmen keine Familienaktivitäten miteinander, seit ihr Mann gesundheitlich eingeschränkt ist. Sie geht mit den Kindern raus, spazieren und auf einen Spielplatz. Ein Sinto berichtet, er angelt gerne mit seinem Vater oder besucht Freizeitparks. Eine Sintiza bummelt gerne durch die Stadt und besucht gerne Familien, die weiter weg sind. Ein weiterer Sinto sagt, sie unternehmen nicht viel miteinander, lediglich ab und zu fahren sie im Sommer an einen See. Dagegen erzählt ein anderer, dass sie jedes Wochenende wegfahren, ob zum Flohmarkt oder zum Angeln. Ein Sinto fährt mit der Familie gerne mit dem Wohnwagen in den Urlaub, geht gemeinsam einkaufen und isst gerne mit der Familie.

IV.8.1.5 Ergebnisse: Tagesablauf

Friedrich-Fröbel-Schule: Sinti berichten den Lehrern wenig über ihren Tagesablauf. Bekannt ist, dass der Tagesablauf nicht geregelt abläuft. So kommen viele Kinder zu spät in die Schule und es wird nicht unbedingt gemeinsam gegessen. Die Kinder sind auf sich gestellt, stehen morgens alleine auf und machen ihr Frühstück selbst. Wenn sie nicht in die Schule gehen, dann schlafen sie lange. Schule liegt außerhalb des Erziehungsbereichs der Eltern, es gehört zur Eigenverantwortung der Kinder.

Die Kinder spielen viel draußen, fahren Fahrrad, spielen Fußball oder streunen durch die Stadt. An einem Punkt im Stadtteil Hohe Luft trifft man sie oft an. Vereinstätigkeiten sind die Ausnahme, wobei einige Jungen in Fußballvereinen aktiv sind. Sie gucken viel TV, nutzen das Internet und spielen häufig mit Spielekonsolen. Zum Teil schauen sie bis spät in die Nacht TV, einige Jugendliche auch pornografische Filme oder halten sich oftmals in einem Bordell auf. Alkohol spielt in ihrem Leben oft eine Rolle. Bereits elf- bis zwölfjährige Jungen halten sich bis acht, neun Uhr in Kneipen auf, Mädchen nicht. Es bestehen keine festen Zeiten, zu denen sie ins Bett müssen. Sie legen sich hin, gucken Fernsehen, schlafen ein und liegen manchmal zu dritt in einem Bett.

Die Frauen und Mädchen putzen sehr viel, wogegen die Jungen in den Familien wenige Verpflichtungen haben. Mädchen werden zum Teil entschuldigt, weil sie familiäre Verpflichtungen übernehmen. Die Jungen helfen den Männern bei der Arbeit, die Mädchen halten sich bei der Mutter auf. Sintiza kommen nach der Schule nach Hause, essen Mittag und arbeiten dann im Haushalt. Danach treffen sie sich mit Freunden und kommen erst gegen elf, zwölf Uhr abends wieder nach Hause.

Ernst-von-Harnack-Schule: Wenn die Kinder nicht gerade verschlafen, was des Öfteren vorkommt, besuchen sie die Schule. Viele holen sich ihr Mittagessen, Fast Food, beim Metzger. Sie leben einfach in den Nachmittag hinein, verbringen die Zeit auf der Straße. Die Hausaufgaben erledigen sie erst gegen elf Uhr abends. Sie müssen sich nicht an bestimmte Regeln halten und es kommt vor, dass sie erst um zwölf Uhr ins Bett gehen. Es gibt Familien, die Probleme mit dem Aufstehen haben und ihre schlafenden Kinder nicht wecken wollen. Bei vielen Familien besteht keine Struktur im Alltag. Es gibt Sinti, deren Tagesablauf vergleichbar mit denen ihrer Mitschüler abläuft und deren Kinder pünktlich in die Schule kommen.

Sinti haben sehr viele Freiheiten, sind viel draußen unterwegs und verbringen ganze Nachmittage mit Spielekonsolen. Mädchen werden häufig in die Hausarbeit eingebunden. Ab Mittag spielt Schule für sie keine Rolle mehr.

Grundschulen: Die Kinder werden oft zur Schule gebracht. Mädchen tanzen gerne, sind dabei Tanzgruppen angeschlossen, bei denen Sinti unter sich sind, nicht in Sportvereinen. Teilweise sind sie kirchlich engagiert. Eine Lehrerin bemerkt, dass sie keine Kenntnisse über den Tagesablauf außerhalb der Schule hat.

EIBE: Sinti treffen sich immer an einer Stelle im Stadtteil Hohe Luft. Ansonsten ist den Lehrern nichts bekannt.

Gesamtschulen: Gesamtschullehrer betonen, dass die Tagesabläufe völlig normal verlaufen und mehrere Sinti in Vereinen aktiv sind. Sie spielen Fußball, treiben Sport und sind familiär eingebunden. Eine Lehrerin erzählt von einem Schüler, der zu Hause nichts mehr mit Schule zu tun hat und mit dem Vater oft unterwegs ist in Sachen Schrott- und Metallhandel.

Sinti-Eltern: Die Tagesabläufe ähneln einander. So berichten Eltern, dass die Kinder aus der Schule kommen, Mittag essen und sich dann draußen aufhalten. Dort fahren sie Fahrrad, spielen Ball und mit anderen Kindern, gucken zum Teil Fernsehen oder spielen mit Spielekonsolen. Jungen besuchen eine Begegnungsstätte und beschäftigen sich dort mit Billard oder spielen Kicker, Mädchen tanzen dagegen gerne. Abends essen sie Abendbrot, baden und fertigen die Hausaufgaben an. Es gibt Berichte, dass die Mädchen mehrere Stunden im Haushalt helfen. Die Mädchen besuchen keine Diskothek, gehen nicht ins Kino, sondern werden mit Arbeit groß. Es ist üblich, dass die Mädchen aktiv im Haushalt mitarbeiten und die Mütter unterstützen. Eine Mutter berichtet stolz, dass ihre 14-jährige Tochter morgens selbstständig wach wird, zur Schule geht und sie selbst nicht aufstehen muss.

Sinti-Schüler: Die Beschreibungen der Tagesabläufe ähneln sich und einige Schüler berichten, dass ihre Tage nicht besonders abwechslungsreich verlaufen. So erzählen Sinti, dass sie nach der

Schule Familienmitglieder oder Freunde besuchen, Tischtennis spielen und dann in die Stadt gehen oder ihre Hausaufgaben erledigen und dann fernsehen. Sie besuchen den Jugendtreff im Stadtteil Hohe Luft, spielen dort Billard, Kicker und nutzen das Internet.

Ein Sinto sagt, er muss derzeit Arbeitsstunden ableisten und sein Tagesablauf ist dadurch beeinflusst. Sie übernehmen Aufgaben innerhalb der Familie, Jungen unterstützen beispielsweise ihre Väter bei Schrottsammlungen. Die Mädchen übernehmen Arbeiten im Haushalt. Diese beginnen sie direkt nach der Schule und dauern mehrere Stunden. Dann besuchen sie Freundinnen, Cousinen, tanzen, gucken Fernsehen und erledigen danach ihre Schulaufgaben. Die Jugendlichen gehen zwischen elf Uhr abends und ein Uhr nachts ins Bett.

IV.8.1.6 Ergebnisse: Wochenende

Friedrich-Fröbel-Schule: Ihre Wochenenden verbringen sie immer mit Sinti. Sie schauen viel TV, Video oder vertreiben sich die Zeit vor dem PC. Die Wochenenden ähneln sehr dem normalen Wochenablauf. Es finden keine besonderen Aktivitäten statt. Die meisten verbringen die Wochenenden zu Hause. Die Kinder sieht man häufig auf den Straßen, zum Beispiel im Stadtteil Hohe Luft. Familienausflüge finden selten statt. Die Kinder sind oft sich selbst überlassen oder mit anderen Kindern unterwegs. Viel geschieht innerfamiliär, manchmal fahren sie in eine andere Stadt, um ihre Familien zu besuchen oder um zu missionieren. Sie besuchen Lokale, suchen Zerstreuung in der Gastronomie und auf Kirmessen.

Wenn sie nicht reisen, verbringen sie ihre Wochenenden meist trostlos. Manche Familien besuchen sich am Wochenende, aber eigentlich bleiben sie zu Hause. Sie sind an den Wochenenden mit dem Vater unterwegs, schrotten, besuchen Verwandte und halten sich viel draußen auf.

Wenn sie etwas Besonderes vorhaben, machen sie es, da der Schulbesuch für Sinti sowieso nicht so eine Verpflichtung ist. Wochenenden haben, abgesehen vom Kirchenbesuch, nicht einen vergleichbaren Stellenwert wie für Nicht-Sinti. Die Jüngeren sind viel in der Mission. Kirche ist Treffpunkt für die gesamte Familie. Wenn sie jedoch auf Reisen sind, führen sie ein ganz anderes Leben. Alkohol spielt bei ihnen oft eine Rolle. Sie lassen sich nicht gerne in ihr Familienleben hineinschauen und schotten sich ab.

Ernst-von-Harnack-Schule: In den Sommermonaten fahren sie häufiger weg. Es kommt vor, dass sie die Wochenenden verlängern. Sie nehmen für sich den Montag oder Dienstag frei oder bereits den Freitag. Es wird viel familiär unternommen. Zu deutschen Kindern besteht sehr selten Kontakt. An den Wochenenden fahren sie zu Verwandten. Sie verbringen die Zeit meist mit Sinti-Kindern und Verwandtschaft, kaum mit Kindern außerhalb der Sippe (Sinti-Gruppe). Laut Aussage einer Lehrkraft treffen sie sich mit anderen Familien, feiern kräftig, es wird viel getrunken, auch geschlagen und Hasch konsumiert. Einige sind stark in der Gemeinde „Leben und Licht“[45] engagiert.

Grundschulen: Eine Lehrkraft vermutet, es werden Fahrten zur Familie durchgeführt. Informationen über Wochenendaktivitäten wurden von Sinti abgeblockt.

Eine andere Lehrkraft schildert, es besteht eine enge familiäre Bindung und Sinti verbringen viele Wochenenden nicht in Bad Hersfeld, sondern bei ihrer Verwandtschaft. Treffen mit Klassenkameraden finden nicht statt.

Gesamtschulen: Eine Lehrkraft erzählt, dass die Jungen ihre Wochenenden und ihre Freizeit mit Fußball verbringen und mit ihrer Familie viel unterwegs sind. Eine andere Lehrkraft erzählt, dass sie sehr oft zu Sinti-Treffen fahren. Sinti geben an, sie müssen drei Tage weg und es ist immer schwer einzuordnen, ob dies wahr ist. Einer Lehrkraft ist bekannt, dass Sinti regelmäßig in die Kirche gehen.

Sinti-Eltern: Eine Mutter berichtet, dass ihr älterer Sohn einen Jugendtreff aufsucht. Der jüngere Sohn wird zu Hause von Freunden besucht. An den Wochenenden wird viel unternommen, Verwandtschaft getroffen oder sie gehen auf den Flohmarkt. Eine Sintiza sagt, ihre Enkelkinder besuchen sie am Wochenende. Ein Sinto erzählt, seine Kinder sind bei ihm und sie besuchen zum Beispiel seinen Vater in einer anderen Stadt oder Flohmärkte.

Eine weitere Sintiza berichtet, dass aufgrund einer Operation ihres Mannes dieses Jahr wenig unternommen wird. Sie besuchen sonntags die Mission, kommen zurück, essen Abendbrot und gucken TV. Eine andere berichtet, dass die Woche sich nicht von den Wochenenden unterscheidet. Ihre Kinder gehen ab und zu

45 „Leben und Licht“ ist die Bezeichnung einer freikirchlichen Gemeinde in Bad Hersfeld.

ins Kino, allerdings nicht alleine, da sie große Angst um sie hat. „Die Kinder werden entführt, vergewaltigt, umgebracht. Da lass ich meine Kinder nicht alleine" (SinE/6/76-89). Eine Sintiza sagt, dass die Kinder an den Wochenenden viel mit dem Vater unterwegs sind. Sie fahren durch die Gegend, genauere Kenntnis hat sie darüber nicht. Eine Frau erwähnt, ihre Kinder gehen manchmal ins Kino, ansonsten erleben sie immer das Gleiche. Ein Vater kann die Frage nach den Unternehmungen der Kinder am Wochenende nicht beantworten.

Sinti-Schüler: Eine Mädchen sagt, sie schläft an den Wochenenden bis halb zwölf, dann macht sie sauber und telefoniert den Rest des Tages. Eine weitere Sintiza berichtet, dass der Tagesablauf am Wochenende sich nicht von dem eines Werktages unterscheidet. Ein Sinto verbringt dann meistens die Zeit in der Hohen Luft bei Freunden. Sie spielen Billard im „Multi-Kulti", laufen herum und essen zwischendurch. Eine Sintiza berichtet, sie holen sich meist Essen und gucken TV. Ein Junge erzählt, dass er dann manchmal Tischtennisspiele hat, ansonsten spielt er mit Freunden Billard. Vergangenes Wochenende besuchte er Verwandte und spielte mit seinem Cousin an einer Spielekonsole. Die Wochenenden verlaufen bei ihm immer gleich.

Eine Sintiza sagt, sie geht dann mehrmals in die Disko. Ein Sinto berichtet, er übernachtet manchmal bei seinem Cousin, hilft seinem Vater beim Auto waschen oder räumt den Keller auf. Ein weiterer Junge sagt, er geht mit Cousins in die Disko, ein weiterer erzählt von einem Kneipenbesuch mit Freunden.

IV.8.1.7 Ergebnisse: Rollenverhalten (Familie)

Friedrich-Fröbel-Schule: Bei Sinti herrscht ein tradiertes, klar getrenntes Rollenverhalten. Jungen sind anerkannter als Mädchen und haben mehr Freiheiten. Mädchen unterstützen in der Erziehung und helfen im Haushalt, wogegen die eigentliche Erziehung den Vätern obliegt. Die Mütter beziehungsweise Frauen haben nichts zu sagen und kümmern sich um den Haushalt; wichtige Entscheidungen treffen die Männer. Die Mädchen helfen ab dem neunten, zehnten Lebensjahr im Haushalt, kümmern sich um die Wohnung und kochen. Sie werden frühzeitig in die Verantwortung genommen und fehlen deswegen oft in der Schule. Mit zwölf, 13 Jahren ist dieses Rollenverständnis immer stärker ausgeprägt, im Grundstufenbereich noch nicht. Ab der Pubertät tragen die Mädchen Röcke und viele werden zwischen 15 und 17 Jahren zum ersten Mal Mutter, besuchen dann in der achten, neunten Klasse nicht mehr die Schule und sind Mutter und Hausfrau.

Die Mädchen sind eingeschränkt in ihrer freien Entfaltung. Sie dürfen ab einem gewissen Alter nicht ins Schwimmbad, keine Hosen tragen oder alleine weggehen. Sie sind zurückhaltender als die Jungen und gehorchen, wenn Jungen ihnen etwas sagen; Jungen haben Gewalt über sie. Sinto haben wenige Verpflichtungen, mehr Rechte und zeigen ein machohaftes Verhalten. Das Rollenverhalten ist sehr patriarchalisch, Männer sind diejenigen, die das Geld verdienen. Die Jungen werden bei den Männern eingespannt, helfen bei der Arbeit und erhalten oftmals Geld dafür, zum Beispiel beim Schrotthandel.

Ernst-von-Harnack-Schule: Ein antiquiertes Rollenverständnis ist bei Sinti noch sehr ausgeprägt. Die Mädchen werden in die Schublade „Hausfrau" gedrängt, heiraten meist innerhalb ihrer Minderheit und sie helfen im Gegensatz zu den Jungen im Haushalt. Jungen weigern sich, Klassendienste auszuführen, ihren Platz sauber zu machen und sind Machos, die viel mehr Freiheiten genießen. Die Mädchen verhalten sich wie die Mütter, die Jungen wie die Väter. Frauen müssen Männern gehorchen und sie haben keine Chance, sich dagegen zu wehren, ansonsten würden sie verstoßen werden. An Entscheidungsprozessen werden Frauen innerhalb der Familien wenig beteiligt.

Grundschulen: Jungen sind die kleinen Prinzen und treten meist männlich dominant auf. Mädchen besitzen nicht dieselbe Wertigkeit. Sie verhalten sich etwas devoter, tragen zu Hause aber die Verantwortung. Es gibt Familien, in denen die Mütter das Sagen haben. In der Schule treten meist die Mütter auf.

Es gibt Lehrer, die keine Unterschiede erkennen, vielmehr in modernen Sinti-Familien keine Unterschiede sehen. So tragen nicht alle Mädchen Röcke. Mädchen, die kleidungstechnisch nicht als Sinti auffallen, sind eher ruhig. Die Mädchen mit Röcken verhalten sich eher patzig.

EIBE: Es besteht bei Sinti ein Unterschied im Rollenverhalten zwischen Jungen und Mädchen. Dieses ist innerhalb dieser Bevölkerungsgruppe besonders ausgeprägt. So zeigen Jungen ein großes Machoverhalten.

Gesamtschulen: Keine Aussagen.

Sinti-Eltern: Es bestehen große Rollenunterschiede. So erhalten Jungen deutlich mehr Freiheiten als Mädchen. Ein Mädchen ist sehr eingeschränkt, wird strenger erzogen und hilft mehr im Haushalt. Ab dem elften Lebensjahr ändert sich für die Mädchen sehr viel, beispielsweise dürfen sie nicht mehr so lange draußen bleiben. Es besteht die Sorge, dass sie sich mit Männern umgeben und schwanger werden. Traditionsbedingt dürfen sie keine Hosen tragen, selbst wenn es immer mehr tun. Eine Mutter kritisiert diesen Zustand. Mädchen dürfen sich im Gegensatz zu den Jungen nicht mit dem Gesäß an Tischkanten lehnen. Dies wird mit Tabugesetzen begründet, die nicht näher erläutert werden. Männer gehen arbeiten und Frauen bleiben zu Hause. Die Jungen sind vaterbezogen und die Mädchen orientieren sich an der Mutter. Wenn Sintiza heiraten, sind sie verpflichtet, sich um die Kinder und den Haushalt zu kümmern. Ein Mann wäre in der Wahrnehmung anderer kein Mann mehr, wenn er im Haushalt arbeiten würde. „Bei uns spielt Gleichberechtigung auch eine Rolle, aber in erster Linie sind es die Söhne oder die heranwachsenden Männer, die jetzt für das Einkommen sorgen und die Frau die Kinder und den Haushalt, also als Hausfrau, die Perspektive in Richtung Hausfrau geht. Also das war so und ist derzeit auch so" (SinE/19 /118-123). „Und das kann meine Tochter alles. Die kann den ganzen Haushalt schmeißen, die könnte jetzt praktisch heiraten, einen Mann haben und ein Kind, die könnte das alles machen. [...] Die ist jetzt 13" (SinE/6/52-60).

Jungen dürfen ein Mädchen mit nach Hause bringen, Mädchen aber keine Jungen. Sie müssen es geheim halten oder heiraten. Wahrscheinlich würden sie ihre Mutter darüber informieren, niemals den Vater. Jungen ist mit 16 Jahren alles gestattet, zum Beispiel über Nacht alleine wegzubleiben. Mädchen können dagegen zum Beispiel nur in eine Diskothek, wenn ältere Sinti dabei sind und auf sie aufpassen. Mädchen dürfen im Gegensatz zu Jungen keine Schimpfwörter gegen Jungen verwenden, selbst wenn Jungen es vorher taten.

Sinti-Schüler: Viele Sinti berichten, dass Mädchen nicht dieselben Rechte wie die Jungen besitzen. Sie dürfen sich zum Beispiel nicht auf einen Tisch oder eine Anbauküche setzen. Begründen möchte dies niemand. Sie dürfen meist – im Gegensatz zu Männern oder Jungen – ab dem 15., 16. Lebensjahr keine Hosen tragen, weder alleine eine Diskothek besuchen noch lange draußen bleiben. Auch dürfen Frauen gegenüber ihren Männern, wenn Besuch da ist, keine frechen Widerworte geben, sondern müssen gehorchen. Eine junge Sintiza ist freizügiger aufgewachsen, betont aber, dass ihre Mutter keine Sintiza ist und sie daraufhin „schon ein bisschen deutscher erzogen" (SinS/9/154-158) wurde.

IV.8.1.8 Ergebnisse: Religion und Riten

Bemerkung: Fragen hierzu entstanden bei Fragen zur Lebenswelt der Sinti. Sie waren anfangs nicht fester Bestandteil der Leitfragebögen, jedoch meist Gegenstand der Gespräche.

Friedrich-Fröbel-Schule: Sinti sind bezüglich Ihrer Kultur traditionell. Sie haben ihre festen Regeln und Rituale, ihren Aberglauben und ihre Feiertage. Die Kirche ist ein Treffpunkt für die gesamte Familie, einige besuchen sie regelmäßig. Generell sind Sinti religiös. Vor 20 Jahren waren fast alle katholisch, wobei ihr Glaube damals noch viele abergläubische Elemente beinhaltete. Laut Schulakten sind sie auch heute meist katholisch. Sie gehören aber der Freikirche „Leben und Licht" an beziehungsweise drei bis vier freikirchlichen Strömungen. Darüber missionieren sie auch in anderen Städten. Sie sind sehr bibeltreu und orientieren sich stark an dem Wortlaut. Es besteht eine Vermischung von Religion und Geistern, so haben sie eine panische Angst vor Totengeistern. Kinder berichteten, dass ihnen auf ihren Reisen Totengeister begegneten und es kam vor, dass Sinti am Freitag den 13. nicht in die Schule kamen.

Sinti lehnen alle Berufe ab, die mit Pflege und Ärzten zu tun haben. Sie dürfen zum Beispiel nicht in Krankenhäusern arbeiten und nicht in Gebieten, wo zuvor Tierfriedhöfe waren. Sinti-Mädchen dürfen nicht dort arbeiten, wo sie mit Krankheit oder Tod zu tun haben. In verschiedene berufliche Bereiche sind sie nicht zu vermitteln. Den Grund dafür können Sinti nicht benennen. So gibt es Supermärkte, in denen sie nicht einkaufen; Hintergrund des Tabus scheint der Umgang mit Fleisch zu sein.

Im alltäglichen Schulbetrieb fallen ihre Traditionen nicht auf. Es ist schwierig, diese Menschen mit ihren Tabus und deren religiösen Hintergründen zu verstehen. Wenn sich ein Sinti-Mädchen mit einem Deutschen einlassen würde, wäre es eine Schande. Sinti sind miteinander verheiratet, wenn sie eine Nacht miteinander verbringen.

Ernst-von-Harnack-Schule: Einige Kinder nehmen am schulischen, katholischen Religionsunterricht teil, andere nicht und diese geben an, nachmittags eine Religionsstunde in der Gemeinde zu absolvieren. Die Kinder sind äußerst bibelfest. In der Gemeinde gibt es Vorschriften, wie zum Beispiel den Verzicht auf Alkoholkonsum. Allerdings halten sie sich meistens nicht daran. Es besteht eine relative Wortgläubigkeit, die mit ihrem Leben aber keine Übereinstimmung findet. So verhalten sich Sinti-Mädchen anderen Kindern gegenüber sehr verletzend.

Es gibt viele Tabus. Beispielsweise darf man einem Sinto keinen Stuhl anbieten, auf dem vorher eine Frau gesessen hat. Sinti-Mädchen dürfen ab einem bestimmten Alter keine Hosen, sondern nur noch Röcke tragen. Auch ist es beispielsweise untersagt, bei einem bestimmten Metzger einzukaufen, wenn jemand aus dieser Familie im Krankenhaus gewesen ist. So dürfen sie bestimmte Nahrungsmittel zu bestimmten Zeiten nicht essen. Sie haben eine hohe Kultur und pflegen diese.

Grundschulen: Die meisten Sinti sind nach Sinti-Brauch verheiratet. Sie sind teilweise kirchlich engagiert und stark dem Glauben verhaftet.

EIBE: Keine Aussagen.

Gesamtschulen: Einzelne Lehrer berichten, Sinti gehören einer Freikirche an und sind strenggläubig.

Sinti-Eltern: Im Sommer fahren Sinti auf Mission, von Stadt zu Stadt mit „Leben und Licht", um den Menschen von Jesus zu erzählen. Eine Frau sagt, dass Jesus ihr geholfen hat und sie vom Lungenkrebs befreite. Gott habe sie gerettet. Außerdem berichtet sie, dass die Welt bereits dem Untergang geweiht ist. Eine Mutter erzählt, dass sich durch die Mission viel geändert hat. Seitdem Sinti gläubig sind, stehlen und trinken sie nicht mehr so viel. Wenn sich die Kinder im Alter von 14 Jahren für die Mission entscheiden, dann dürfen sie nicht mehr in die Diskothek, keine Drogen oder Zigaretten konsumieren.

Nach Sinti-Brauch ist man verheiratet, wenn ein Paar über Nacht wegbleibt und dann wiederkommt. Es ist bei Sinti üblich, dass Väter nicht erfahren, ob ihre Töchter Beziehungen zu anderen Männern haben. Ein Vater würde es nicht zulassen, dass seine Tochter mit 15 oder 16 Jahren heiratet.

Eine Sintiza spricht das Thema Sitten an und möchte dann nicht weiter darüber reden. So ist es verboten, in einem Krankenhaus zu arbeiten. Arbeitet man im Krankenhaus, würde man von der Familie verstoßen werden. Es ist in Ordnung, wenn man sich bei einer Krankheit mit einem Arzt unterhält, als Freund lädt man ihn dagegen nicht zu einer Familienfeier ein. Man darf sich mit Ärzten nicht privat abgeben, ansonsten würde man von der eigenen Familie verstoßen werden. Das bedeutet, dass man zum Beispiel auf keine Beerdigung mehr dürfte. So ist es Sinti untersagt, in Krankenhäusern, Pizzerien und Altersheimen zu arbeiten. „Damit wurde ich groß, ich weiß nicht, weshalb, das wurde mir nie erklärt" (SinE/4/315-318).

Sinti-Schüler: Es gibt in der Kultur der Sinti Regeln, an die man sich halten muss. So dürfen Frauen keine Miniröcke anziehen und ab circa elf Jahren tragen Frauen keine Hosen mehr, sondern Röcke. Das war schon vor Hunderten von Jahren so und die Eltern und Männer wünschen es. So ist ihnen untersagt, mit Ärzten oder Hebammen gemeinsam zu essen. Eine Begründung war nicht bekannt.

Junge Sinti bezeichnen sich selbst als gläubig, einigen bedeutet ihr Glaube sehr viel und steht an erster Stelle im Leben. Nach Sinti-Brauch heiratet man, indem man circa zwei bis drei Tage miteinander wegfährt und dann zu Hause anruft und berichtet, dass man verheiratet ist. Wenn man wieder heimkommt, geht der Mann zu den Schwiegereltern und fragt, ob diese es zulassen. Wenn die Eltern die Ehe ablehnen, geht das Paar auseinander. Eine Sintiza ist mit einem muslimischen Kosovaren verheiratet. Dies ist ihrer Ansicht nach unproblematisch, obwohl sie selbst christlich religiös ist. Ihre Kinder zieht sie christlich-muslimisch auf.

IV.8.1.9 Ergebnisse: Deutschkenntnisse

Friedrich-Fröbel-Schule: Sinti können sich in der deutschen Sprache verständigen, doch ihr Wortschatz ist nicht besonders groß. Ihre Sprache ist stark akzentbesetzt. Sie sprechen formelhaft, kennen keine Wortgrenzen und sagen demzufolge zum Beispiel „gehmalschule […] oder warnetda“ (FFS/9/213). Ihnen fehlen Begriffe und sie haben Schwierigkeiten beim Lesen und Schreiben. Es fällt ihnen schwer, Vorgänge, Personen und Begebenheiten sehr differenziert zu beschreiben. Sinti verwenden kaum Adjektive und nutzen selten Nebensätze. Im Deutschunterricht zeigen sie außerordentliche Schwierigkeiten und stoßen an ihre Grenzen. Der „Deutschunterricht ist halt schon ein Bereich, der den[en] riesengroße Schwierigkeiten macht. Das Lesen und Schreiben zu erlernen. Wo sie auch wirklich an ihre Grenzen stoßen. Wo man nicht sagen kann, in der zehnten Klasse beherrschen sie es alle, sondern es sind halt wirklich Schüler, die bis zum Ende der Schulzeit das immer noch nicht geschafft haben, fließend lesen und schreiben zu lernen“ (FFS/4/99).

In den ersten beiden Schuljahren können sich die Kinder nur schwer ausdrücken. Ihnen fehlen bestimmte Begrifflichkeiten. Sie zeigen eine hohe Dysgrammatik (Satzbau) und es fällt ihnen schwer, etwas zu erzählen. „[…] Deutsch ist […] für viele dieser Kinder Zweitsprache […] und Deutsch lernt man so irgendwie nebenbei, und es ist ja schwer, wenn die Eltern die deutsche Sprache nicht beherrschen. [...] [Es] ist ein großes Manko, [...] [beim] Schuleintritt dieser Kinder, dass sie eben sprachlich sehr weit zurück sind" (FFS/7/44-46). Mütter können zum Teil nicht schreiben, zahlreiche Eltern sind Analphabeten, und sie haben Schwierigkeiten, sich mündlich auszudrücken. Einige Interviewpartner berichten, dass Eltern sich in Deutsch recht gut verständigen können. Romanes ist aber ihre Muttersprache. Im Deutschen verstehen sie manches gar nicht. Die Grundlagen begreifen sie, bestimmte Satzstrukturen oder komplizierte Zusammenhänge erfassen sie nicht. Es gibt Sinti-Schüler, die fast perfekt Deutsch sprechen und Schüler, bei denen die Sprache sehr zu wünschen übrig lässt. „Erstens gibt es ja keine Schriftsprache im Romanes, das heißt, es sind auch keine Bücher zu Hause vorhanden, Zeitungen mit Sicherheit auch nicht. Also es wird eben sehr wenig gelesen [...], geschrieben natürlich genauso wenig, [...] man [darf] ja auch nicht vergessen, dass viele von den Eltern Analphabeten sind. Und dementsprechend spielt natürlich die Schriftsprache überhaupt keine Rolle" (FFS/1/212). Kinder, die nicht im Kindergarten waren, sprechen nur sehr unzureichend Deutsch.

Ernst-von-Harnack-Schule: Die Eltern sind meist Analphabeten, können jedoch einigermaßen Deutsch sprechen. Bei der Schriftsprache haben Eltern Probleme. Bei schriftlichen Entschuldigungen erkennt man ihre Schwierigkeiten. „Viele, also meine Eltern, die können überhaupt nicht lesen und nicht schreiben" (EvHS/3/149-158).

Eine Lehrkraft berichtet, dass die Deutschkenntnisse in der ersten Klasse sehr gering sind, da die Kinder sehr wenig deutsch sprechen, nicht den Kindergarten besuchen und kaum Kontakt zu deutschen Kindern pflegen. Sie wachsen zweisprachig auf und sprechen zu Hause nur Romanes. Ihre Deutschkenntnisse sind infolgedessen gering. Andere Lehrkräfte sind der Ansicht, Sinti-Schüler und Sinti-Eltern sprechen gut Deutsch und können sich einwandfrei verständigen. Defizite zeigen sie in der Schriftsprache sowie in ihrer Grammatik. Ein Lehrer sagt, dass die Deutschkenntnisse unterschiedlich gut ausgeprägt sind.

Der „Anteil derer, die lesen und schreiben können, auch der Eltern, nimmt stetig zu. Also viele von denen, die jetzt Kinder haben, waren ja damals schon Schüler. Und die sind [...] regelmäßiger in die Schule gegangen als wiederum deren Eltern. [...] der Anteil der Sinti, die zum Beispiel Entschuldigungen schreiben können, die man lesen kann, der hat sehr stark zugenommen in den letzten Jahren" (EvHS/1/50-52).

Grundschulen: Die Deutschkenntnisse bei Eltern und Kindern sind sehr eingeschränkt. Es zeigt sich, dass Sinti „einfach keinen Wert darauf legen, die Sprache irgendwie zu können" (GRU/1/91-100). Der mündliche Ausdruck scheint ihnen auszureichen. Eltern stoßen sprachlich oft an ihre Grenzen, beispielsweise sind in einem Fall die Eltern des Lesens und Schreibens nur bedingt mächtig. „Ich habe auch die verbalen Entschuldigungen gelten lassen, weil ich weiß, dass die Leute im Grunde genommen so gut wie nicht in der Lage sind, beziehungsweise es ist so eine Hürde für die, ein Stück Papier in die Hand zu nehmen" (GRU/1/193-193). Zu Hause wird größtenteils nur Romanes gesprochen. Eltern haben keine Schriftsprachkompetenz oder nur in eng begrenztem Umfang.

EIBE: Kinder sprechen die deutsche Sprache. Die sesshaften Sinti haben ausreichende, befriedigende, manche sogar gute Sprachkenntnisse. Bei fahrenden Sinti zeigen sich gravierende Deutschmängel. Deutsch reden können sie noch, beim Schreiben sind sie überfordert.

Gesamtschulen: Die Deutschkenntnisse der Kinder sind gut, die der Eltern dagegen mittelmäßig. Die Kinder sprechen umgangssprachlich völlig akzentfrei, sie haben eher Schwierigkeiten im schriftsprachlichen Bereich. Es gibt Lehrer, die sagen, die schriftsprachlichen Probleme der Sinti sind nicht problematischer als die ihrer Mitschüler. Die Schriftsprache der Eltern ist dagegen zum Teil sehr schlecht. „Ich weiß, dass vereinzelte Eltern [...] - oder gerade die Mütter - nicht in der Lage sind, zu schreiben" (GES/4/100). Ein Lehrer berichtet, dass ein Vater seinen Sohn zum Schrotthandeln mitnahm, damit dieser ihm die Schilder vorlesen konnte. Der Vater war nicht in der Lage, zu lesen und benötigte die Unterstützung seines Sohnes. Die Kinder schreiben oft die Entschuldigungen, Mütter unterschreiben dann nur. Die Söhne und Töchter zeigen keine Legasthenie, es besteht jedoch Förderbedarf. Ihre Deutschkenntnisse sind sehr unterschiedlich. Mündlich befinden sich alle auf einem Hauptschulniveau; sie lesen sehr gut, berichtet eine Lehrerin.

Sinti-Eltern[46]**:** Nahezu alle Eltern berichten, sie sprechen zu Hause in den Familien nur Romanes. Sie betonen, sie verstehen Ro-

46 Auffällig war, dass einige Interviewpartner Schwierigkeiten beim Verständnis einzelner Interviewfragen hatten und Rücksprache mit anderen Sinti hielten, um die Fragen korrekt beantworten zu können.

manes deutlich besser und denken in dieser - ihrer - Sprache. „Deutsch rede ich überhaupt nicht gerne. [...] Also meine Sprache gefällt mir noch am besten" (SinE/4/295-314). Sie berichten, dass ihre Kinder zweisprachig aufwachsen, meinen damit meist den Kontakt der Kinder mit anderen Kindern im Freizeitbereich oder den Lerneffekt durch deutschsprachigen TV-Konsum. „Die gucken Fernsehen. Die hören das von anderen Kindern" (SinE/3/119-130). „Das haben die so aufgeschnappt von den Kindern, wenn sie draußen gespielt haben und haben mal mit den Kindern gesprochen [...]. Wir haben das denen nicht beigebracht" (SinE/6/156-165). Nur wenige Eltern sprechen mit den Kindern bewusst deutsch, damit diese die deutsche Sprache lernen. Die meisten Kinder sprechen bis zur Einschulung kaum Deutsch. Sie lernen es primär durch den Kontakt mit ihren Klassenkameraden. „[...] so zwei Monate bevor die in die Schule gekommen sind, da habe ich versucht, ein bisschen mit denen Deutsch zu reden, aber es hat nicht so geklappt, wie es hätte sein sollen. Wo die dann rein gekommen sind, der Große konnte `Guten Morgen´ sagen und der Kleine zwei, drei Worte mehr wie der Große" (SinE/16/85-92). Einzelnen Eltern wurde eine Deutschförderung ihrer Kinder nahe gelegt, diese wurde zum Teil aber abgelehnt. Zahlreiche Sinti-Eltern sind nicht oder kaum in der Lage, zu lesen und zu schreiben. Sie begründen es damit, dass sie selbst nur unzureichend die Schule besuchten.

Sinti-Schüler[47]**:** Die Schüler und ehemalige Schüler berichten, in den Familien wird kaum Deutsch gesprochen. Häufig sind ihre Mütter selten in der Lage, zu lesen und zu schreiben. Zum Teil haben sie selbst große Lese- und Schreibschwierigkeiten. „Ich kann ja nicht lesen, schreiben kann ich auch nicht" (SinS/5/301). Interviewer: „[...] dieses Informationsblatt, kannst du das selbstständig lesen?" (Sprecherwechsel) Interviewpartner: „Ne, das kann mein Mann aber" (SinS/1/286-304). Oft lernten sie die deutsche Sprache mit Schuleintritt. Einzelne beherrschen die deutsche Sprache selbst im jungen Erwachsenenalter nicht gut und zeigen vereinzelt Verständnisschwierigkeiten.

---

47 Es gab Interviewsituationen, bei denen andere Sinti die Fragen auf Romanes konkretisierten, damit sie vom Interviewpartner verstanden und beantwortet werden konnten. „[...] es fällt mir nicht so, weil Deutsch kann ich nicht so gut. Also die Sprache" (SinS/5/187). Die Kinder, von denen ein Elternteil Nicht-Sinti ist, zeigen dagegen keine Schwierigkeiten mit der deutschen Sprache.

IV.8.1.10 Ergebnisse: Freunde

Friedrich-Fröbel-Schule: Sinti haben miteinander regen Kontakt, selten zu Nicht-Sinti. Sinti, die nicht in der Siedlung wohnen, haben Verbindungen zu Nicht-Sinti, zum Teil sehr freundschaftliche. Die Gettoisierung hinterlässt deutliche Spuren. Kinder, die im Stadtteil Hohe Luft leben, haben gute Beziehungen untereinander. In der Schule bestehen Kontakte, außerhalb sind die Begegnungen nicht wirklich tiefer gehend.

Ernst-von-Harnack-Schule: Sinti beschäftigen sich miteinander, es besteht sehr selten Kontakt zu Nicht-Sinti. Sinti-Kinder spielen miteinander, wenige deutsche Kinder (Nicht-Sinti) haben die Chance, mitzuspielen. Außerhalb der Schule bestehen eher keine Freundschaften zwischen Sinti und Nicht-Sinti.

Die Bildung von Freundschaften wird dadurch erschwert, dass Sinti unregelmäßig die Schule besuchen. „Und der bei mir so regelmäßig kommt, der ist total integriert. Der ist einfach befreundet mit den anderen und der würde auch gerne mittags zu denen gehen, aber das passiert halt noch nicht. [...] Ich glaube, die Eltern wollen das nicht. [...] seine Eltern" (EvHS/4/24-28).

Sinti feiern keine Geburtstage und werden nicht dazu eingeladen, wobei eine Lehrerin berichtet, dass ihre zwei Sinti-Schüler eingeladen wurden und anwesend waren. Sinti bleiben am liebsten unter sich.

Grundschulen: Hierzu gibt es nur die Aussage, dass Sinti unter sich bleiben.

EIBE: Keine Aussage.

Gesamtschulen: Es gibt Informationen darüber, dass Schüler einer Sinti-Familie intensive Kontakte zu Nicht-Sinti an der Schule pflegten. Eine andere Lehrerin bezweifelt, dass ihr ehemaliger Sinti-Schüler Kontakt zu Nicht-Sinti hat.

Sinti-Eltern: Die Kinder sind meist nur mit Sinti befreundet und haben wenige Kontakte zu Nicht-Sinti. Es gibt Berichte von Verbindungen zwischen Sinti und deutschen Kindern. Diese bilden aber die Ausnahme. Sie spielen mit Kindern aus der Nachbarschaft, Russen und Italienern. Die Kinder aus der Siedlung spielen nur mit ihresgleichen. Zu deutschen Kindern haben die Kinder selten und wenig Kontakt. „Die Freunde meiner Kinder sind meistens nur Sinti. Zum Spielen kommt hier kein fremdes Kind von der Schule" (SinE/19/39-44). „Ich finde, dass die Deutschen sich so mit den Sinti nicht so abgeben wollen" (SinE/7/57-62). „Ich glaube, hier in Bad Hersfeld sind die Sinti irgendwie verrufen und die kriegen hier einfach keine Chance hier in Bad Hersfeld" (SinE/7/316-336). Eine Mutter betont, dass sie nichts gegen Besuche deutscher Kinder hätte. Freundschaften kommen einfach nicht vor. Eine andere Mutter berichtet von zwei Lagern, auf der einen Seite die Sinti, auf der anderen Seite die Nicht-Sinti. Im Kindergarten war es ihrer Ansicht nach anders. Seit ihr Sohn in der Schule ist, findet er keine Freunde mehr. Er ist meistens mit Sinti zusammen. In diesem Zusammenhang wurde außerdem berichtet, dass Ehen mit Deutschen[48] bestehen.

Sinti-Schüler: Viele sind nur mit Sinti befreundet. Ihnen gefällt an ihren Freunden deren Ehrlichkeit, Zuverlässigkeit, dass diese nicht so langweilig und ihnen ähnlich sind. Wenige berichten, sie haben deutsche Freunde. Diese besuchen sie dann zum Teil nicht zu Hause, im Gegensatz zu den Sinti-Freunden. Es bestehen oft freundschaftliche Verbindungen zu Deutschen, weniger enge Bindungen. Einige Sinti pflegen positive Kontakte zu ihnen, aber die Mehrheit der Sinti bleibt primär unter sich. Ein Sinti erklärt seinen geringen Kontakt zu Deutschen damit, dass er mit Deutschen einfach nicht so klarkommt. Er pflegt Begegnungen zu Türken und Albanern, den Kontakt zu Polen lehnt er dagegen entschieden ab. Eine junge Sintiza lehnt Verbindungen zu Deutschen bewusst ab, weil sie diese nicht leiden kann.

IV.8.1.11 Ergebnisse: Freizeitaktivitäten

Friedrich-Fröbel-Schule: Die Schüler erzählen in der Schule wenig über ihre Freizeit. Dennoch wissen die Lehrer: Sinti-Kinder spielen Fußball, turnen, machen Karate und viel Akrobatik, schlafen, fahren Fahrrad und Skateboard und spielen viel Playstation. Sie verbringen ihre Zeit mit anderen Sinti. Ihre Freizeit findet meist draußen statt, die Mädchen verbringen viel Zeit in der Familie und helfen im Haushalt.

Einige sind in Vereinen aktiv, spielen Fußball oder Tischtennis. Dabei sind sie nicht wettbewerbsmäßig aktiv, sondern im Freizeitsportbereich. Außerdem haben sie wenig Spielzeug.

Ernst-von-Harnack-Schule: Die Kinder gehören selten Vereinen an, besuchen in ihrer Freizeit mit der Familie Zoos, den Frankfurter Flughafen und Freizeitparks und spielen draußen Fußball. Insbesondere die Jungen halten sich viel draußen auf, manche bis

48 Es sind Ehen mit deutschen Nicht-Sinti gemeint.

es dunkel wird. Ein intensiver TV-Konsum ist weit verbreitet sowie der Zeitvertreib mit Gameboys oder Computern. Gerade die Jungen spielen Gewaltspiele, die ihrem Alter nicht entsprechen, auch die Väter spielen noch häufig.

Grundschulen: Die Schüler blocken Informationen zu ihrem Freizeitverhalten ab. Gespräche hierzu finden nicht statt.

EIBE: Eine Lehrkraft berichtet lediglich, Sinti treffen sich morgens und abends im Stadtteil Hohe Luft.

Gesamtschulen: Sinti treiben viel Sport, die Jungen spielen Fußball. Ansonsten sind sie viel unterwegs mit ihren Familien. Sie fahren oft zu Sinti-Treffen. Es ist schwer einzuordnen, ob es wahr ist, wenn sie sagen, dass sie für drei Tage weg müssen. Eine Lehrerin berichtet, sie gehen regelmäßig in die Kirche.

Sinti-Eltern: Eltern berichten von den verschiedenen Freizeitaktivitäten ihrer Kinder, dabei doppeln sich einige Aussagen. Es wird erzählt, dass sie angeln, Ball spielen, im „Multi-Kulti" Billard spielen, Rad fahren, Fußball spielen, Sport treiben, viel Zeit in der Natur verbringen, kegeln, tanzen, Zeit mit ihren Cousins verbringen, chatten, basteln, malen, auf der Straße spielen, fernsehen, mit Freundinnen Musik hören und am PC sitzen. Insgesamt verbringen sie viel Zeit draußen.

Sinti-Schüler: Sinti verbringen ihre Freizeit im Jahnpark sowie im Kurpark. Dort spielen sie Fußball oder Tischtennis. Einer ist Mitglied im Tischtennisverein der Hohen Luft. Ein weiterer spielt den ganzen Tag draußen Fußball, hackt Holz, hilft seinem Onkel oder Freunden. Einer betont, er verbringt seine Zeit meist draußen.

Sie berichten, sie spielen Fußball, fahren Fahrrad oder verbringen ihre Zeit mit Freunden. Nach der Schule erledigt eine ihre Hausaufgaben, sieht Fernsehen und geht zu ihren Freunden. Ein Mädchen trinkt mit anderen Kaffee, geht ins Solarium, in die Disko, lernt und hilft im Haushalt. Ein weiteres tanzt gerne und hilft im Haushalt.

IV.8.1.12 Ergebnisse: Stelle/Job (Unterstützung)

Friedrich-Fröbel-Schule: Niemand übt einen Beruf aus. Zur beruflichen und finanziellen Situation erhält man keine konkreten Informationen. Sinti sammeln Schrott, handeln mit Antiquitäten, reinigen Gebäude, verkaufen Decken oder schleifen Messer und Scheren. Fast alle erhalten Sozialhilfe, Hartz IV, sind arbeitslos und manche arbeiten schwarz. Eine berufliche Integration scheint kaum vorhanden zu sein. Einige gehen dem Reisegewerbe nach.

Seit der Erhöhung der Altmetallpreise sind sie wieder vermehrt als Altmetallsammler unterwegs. Insgesamt sind wenige berufstätig, sie gehen keiner geregelten Arbeit nach. „Also ich habe zumindest selber noch keinen Sinti jetzt irgendwo im Beruf gesehen oder kennengelernt" (FFS/10/11). Männer arbeiten, Frauen sind zu Hause. Der Großteil der Sinti schrottet, ein bis zwei Familien sind freiberuflich als Scherenschleifer tätig.

Viele Mütter sind Hartz-IV-Empfänger und in der Regel nicht nach deutschem Recht verheiratet. Ein Problem für Sinti ist, dass Hartz-IV-Leistungen daran gebunden sind, dass man seine Arbeitskraft dem deutschen Arbeitsmarkt zur Verfügung stellt. Wenn sie auf Reisen fahren, erhalten sie keine Hartz-IV-Leistungen. Im Sommer verdienen sie sich ein Zubrot neben der Sozialhilfe. Die Reisenden sind keine Hartz-IV-Empfänger. Fast alle sind von der Sozialhilfe abhängig und manche gründeten Ich-AGs. Eine Sintiza gibt regelmäßig Tanzkurse.

Kinder berichten, dass sie selber das Kindergeld zur Verfügung haben. Erwachsene Sinti gehen großzügig mit ihrem Geld um. Zwei Wochen vor Monatsende haben sie kein Geld mehr und oftmals nichts mehr im Kühlschrank.

Sie lehnen alle Berufe ab, die mit Pflege und Ärzten zu tun haben. Es ist nicht von Dauer, Sinti in Betriebspraktika oder Ausbildungen unterzubringen. Zwei Lehrern ist kein Sinti bekannt, der eine Ausbildung gemacht hat. Einige Sinti handeln inzwischen mit Autos.

Manche Familien haben kaum finanzielle Mittel, man erkennt es an ihrer Kleidung. Andere wiederum tragen Markenkleidung. Für die normalen Sinti dürfte die finanzielle Situation prekär sein. Sie haben fünf Tage die Woche dieselben Klamotten an, „haben Riesenlöcher, und die sind total verdreckt und stinken" (FFS/10/36-41). Viele Väter sind zu Hause, dennoch ist deren finanzielle Situation nicht schlecht. Es gibt durchaus wohlhabende Familien. Die Mehrheit lebt dagegen auf Hartz-IV-Niveau. In der Regel erhalten sie staatliche Unterstützung. Dabei ist erstaunlich, was sie sich leisten können. Der Großteil gehört dem sozial schwächeren Milieu an. Es gibt Gerüchte, dass bestimmte Familien mit Drogen handeln und es kriminelle Machenschaften gibt. Viele haben Geld, neueste Mobiltelefone, neueste MP3-Player und Automobile, beispielsweise einen Mercedes. Andererseits übernimmt das Sozialamt die Kosten bei Bußgeldverfahren. Zwei Lehrer sind verwundert, dass ein Sinti BMW fährt und befürchten illegale Aktivitäten. Man hat keinerlei Einblick in die finanzielle Lage der

Sinti. Es gibt Gerüchte über zwei bis drei reichere Sinti, ansonsten sind Sinti eher Hartz-IV-Empfänger.

Ernst-von-Harnack-Schule: Frauen kümmern sich um die Familie. Männer sind entweder daheim oder beschäftigen sich mit dem Schrotthandel. Viele erhalten Sozialhilfe, Anschaffungen für die Schule sind ein finanzielles Problem. Es sind immer die Sinti-Kinder, die für ein Arbeitsheft entweder gar kein Geld mitbringen oder erst sehr verspätet. Der Lebensunterhalt wird von vielen Personen bestritten. Die Eltern empfangen Sozialhilfe, aber es wird auch nebenbei, bei Dachdeckerfirmen oder im Schrotthandel, gearbeitet. Es ist schwer durchschaubar, aber Männer verdienen sich noch Geld durch Nebentätigkeiten. Sie fahren auf Flohmärkte und handeln dort mit Möbeln, schrotten oder reinigen Dachrinnen und Fassaden. Manche haben Gewerbe angemeldet, fahren auch kleine Pritschenwagen.

„Also wenn ich nach Auto, Wohnwagen oder solchen Statussymbolen gehe, dann haben sie Geld" (EvHS/4/34-38). Lehrer berichten, dass Sinti große Autos fahren - Mercedes, BMW, neueste Autos - und wundern sich darüber. „Aber es sind viele, die wirklich sehr gut situiert sind, also zumindest wenn man sich auch mal so die Autos anschaut" (EvHS/3/106-122). Es scheint irgendwo Geld im Hintergrund zu sein. Man erfährt nicht viel. Es ist sehr unterschiedlich, so gibt es sehr arme Sinti, bei anderen spielt Geld keine Rolle. Sinti haben schlechte Chancen, eine Lehrstelle zu erhalten.

Grundschulen: Sinti reisen viel und über längere Zeit, können geregelte Berufe dementsprechend nicht ausüben. Sie sammeln Alteisen, die Ausübung von Lehrberufen ist nicht bekannt. Wenn, dann sind es Handel- und Wandelgeschäfte. „Aber eben mit minimalem Aufwand optimalste Preise bevorzugt" (Gr/1/59-71). Manche Lehrer fragen sich, woher einige Sinti das Geld haben. Teilweise vom Sozialamt, aber sie gehen auch Tätigkeiten nach, die steuerpflichtig wären, was aber nicht so gehandhabt wird, sagt eine Lehrerin. Was sie genau arbeiten, verraten Sinti nicht, berichtet eine andere.

EIBE: Die Männer haben oft ihre Söhne dabei, sammeln Schrott oder Sperrmüll. Sie verkaufen Teppiche und die meisten erhalten Sozialhilfe. Es ist nicht bekannt, dass jemand irgendwo angestellt ist.

Gesamtschulen: Zwei Lehrer schildern, dass Sinti finanziell eher arm sind. Sie erzählen von einem Vater, der Schrotthändler ist und nicht viel Geld hat. Ein weiterer Lehrer weist darauf hin, dass bei zwei Sinti-Familien die Väter selbstständig tätig waren. Entweder sammelten sie Müll oder führten Reparaturarbeiten aus. Es wurde versucht, wenn es möglich war, die Jungen in Ausbildungsberufe zu schicken. Gleichzeitig berichtet dieser Lehrer, er hat bei zwei Schülern mitbekommen, dass diese Ausbildungen machten, dies ist inzwischen circa 15 Jahre her.

Eine weitere Lehrkraft erzählt, dass die meisten arbeitslos sind oder selbstständig tätig. Sinti sammeln Schrott. Man hat keine Kenntnis über ihre finanzielle Situation. Bei einer Tagesfahrt hatte ein Sinto-Schüler 200 bis 300 Euro dabei, aber sein Vater sagte, dass sie nicht viel Geld haben.

Eine Lehrkraft weist darauf hin, viele Sinti empfangen Hartz IV und steigen in den Betrieb von Verwandten ein. Den Anspruch, eine Ausbildung zu machen, haben sie nicht. Eine andere Lehrerin berichtet, dass sie oft Reisende sind und mit Schrott, Metall und zum Teil auch mit Autos handeln.

Sinti-Eltern: Zahlreiche Eltern berichten, sie leben von Hartz IV und gehen keiner beruflichen Tätigkeit nach. Viele finanzieren sich ihr Leben mit Geldern des Sozialamtes, Hartz IV. Nur wenige übten bisher Berufe aus.

Ein Sinto sagt, er bezieht Hartz IV und hat eine Nebentätigkeit als Hausmeister angemeldet. Er arbeitet hier sowie in anderen Regionen, je nach Wetterlage. Er berichtet, die beruflichen Perspektiven für Sinti sind gering, da sie Sinti sind. Eine Sachbearbeiterin des Arbeitsamtes habe ihm mitgeteilt, dass er als Sinti hier vor Ort wenige Berufschancen habe und er es überregional versuchen solle.

Eine Frau erzählt, sie sind Gewerbetreibende, gehen hausieren und beziehen in den Wintermonaten Sozialhilfe. Sie verkaufen Haushaltswaren aller Art, Töpfe, Bestecke, Messer. Es reicht gerade zum Überleben. Eine Rentenversicherung oder Haftpflichtversicherungen haben sie nicht. Eine Sintiza schildert, sie handeln im Sommer ein wenig mit Schrott und erhalten jetzt Kindergeld und Hartz IV. Eine weitere Sintiza berichtet, ihr Mann ist selbstständig und handelt mit Schrott. So druckt er 4000 Flyer, fährt morgens um fünf Uhr los und macht in Gießen Geschäfte. In Bad Hersfeld laufen die Geschäfte schlecht. Mehrere berichten, sie handeln mit Schrott. Eine berichtet, ihr Sohn handelt inzwischen auch mit Autos und Schrott.

Ein Vater berichtet über einen Sinto, dass dieser Lehrer ist und etwas gelernt hat. „Wir haben nichts gelernt, da waren unsere Eltern wieder dran Schuld. Wie wir bei unseren Kindern auch selber dran schuld sind" (SinE/12/146-152). Eine Sintiza sagt, Sinti leben eher von heute auf morgen, denn Sinti machen sich wenig Gedanken über ihre Zukunft.

Sinti-Schüler: Sehr viele Schüler schildern, ihre Eltern empfangen Hartz IV und sind arbeitslos. Die erwachsenen beziehungsweise ehemaligen Schüler sind meist selbst arbeitslos. Eine Frau berichtet, dass ihr Mann einen 1€-Job ausübt. Sie sagt, dass in ihrer Familie viele von Hartz IV leben und manche selbstständig sind. Eine Sintiza befragt die Männer im Raum und berichtet dann, dass die Männer mit Schrott handeln. Ein Sinto berichtet, dass sein Vater mit Schrott handelt und die Mutter selbstständig ist. Sie verkauft Haushaltswaren und geht dabei von Haus zu Haus.

Ein Sinto berichtet, er übte bereits einen Ein-Euro-Job aus, aktuell muss er aber Arbeitsstunden ableisten. Er sagt, er half seinem Vater bei Schrottsammlungen, dabei verdiente er circa 20 Euro pro Tag, indem er Zettel austeilte. Er hat keine Ausbildung und erzählt, dass sein Vater Prediger ist und Hartz IV empfängt. Einem Sinto ist bekannt, dass alle Sinti in seiner Abschlussklasse arbeitslos geworden sind.

IV.8.1.13 Ergebnisse: Reisetätigkeit

Friedrich-Fröbel-Schule: Meist reisen Sinti-Familien in den Monaten Mai bis Oktober, zum Teil beginnen sie ihre Reise schon im März oder April. Der Startzeitpunkt für eine solche Fahrt ist wetterabhängig. Lehrer haben das Gefühl, das Argument der Reise ist nur ein Vorwand, um der Schule fernzubleiben. Wenn Sinti ein halbes Jahr für Reisen abgemeldet sind, dann reisen sie nicht kontinuierlich, sondern sind häufig in Bad Hersfeld. Es scheint, als fahren 50 % und die anderen 50 % fehlen einfach ab und zu. Vorwiegend fahren sie zu Bekannten und Verwandten. Zielorte sind die Orte Singen am Bodensee, Weiden in Oberbayern, Ziele in Bayern und Baden-Württemberg, Österreich, das Elsass, Ziele in Norddeutschland, Frankreich sowie die Stadt Kassel. Zeitweise unterbrechen sie ihre Fahrt, um vor Ort Wäsche zu waschen und nach dem Rechten zu schauen.

Ein Reisetagebuch wird ihnen ausgehändigt, Schulen besuchen sie auf ihren Fahrten jedoch nicht. Sie reisen aus unterschiedlichsten Gründen. Zum einen traditionsbedingt, sie sind aus religiösen Gründen unterwegs und einige gehen einem Gewerbe nach. Beispielsweise hausieren sie, handeln mit Schrott oder reinigen Dächer. Wenn sie ihre Reisen unterbrechen, dann schicken sie ihre Kinder nicht in die Schule.

Eine Trendwende ist erkennbar, denn Sinti wollen nicht, dass ihre Kinder so viel Unterricht verpassen. Insgesamt sind die Reisen weniger geworden. Bei den Familien der Kinder an der Förderschule ist die Reisetätigkeit aber noch stark ausgeprägt. Sie genießen während der Fahrten diese andere Welt, dieses wildromantische Leben. Wobei die Mädchen froh sind, wenn die Reisen vorbei sind, da sie dann nicht mehr die Wohnwagen sauber halten müssen.

Die Reisetätigkeit bewirkt eine Endlosspirale. Die Kinder fahren mit ihren Familien auf Reisen, geraten dadurch schulisch ins Hintertreffen, erleben schulischen Misserfolg, gehen daraufhin ungern zur Schule und bleiben dem Unterricht fern.

Ernst-von-Harnack-Schule: Die Reise ist schulisch betrachtet ein Problem. Sinti reisen meist von März, April bis September, Oktober und zum Teil sogar bis in den November hinein. Zwischenzeitlich sind sie zwar wieder zu Hause, besuchen aber nicht die Schule. Die Mehrheit beginnt die Fahrten circa zwei bis drei Wochen vor den Sommerferien und kommt ungefähr zwei Wochen nach den Ferien wieder zurück. Circa. 60 % reisen noch, 40 % bleiben zu Hause. Frankreich ist ein beliebtes Reiseziel, wobei teilweise nur kurzzeitige Reisen unternommen werden, dann ohne Schulabmeldung. Dennoch fehlen Sinti-Kinder teilweise monatelang und erzielen bisweilen über 100 Fehltage im Schuljahr.

Früher verdienten sie auf ihren Fahrten noch Geld, heutzutage sind es eher Missionsreisen. Wenn sie auf den Reisen einem Gewerbe nachgehen, dann Handeln sie meist mit Schrott. Eigentlich geht es darum, mit der Familie zusammen zu sein und andere Sinti zu treffen. Es scheint ihnen im Blut zu liegen.

Es gibt Sinti-Familien, die nur während der Sommerferien reisen, nur noch kürzere Strecken oder gar nicht mehr unterwegs sind. Meist wollen die Frauen lieber hier bleiben, aber der Mann entscheidet über die Reise. An dieser Grundschule reisen noch viele der Sinti-Familien, wobei es früher mehr waren, die lange auf Reisen waren.

Grundschulen: Sinti reisen in den Monaten April, Mai bis Oktober. Beliebtes Reiseziel ist Südfrankreich. Meist reisen sie aus religiösen Gründen. Selbst wenn zahlreiche Familien regelmäßig reisen, so reisen längst nicht alle Sinti. Häufig fehlen ihre Kinder zwei, drei Tage, weil die Familie zu einer Familienfeier gefahren ist.

EIBE: Die Lehrer der Eibekurse haben keine Kenntnis über Reisetätigkeiten von Sinti.

Gesamtschulen: Die Aussagen der Schulen unterscheiden sich in bestimmten Punkten voneinander. So sind beziehungsweise waren an einer Gesamtschule alle Sinti sesshaft und reisten nur in der Sommerzeit. Diese fehlten nur kurz vor und kurz nach den Ferienzeiten. Dies kommt bei Schülern anderer Nationalitäten, zum Beispiel Pakistani, ebenfalls vor. An anderen Schulen fahren Sinti dagegen länger. Dort reisen sie von April bis zum Ende des Schuljahres. Ihre Ziele liegen dabei in Frankreich, meist in Südfrankreich. Im Schnitt reisen dort circa 50 % bis 60 %. Ursache für diese Reisen sind laut Lehreraussagen Aufforderungen des Ältestenrats der Sinti. Sinti verlängern die Ferien eigenständig, beispielsweise kommen die Kinder erst zwei Wochen nach Schulbeginn aus den Herbstferien in die Schule. Nach Kenntnisstand der Gesamtschullehrer reisen Sinti, um in anderen Regionen zu missionieren. Die Eltern informieren die Schulen im Vorfeld, zum Teil jedoch nur sehr kurzfristig. Eine Minderheit von einem Drittel ist reisebedingt öfter unterwegs. Wenn die Reisen vorbei sind, besuchen die Kinder wieder regelmäßig die Schule.

Sinti-Eltern: Nach wie vor reisen zahlreiche Sinti, oft noch von März, April bis in den Oktober hinein. Wenn sie reisen, dann fahren sie meist mit einem Wohnwagen in einer Gruppe von zum Teil zehn Wohnwagen à drei bis sechs Personen. Nur die wenigsten Sinti reisen nicht gerne, selbst wenn die Reisen problematisch verlaufen. Die Reiseziele sind Plätze in ganz Deutschland und Europa, wobei die Reisen außerhalb Deutschlands sich einige Sinti nicht leisten können. Die Reiseziele ergeben sich im Verlauf der Reise, werden im Vorfeld nicht geplant. Sie schließen sich auf ihren Fahrten mit anderen Sinti aus Deutschland zusammen und suchen gemeinsam Plätze, auf denen sie stehen dürfen. Im Schnitt bleiben sie an einem Platz drei bis vier Wochen, dann ziehen sie weiter in eine andere Stadt. „Also wir werden oft vertrieben von den Plätzen. […] Also wir werden oft [von der Polizei] verjagt und dann ist es sehr stressig. Auf Campingplätze werden wir nicht reingelassen, weil wir halt Sinti sind" (SinE/7/88-113).

Für die meisten scheinen Reisen existenziell zu sein. Sie reisen zum einen aus gewerblichen Gründen, um mittels verschiedener Gewerbe Geld zu verdienen, aus Traditionsbewusstsein oder aus religiösen Gründen, um zu missionieren. Das gewerbliche Reisen an sich ist für Sinti dabei bereits eine Tradition. Ihr Geld verdienen sie mit Fassadenreinigungen, Schrotthandel oder dem Handel mit Kurzwaren. Durch die Fahrten machen sie etwas bessere Geschäfte als vor Ort in Bad Hersfeld. Außerdem finanzieren sie sich während dieser Zeit mit Hartz-IV-Geldern, auch wenn dies nicht gestattet ist. „Das funktioniert so, wir fahren nach Hause und schauen ab und zu nach der Post und solange keiner kommt; wo kein Kläger ist kein Richter. Aber es kommt schon öfters vor. Also viele von unseren Familien, wo das aufgefallen ist, auch bei uns schon, dass die dann die Leistungen eingestellt bekommen, die Miete eingestellt bekommen und keine Leistungen mehr erhalten" (SinE/19/68-93).

Die Missionsreisen werden durchgeführt, um anderen Menschen vom Glauben an Jesus Christus zu überzeugen. Dabei kommen circa 70-80 Wohnwagen zusammen, manchmal auch 100. Ursächlich für den Drang zum Reisen ist ein Freiheitsgefühl in Verbindung mit der Tradition. Insbesondere ältere Sinti reisen allein aus Traditionsbewusstsein. Sobald die ersten Sonnenstrahlen scheinen, möchten viele bereits losfahren. Es ist ihnen wichtig, dass sie diese Tradition an ihre Kinder weitergeben. Für Sinti hat das Reisen etwas Wildromantisches, dabei wird zum Beispiel musiziert, getanzt und man fühlt sich frei.

Bei einigen hat sich das Reiseverhalten aufgrund der Hartz-Gesetze sowie der Schulsituation ihrer Kinder geändert. Sie reisen nun kürzer, zum Teil nur in der Ferienzeit oder gar nicht mehr. Aufgrund der Schullaufbahn der Kinder verzichten einige Sinti auf lange Reisen, die sich über fünf bis sechs Monate hinziehen. Zahlreiche Sinti fahren nach wie vor, auch über mehrere Monate.

Sinti-Schüler: Die Aussagen der Schüler ähneln sehr der ihrer Elterngeneration. Einige fahren noch für mehrere Monate im Sommer auf Reise, andere wiederum reisen kaum oder gar nicht mehr. Ihnen gefällt daran, dass man dabei mit vielen Menschen in Kontakt tritt, unter sich ist und dieses Freiheitsgefühl erfährt. „Wenn die ersten Sonnenstrahlen raus kommen, dann fahren wir raus, da gehen wir da angeln oder machen Feuer, Lagerfeuer, grillen [...]. Und es bedeutet mir schon viel, das Reisen" (SinS/17/71-78).

Reisen sind nicht auf Deutschland begrenzt, mehrfach wird zum Beispiel Frankreich als Reiseort benannt. Gerade die ehemaligen Schüler sind nahezu jeden Sommer für mehrere Monate mit ihren Familien unterwegs gewesen. Sie möchten nach wie vor lange reisen, machen die Dauer der Reise indessen abhängig von den Behörden sowie der Schulzeit ihrer eigenen Kinder. „Die meisten bleiben jetzt auch viel zu Hause. Auch jetzt wegen Sozialamt her, die kommen auch und gucken, weil die wissen ja, dass die Sinti auf Reisen fahren und die dürfen ja nicht großartig" (SinS/9/113-142).

Es gibt Schüler, die das Reisen ablehnen; es scheint, als lehnen eher Schülerinnen die Reise ab. Insgesamt fahren nach wie vor zahlreiche Sinti in den Sommermonaten auf Reise und einige würden länger reisen, wenn sie die Möglichkeiten dazu hätten.

IV.8.2 Schulbedeutung

IV.8.2.1 Ergebnisse: Schulkarriere

Friedrich-Fröbel-Schule: Im Gegensatz zu den Nicht-Sinti erzielen Sinti keine Lernfortschritte. Sie lernen und fehlen dann wieder eine Zeit lang. Bedingt durch ihre hohen Fehlzeiten sowie die Reisetätigkeit entstehen riesige Wissenslücken. Sinti werden dennoch versetzt, auch wenn ihre Schulleistungen dafür nicht ausreichen. Wenige bleiben bis zum Ende der neunten Klasse an der Friedrich-Fröbel-Schule. Wenn doch, dann verlassen sie die Schule mit einem Abgangszeugnis, und nur wenige erzielen ein Abschlusszeugnis. Wenige Schüler gehen weiter an die beruflichen Schulen. Bei den Schülern, bei denen die Schulleistungen nicht feststellbar sind, sind Sinti überproportional vertreten. Ursächlich hierfür sind die vielen Fehlzeiten, dementsprechend erreichen sie kaum Abschlüsse. Es „liegt an den Fehlzeiten, dass eben Leistungen nicht feststellbar sind [...], und somit kann auch kein Schulabschluss zuerkannt werden" (FFS/8/181-183).

Bei den Mädchen verlaufen die Schulkarrieren bis zur Pubertät relativ ordentlich, dann entwickeln sie jedoch andere Interessen. Sie wollen heiraten und eigene Kinder haben. Dadurch fallen sie schulisch zurück. Mit 16 Jahren bekommen viele bereits ihr erstes Kind. „Die heiraten zum Teil schon während der Schulzeit. [...] wir haben also schon Fälle gehabt, wo dann ein Mädchen plötzlich weg ist" (FFS/7/57-63).

Unter normalen Bedingungen, mit regelmäßigem Schulbesuch, regelmäßigem Anfertigen von Hausaufgaben und einem Mindestmaß an Übung, müssten sie aufgrund ihres Intellekts nicht an die Schule für Lernhilfe. „Aber es gibt halt immer noch einen großen Teil von Sinti, [...] [der] einfach sehr unregelmäßig die Schule besuch[t] [...]. Und unregelmäßiger Schulbesuch [...] führt halt dazu, dass man in seinen Leistungen nicht so sehr vorankommt" (FFS/4/103). Ihre Schulkarrieren sind abhängig von ihrer Reisetätigkeit. Zum Teil reisen sie zwei bis drei Monate, dadurch entstehen große Leistungslücken. „Das betrifft Schüler, die wirklich permanent ein halbes Jahr auf Reisen sind. Das geht vielleicht die ersten zwei Jahre im Regelschulbetrieb gut, und dann irgendwann sind die Anforderungen zu hoch, dass sie das nicht mehr schaffen" (FFS/10/133). „[...] es gibt ja wirklich noch welche, [...] also die sind wirklich zwei bis drei Monate auf Reisen". (Sprecherwechsel) „Länger". (Sprecherwechsel) „Und da ist ja klar, dass dann Mordslücken entstehen. Und [...] [die sind] einfach nicht aufzuholen" (FFS/2 /257-297).

Außerdem zeigen sie Wahrnehmungsstörungen, und die fehlende Anregung in der frühkindlichen Entwicklung ist ihnen anzumerken. Defizite sind erkennbar, wenn Kinder fünf bis sieben Jahre alt sind. Nur wenige besuchten einen Kindergarten, fast alle vorher dagegen eine Vorklasse[49].

Insgesamt erzielen sie selten Abschlüsse. Wenn doch, dann erlangen Jungen eher einen Abschluss als die Mädchen. Meist erreichen sie aber doch nur ein Abgangszeugnis.

Ernst-von-Harnack-Schule: Die Eltern sind schulisch überfordert, da sie sehr ungebildet sind. Dadurch entsteht den Sinti ein Nachteil gegenüber den Nicht-Sinti, da sie ihre Kinder schulisch kaum unterstützen können. Zahlreiche Kinder wechseln ab Klasse drei, vier, fünf oder sechs an die örtliche Schule für Lernhilfe. Wenn sie gut sind, dann besuchen sie die Hauptschule und erzielen dort einen Hauptschulabschluss. „Also es sind nur wenige Schüler, die auch wirklich dann den Hauptschulabschluss schaffen" (EvHS/3/391-405).

Da sie keinen Kindergarten besuchen, haben sie Schwierigkeiten mit Grundfertigkeiten wie Malen und Schneiden. Allerdings sind sie gut mit dem Alltag vertraut, können sich bereits in jungen Jahren gut selbst organisieren. Sehr oft besuchen sie die Vorklasse, werden dennoch bereits im Grundschulbereich für die Schule für Lernhilfe gemeldet. In letzter Zeit wurden jedoch vermehrt Kinder an weiterführende Schulen geschickt. Allerdings berichtet

49 „Schulpflichtige Kinder, die noch nicht den für den Schulbesuch erforderlichen körperlichen, geistigen und seelischen Entwicklungsstand haben, können auf Antrag der Eltern oder nach deren Anhörung unter Beteiligung des schulärztlichen und schulpsychologischen Dienstes von der Schulleiterin oder dem Schulleiter für ein Jahr von der Teilnahme am Unterricht der Grundschule zurückgestellt werden. Die Zeit der Zurückstellung wird nicht auf die Dauer der Schulpflicht angerechnet" (Hessisches Kultusministerium [13.04.09]).

die Gesamtschule Obersberg, „dass die wirklich ganz viele Augen zudrücken, um die Kinder wirklich noch immer ein Schuljahr weiter zu versetzen“ (EvHS/4/66-69). Probleme sind der unregelmäßige Schulbesuch sowie das nicht Anfertigen von Hausaufgaben. Der Besuch der örtlichen Schule für Lernhilfe bildet keine Ausnahme. Noch immer wechselt ein Großteil der Sinti - deutlich mehr als die Hälfte - an diese Schulform und nur wenige erreichen einen Hauptschulabschluss. „Also ich habe das Gefühl, dass mehr Kinder an die weiterführenden Schulen kommen. Aber es kommen immer noch sehr viele Kinder an die Fröbelschule, [...] wahnsinnig viele“ (EvHS/4/152 f.). „Und die, die wir so bisher durchgehievt haben, die sind dann im fünften, sechsten Schuljahr auch dort“ (EvHS/2/119-138).

Bei den Jungen tritt der Leistungsknick mit elf, zwölf Jahren ein, bei den Mädchen mit zwölf, 13 Jahren. Kinder, die an weiterführende Schulen geschickt werden, landen dann in der fünften oder sechsten Jahrgangsstufe an der Schule für Lernhilfe. Selbst wenn sie die weiterführende Schule weiter besuchen, erreichen sie meist keinen Schulabschluss. Allerdings nimmt der Anteil der Kinder zu, die einen Abschluss erreichen oder zumindest die Förderstufe besuchen, auch wenn der Sonderschulanteil immer noch hoch ist. Es gibt Eltern und Kinder, die wünschen zum Teil die Beschulung an der örtlichen Schule für Lernhilfe. „Es gibt viele, die wollen ja schon auf die Fröbelschule. [...] Sie möchten da mit ihren ganzen Verwandten und Bekannten zusammen sein“ (EvHS/3/175-179).

Durch die hohen Fehlzeiten wiederholen die Kinder oftmals die Klassen und landen dann an der Schule für Lernhilfe. Gründe für den Verlauf dieser Schulkarrieren sind der unregelmäßige Schulbesuch sowie das Nichtanfertigen von Hausaufgaben. „Wenn die Kinder regelmäßig zur Schule kommen und regelmäßig mitlernen [...] und nicht so große Lerndefizite [...] aufbauen und auch [...] Hausaufgaben erledigt werden, dann sind keine Unterschiede festzustellen“ (EvHS/2/119-138).

Grundschulen: „Wenn die Kinder halt diese häufigen Fehlzeiten haben, dann ist damit eben die Schulkarriere vorprogrammiert. [...] das ist einfach nicht möglich, diese riesigen Fehlzeiten in irgendeiner Form aufzuholen“ (GRU/1/113-120). Es ist sinnlos, sie an die örtliche Schule für Lernhilfe zu schicken, da sie dort nicht hingehören. Die Schüler zeigen sehr schwache Schulleistungen, zum Teil grenzwertige Schulleistungen hin zur Sonderbeschulung.

EIBE: Aufgrund der hohen Fehlzeiten sind Sinti nicht in der Lage, einen vernünftigen Abschluss zu erwerben. Sie erreichen einen schlechten oder gar keinen Abschluss. Eine Sinti-Familie wurde benannt, deren Kinder hierbei eine Ausnahme bilden. In den letzten zwei Jahren besuchten keine Sinti die EIBE-Kurse.

Gesamtschulen: Die Schulkarrieren von Sinti dauern ein bis zwei Jahre länger als die ihrer Mitschüler. Wenn Sinti-Schüler gute Leistungen zeigen, dann sind sie danach eine Woche krank. Wenige Sinti beenden die Schule ordnungsgemäß. Sie besuchen den Hauptschulzweig und beenden diesen oft vorzeitig. „Im Hauptschulzweig, überwiegend, eigentlich alle bei uns" (GES/5/77-84). Dabei erreichen Mädchen Abschlüsse, die Jungen eher nicht. „Leider, leider ist es so, dass kaum ein Sinti unsere Schule ordnungsgemäß beendet" (GES/4/40-54). „[...] ich kenne keinen Sinti, der seine neun Jahre an dieser Schule tatsächlich beendet hat mit einem vernünftigen Abschluss" (GES/4/189-193). „[...] es ist hier noch keiner [...] mit Schulabschluss rausgegangen. Die sind ausnahmslos mit Abgangszeugnis nach Erfüllung der Schulpflicht abgegangen" (GES/3/78-85).

Diese Schulkarrieren sind schade, da die Schüler ein viel größeres Potenzial haben. Ein Lehrer berichtet, dass seine Schule dieses Jahr zum ersten Mal zwei Schülerinnen zu EIBE geschickt hat, allerdings - nach seinem Kenntnisstand - gehen sie dort nicht hin. Es scheint bei den Eltern ein großer Zwiespalt zu herrschen. Auf der einen Seite wünschen sie ihren Kindern gute Abschlüsse, auf der anderen Seite möchten sie es auch wieder nicht.

Sinti-Eltern: Viele Eltern berichten, dass sie selbst keine Abschlüsse erzielten und ihre Kinder die örtliche Schule für Lernhilfe besuchen oder ohne Abschluss die Schule verließen. „[...] wenn man hier mal sitzen bleiben tut, in der Ernst-von-Harnack-Schule, dann werden die [...] geschickt zur Fröbelschule. Weil sie vielleicht nicht mitkommen. Weil wir Eltern, wir haben auch nichts gelernt, wir konnten bei den Hausaufgaben auch nicht helfen, weil wir selber nichts erlernt haben und zu wenig Schule besucht haben [...] [und] weil die meisten Eltern selber nicht lesen und schreiben können" (SinE/12/162-176).

Eltern kritisieren an der Grundschule, dass so viele Sinti-Kinder zur Förderschule geschickt werden. Wobei die Kritik an die Lehrer, die Eltern sowie die Schüler selbst gerichtet ist. „Das sind Sinti, ob die was lernen oder nicht, ist [...] [den Lehrern] im Prinzip wahrscheinlich egal" (SinE/12/355-368). „[...] auch die Eltern, die müssen sich mehr Mühe geben für die Kinder, regelmäßig die Kinder zur Schule bekommen" (SinE/12/379-382).

Sinti-Schüler: Laut Informationen der Sinti-Schüler besuchen oder besuchten die meisten Schüler die örtliche Förderschule. „Ja, dann wollte ich auch nach da unten [zur Fröbelschule]. Das wollten aber die Lehrer nicht. Und dann habe ich mich ein bisschen blöd angestellt bei den Tests, ein bisschen verrückt und dann bin ich da hingekommen" (SinS/15/7-18). Dabei schlossen viele diese Schule ohne Abschluss ab. Als Gründe für die Sonderbeschulung benennen einige Sinti-Schüler die Reisetätigkeit, die hohen Fehltage, die mangelnde Mitarbeit sowie eine vorausgehende Überforderungssituation.

Eine junge Frau erwarb nach eigenen Aussagen einen Abschluss an der Förderschule, erzielte dann einen Hauptschulabschluss im BVJ (Berufsvorbereitungsjahr) im Bereich Kosmetik, fing danach eine Ausbildung an und brach nach zwei Jahren ab. Im selben Jahr hat sie geheiratet und ungefähr zwei Jahre später war sie schwanger.

Auffällig sind die Schilderungen einer jungen Frau, die laut eigenen Aussagen in Thüringen das Abitur erwarb und dennoch vor Ort die 13. Jahrgangsstufe besucht.[50]

IV.8.2.2 Ergebnisse: Rollenverhalten (Schule)

Friedrich-Fröbel-Schule: Ab dem Alter von 14 oder 15 Jahren fehlen Mädchen oft, weil sie schwanger sind oder verheiratet wurden. Jungen verschließen sich bereits etwas früher gegenüber der Schule. Mädchen lassen sich länger motivieren, erlangen dann aber keine Schulabschlüsse. Im Alter von 14, 15 werden sie zu Hause stark eingebunden, gelten in ihrer Gemeinschaft als Frauen, helfen zu Hause und werden schwanger.

Schulische Misserfolge erleben beide Geschlechter, wobei die Mädchen etwas angepasster sind. Ab einem gewissen Alter bleiben Mädchen dem Unterricht häufiger fern als Jungen. Zu Hause

---

50 Ihre Ausführungen scheinen nicht ganz der Wahrheit zu entsprechen, da ihre Schilderungen nicht schlüssig und nachvollziehbar sind, beispielsweise wusste sie nicht den Namen ihrer aktuellen Schule. Es scheint, dass einige Interviewpartner widersprüchliche Geschichten erzählen, um ihre Schulkarriere zu rechtfertigen. Beispiel: „Die letzte Schule? Habe ich nicht zu Ende gemacht, weil ich war vier Tage krank. […] Lehrer […] hat zu mir gesagt, du brauchst dich gar nicht mehr anzustrengen, du fällst sowieso durch und da bin ich nicht mehr hingegangen" (SinS/15/130-139).

werden sie dann intensiver einbezogen. Viele Mädchen besuchen die Schule dann nicht mehr, zahlreiche heiraten im achten, spätestens im neunten Schuljahr und bekommen mit 16 Jahren ihr erstes Kind.

Ernst-von-Harnack-Schule: Es herrschen schulisch große Unterschiede zwischen Jungen und Mädchen. Jungen versuchen sich alle möglichen Freiheiten zu nehmen, widersprechen und halten sich nicht an vereinbarte Regeln. Dagegen gibt es Mädchen, die auffällig verschüchtert und ängstlich sind.

Grundschulen: Mädchen sind eventuell ein bisschen fleißiger als Jungen. Sie werden früh verheiratet, sogar schon im Alter von zwölf und 13 Jahren. Insgesamt hat Schulbildung bei den Mädchen eine geringe Bedeutung.

EIBE: Bei Sinti herrscht ein besonders ausgeprägtes Rollenverhalten. Die Jungen zeigen ein machohaftes Verhalten, und Lehrerinnen werden nicht so ernst genommen.

Gesamtschulen: Einige Lehrer sehen keine Unterschiede in den Schulkarrieren von Jungen und Mädchen, andere wiederum erkennen Unterschiede. Beispielsweise berichtet ein Lehrer, dass ein Mädchen ihre Schulkarriere in der neunten Klasse - kurz vor dem Schulabschluss - unterbrach, um in der Familie zu helfen. Ein Jahr später hat diese Schülerin die Schule fortgesetzt. Obwohl die Mädchen intensiver in die Familienarbeit eingebunden werden, fühlen sie sich auch schulisch verantwortlich.

Sinti-Eltern: Keine Aussagen hierzu.

Sinti-Schüler: Keine Aussagen hierzu.

IV.8.2.3 Ergebnisse: Schulisches Ziel

Friedrich-Fröbel-Schule: Sinti haben keinen schulischen Plan, Schulabschlüsse und Wissenserwerb sind nicht ihre Ziele. Die Schule ist Pflicht, ein Ziel verbinden sie damit nicht. „Vielleicht mit möglichst wenig Bußgeld die neun Jahre zu überstehen" (FFS/9/299-309). Ein „schulisches Ziel ist eindeutig, hier treffe ich alle" (FFS/9/299-309). Schülerinnen formulierten gegenüber einer Lehrerin offen, dass ihnen die Schule nichts bringt. Sie brauchen nichts davon, aufgrund ihrer späteren Lebenssituation. Bei einigen Sinti besteht die Motivation, Lesen und Schreiben zu lernen, um bei Behördengängen nicht auf Hilfe angewiesen zu sein.

Sie haben einfach kaum große Pläne für ihre Kinder. Es bestehen Ausnahmen, viele Kinder zeigen jedoch kein Interesse an Schule. Es sind meist die Kinder, deren Eltern kein Interesse an Schule haben. Denen ist es egal, ob die Kinder Fünfen und Sechsen erhalten. Klassenarbeiten werden beispielsweise in der Schule gelassen. Es ist zweifelhaft, ob denen klar ist, dass ein Schulabschluss wichtig ist, um einen Beruf zu erlernen. „Ich weiß gar nicht, ob die überhaupt wissen, was es für Abschlüsse in Deutschland gibt" (FFS/4/160).

Allerdings änderte sich die Haltung der Sinti in den letzten Jahrzehnten; es wandelt sich nach wie vor. Immer mehr wünschen eine umfassendere Bildung ihrer Kinder. Dennoch, Hauptziel der Kinder ist es, Freunde zu treffen und Spaß zu haben.

Mädchen erlangen noch seltener den Abschluss. Viele von ihnen heiraten im achten oder neunten Schuljahr oder kommen einfach nicht mehr zur Schule. Mit 16 Jahren haben viele bereits ihr erstes Kind.

Es ist selten, dass einer angibt, er möchte einen Hauptschulabschluss machen. Lehrer vermuten, dass Schulzeitverlängerungen beantragt werden, damit sie länger Kindergeld erhalten. Schule wird Sinti vom Staat aufgezwungen. Wenn die Kinder in die Pubertät wechseln, dann scheint es, als würden die Eltern sich nicht mehr verantwortlich fühlen. Die Kinder, primär die Jungen, werden dann wie Erwachsene behandelt. In Bezug auf die Schule haben die Mädchen diese Freiheiten aber auch. Im Unterbewusstsein fließt da eventuell ein, dass sie ja früh heiraten. Wobei insgesamt betont werden muss, dass sie schon den Sonderschulabschluss erlangen wollen.

Ernst-von-Harnack-Schule: Sinti verfolgen keine schulischen Ziele. Manche Eltern wünschen sich, dass ihre Kinder den Hauptschulabschluss erlangen und nicht an die Friedrich-Fröbel-Schule kommen. Anderen ist das wiederum egal. Sinti scheint es einerlei zu sein, denn man erkennt nicht, dass sie sich schulisch um ihre Kinder kümmern. Den Kindern ist der Lernort eigentlich gleichgültig. Hauptsache ist, sie sind mit ihren Freunden zusammen. Eine Lehrerin berichtet über eine Schülerin, die sich bewusst nicht mehr angestrengt hat, damit sie zu ihren Freunden an die Förderschule kommt. Der Anteil der Sinti-Kinder bei der Meldung zur Sonderschulüberprüfung ist nach wie vor ziemlich hoch. Es gibt Sinti-Eltern, die bei der Schulanmeldung gleich den Wunsch äußern, ihre Kinder sollen die Förderschule besuchen. Schulisches Ziel scheint zu sein, die Schule unbeschadet zu überstehen beziehungsweise durchzukommen. „Also die empfinden das hier sowieso als sinnlos, weil sie ja sowieso da landen [...] Da unten, das ist die Fröbelschule. Auf der Doofen-Schule" (EvHS/3/193-196).

Grundschulen: Die Lehrer äußern die Vermutung, der Hauptschulabschluss ist primäres Ziel. Nach der Schule arbeiten Sinti nicht in Betrieben, sondern gehen dann wieder in ihr soziales Umfeld zurück. Einige Lehrer sind sich nicht sicher, ob es den Eltern überhaupt wichtig ist, ob die Kinder einen Abschluss erreichen.

EIBE: Bis auf einen Schüler machten die Lehrer die Erfahrung, dass Sinti kein Interesse an Schule beziehungsweise keine schulischen Ziele haben. Dieser eine Schüler erreichte allerdings einen mittleren Bildungsabschluss und hatte das Ziel, die Fachoberschule zu absolvieren.

Gesamtschulen: Ein Lehrer vermutet über einen Schüler, dass dieser in einem Zwiespalt war. Auf der einen Seite wollte er vielleicht einen guten Abschluss erzielen, auf der anderen Seite half er dem Vater, wenn die Familie Geld benötigte. Von derselben Schule setzte ein Schüler seine Karriere fort und erreichte das Fachabitur. Sinti entwickeln schulische Perspektiven, wenn ein Vertrauensverhältnis mit den Lehrern entsteht. Es gibt Erfahrungen, bei denen das Verhalten der Sinti den Schluss zulässt, dass sie kein wirkliches Interesse an Schule zeigen. Oberstes Ziel ist für sie, die Schulpflicht zu erfüllen, egal wie. Der Besuch einer weiterführenden Schule ist dabei uninteressant. Ein Lehrer berichtet von dem Gerücht, Sinti werden aus ihrer Sippe verstoßen, wenn sie schulisch erfolgreich sind. Wenn die Kinder schulisch erfolgreich sind, dann fehlen sie kurze Zeit später wieder und der schulische Erfolg ist dahin.

Sinti-Eltern: Die Eltern hoffen, ihre Kinder durchlaufen die Schule erfolgreich. Konkrete Vorstellungen über mögliche Abschlüsse haben nur wenige. Dann wird der Hauptschulabschluss, ab und zu auch der Realschulabschluss, genannt. Es wird bemerkt, dass die Berufsperspektiven selbst mit hohen Schulabschlüssen gering sind, da sie Sinti sind. Einige erhoffen sich durch einen guten Abschluss eine bessere Zukunft für ihre Kinder. Oft sind ihnen die schulischen Abschlussmöglichkeiten nicht bekannt. Eltern reicht es häufig, wenn die Kinder gut lesen und schreiben können.

Sinti-Schüler: Einige ehemalige Schüler bereuen es, dass sie keinen Abschluss erreichten. Einer gibt an, diesen - erst den Haupt-, dann den Realschulabschluss - an einer Abendschule nachholen zu wollen. Die derzeitigen Schüler geben an, dass sie Abschlüsse erzielen wollen, meist den Haupt- oder Realschulabschluss. Es gibt Schüler, denen ist der Abschluss nicht wichtig oder sie haben noch keine konkreten Vorstellungen davon.

IV.8.2.4 Ergebnisse: Berufliches Ziel

Friedrich-Fröbel-Schule: Die wenigsten Sinti haben eine Vorstellung über ihre berufliche Zukunft. Eine klassische Berufsausbildung visieren sie nicht an. Wenn überhaupt, dann ist das berufliche Ziel der Mädchen im Bereich Friseur und Kosmetik angesiedelt. Sie wollen heiraten, Kinder und die Hausfrauenrolle annehmen. Nur eine Minderheit äußert Berufswünsche. Für Mädchen scheint es nach Ansicht der Eltern nicht wichtig zu sein, dass sie einen Beruf erlernen. Die Jungen werden durch ältere Sinti angelernt. Jungen wünschen sich eine berufliche Zukunft immer im selbstständigen, unabhängigen Gewerbe. Sie möchten Schrott fahren, mit Antiquitäten handeln oder Gebäude reinigen und im Handwerk ihres Vaters arbeiten. Einige Schüler haben vor, später von Sozialhilfe zu leben.

Sie möchten „normale" Berufe erlernen, Jungen zum Beispiel Kfz-Mechatroniker, erfüllen jedoch nicht die strukturellen Anforderungen. Zudem erschweren beidseitige Vorurteile diese Zukunft. Lehrer berichten, ihnen sind keine Sinti in Ausbildung bekannt. Sinti sind zu unzuverlässig, haben Schwierigkeiten mit der Pünktlichkeit und dem Durchhaltevermögen. Ihnen ist bekannt, dass sie nirgendwo eine Lehrstelle erhalten werden. Da die klassischen Berufe der Sinti wegfallen, beschränken sie sich auf Dachreinigungen und Gelegenheitsarbeiten.

Ernst-von-Harnack-Schule: Im Gegensatz zu ihren Mitschülern haben junge Sinti keine Berufsvorstellungen. Einige Eltern wissen sicherlich, dass es für ihre Kinder schwer sein wird, eine Lehrstelle zu finden.

Grundschulen: Die Grundschullehrer haben darüber kaum Kenntnisse, lediglich, dass ihnen kein Sinti bekannt ist, der in einem Betrieb arbeitet.

EIBE: Der klassische Berufswunsch war der des Automechanikers. Es gab immer Sinti, die gemeinsam mit ihren Vätern im Schrotthandel tätig waren. Insgesamt sind die EIBE-Lehrer wenig über die beruflichen Ziele informiert.

Gesamtschulen: Ein Lehrer berichtet von einem Schüler, der sich nach der Schule für die Selbstständigkeit entschied, da er für sich keine Chance auf eine Lehrstelle sah. Eine Lehrkraft einer anderen Schule schildert, dass Sinti Ausbildungen wollten und - wenn möglich - dorthin vermittelt wurden. Gleichzeitig erzählt diese Lehrkraft, Sinti haben keine beruflichen Ziele. Eine weitere Lehrerin sagt, dass Mädchen heiraten und Jungen sich beruflich, beispielsweise als Schrotthändler, selbstständig machen.

Sinti-Eltern: Einige Eltern unterstützen ihre Kinder in ihrer freien Berufswahl. Ihnen ist wichtig, dass ihre Kinder Arbeit haben, egal ob zum Beispiel als Maurer oder Gebäudereiniger. Einem Vater ist wichtig, dass seine Kinder in Zukunft nicht von Hartz IV leben müssen. Für ihre Söhne wünschen sie sich eine selbstständige Tätigkeit, beispielsweise als Schrotthändler. Für die Töchter scheint eine berufliche Perspektive irrelevant zu sein, da diese die Rolle der Hausfrau wahrnehmen werden. Es gibt Sinti, die ihren Kindern nicht gestatten, Ärzte oder Krankenpfleger zu werden.

Einige Sinti-Eltern erkennen, dass es ihre Kinder schwer haben werden, auf dem Arbeitsmarkt eine Stelle zu erhalten. Manche Eltern geben an, dass sie sich darüber keine Gedanken machen. Begründet wird es damit, dass Sinti eher von heute auf morgen leben und nicht langfristig planen. Andere wiederum erkennen, die klassischen Tätigkeiten, wie Hausieren, reichen nicht aus, um ihr Leben zu finanzieren. Zum Teil wissen sie nicht, welche Voraussetzungen die Kinder erwerben müssen, um zum Beispiel Verkäuferin werden zu können.

Sinti-Schüler: Sinti wünschen sich eine Arbeitsstelle, zum Beispiel als Maler, Koch, Friseurin oder Automechaniker und sie möchten eine Ausbildung absolvieren. Ein Sinti gibt an, nicht von Hartz IV leben zu wollen. Mehrere Sinti äußern, sich in Zukunft selbstständig zu machen, mit Schrott zu handeln oder Dächer zu reinigen. Viele haben keine Vorstellung von ihrer beruflichen Zukunft. Eine Sintiza würde gerne eine Ausbildung als Friseurin beginnen, aufgrund ihrer Schwangerschaft wartet sie aber, bis ihr Kind zwei bis drei Jahre alt wird.

IV.8.2.5 Ergebnisse: Lebensentwurf

Friedrich-Fröbel-Schule: Lebensentwürfe der Sinti sind, eine Familie und ausreichend Geld zu haben sowie gute Beziehungen zu den Verwandten zu pflegen. Die Jungen wünschen sich viel Geld und Luxusautomobile. Die Mädchen heiraten, möchten unbedingt Kinder, zum Teil bereits mit 15, 16 oder 17 Jahren, und führen den Haushalt. Niemand hat vor, einen Beruf zu erlernen. Familie ist ihnen besonders wichtig. Es gibt Eltern, denen ist es egal, was in der Schule läuft, sie haben kaum Pläne für ihre Kinder. Mädchen müssen einen Haushalt führen können. Ihre Lebensentwürfe sind zum Teil perspektivlos. Sie machen das, was ihre Väter machen; Dachreinigung, Schrotten, Antiquitätenhandel. Ihre Vorbilder sind die eigenen Eltern.

Es gibt Sinti, die eindeutig sagen, dass sie in Zukunft von Sozialhilfe leben. „Arbeitslos und Spaß dabei" (FFS/9/270-298). Wenn Mädchen Berufswünsche äußern, Mädchen mit Berufswünschen sind die Minderheit, dann als Modeverkäuferin oder Friseurin. Sie möchten normale Berufe erlernen. Es fehlen aber die Strukturen, um diese Ausbildungen anzugehen. Sie können keinen Lehrvertrag unterzeichen und dann fünf Monate im Jahr fehlen. „Wunschdenken: Mein Kind soll auch einmal einen ganz normalen Beruf erlernen und sein Geld verdienen, aber man lässt uns ja nicht, aber auf der anderen Seite, wenn es dann mal klappt, sind die Strukturen einfach nicht da" (FFS/8/77-78). Die Bereitschaft für einen Ausbildungsplatz ist da, aber es fehlen einfach die Voraussetzungen dafür. Sie wissen es, und es fehlen ihnen die passenden Vorbilder.

Sinti-Jugendliche leben mehr im Hier und Jetzt, Zukunftsplanungen haben wenig Wert. Eltern machen sich wenig Gedanken über die Lebensentwürfe und Zukünfte ihrer Kinder. Beruflich haben sie keine großen Pläne, Mädchen erfüllen die Mutterrolle, Jungen wachsen in die Berufe der Väter. Familie ist das Wichtigste für sie. Ihr Lebensideal ist nicht, ein Haus zu besitzen, sondern die Freiheit, jederzeit ihre sieben Sachen packen zu können.

Ernst-von-Harnack-Schule: Die Eltern wollen aus den Mädchen gute Mütter machen und ihre Kinder teilen diese Gedanken. Mädchen visieren den häuslichen Bereich an, bekommen es auch nicht anders vorgelebt. Sie benötigen die Schule für ihre Lebensplanung nicht. Im Gegensatz zu den Nicht-Sinti nennen Sinti keine Lebensentwürfe. Die Berufswelt ist ihnen fremd.

Man hört, dass es den Kindern mal besser gehen soll. Eine Verbindung zu Berufen wird hierbei nicht gezogen. Eine Lehrkraft schildert: „Da hat die eine Mutter gesagt: ‚Ach, was interessiert mich das, was da in zehn, 20 Jahren ist. Das interessiert mich doch überhaupt nicht', so nach dem Motto, wir kommen halt auch so durch und dann werden die auch so durchkommen" (EvHS/3/182-186). Sie haben nicht das Ziel, einen Beruf zu erlernen.

Grundschulen: Sinti möchten reisen und einfach so weiter leben. Es ist schon erstrebenswert einen Beruf auszuüben. Bei der Verpflichtung zu Reisen können sie dies nicht gewährleisten. Sie nehmen den sozialen Bereich in Anspruch oder sind völlig abhängig davon und leisten selbst keinen gesellschaftlichen Beitrag. „Natürlich scheinen sie auch den bequemeren Weg gerne zu wählen" (GRU/1/130-133).

Eine Lehrerin berichtet, dass die Eltern einer Schülerin sich bemühen, dass ihr Kind einen Schulabschluss erreicht sowie einen Beruf erlernt.

EIBE: Ihre Lebensziele unterscheiden sich nicht von denen anderer. Es gibt welche, die arbeiten bei ihrem Vater und helfen beim Schrotten.

Gesamtschulen: Ein Lehrer schildert, dass ein Sinto die Schule mit der Perspektive verließ, sich selbstständig zu machen und dafür benötige er nicht den Hauptschulabschluss. Die Lebensziele sind im Wesentlichen familiär ausgerichtet. Eltern wünschen sich, dass ihre Kinder in der Familie bleiben.

Bei den Mädchen ist ein Lebensziel, möglichst schnell zu heiraten. Sinti steigen in die Betriebe der Verwandten ein. Den Anspruch, eine Ausbildung zu absolvieren, haben sie nicht. Schule ist ihnen nicht wichtig. Ein Lehrer berichtet, dass alle Sinti wünschen, dass es ihnen in Zukunft besser geht und dazu gehört eine Ausbildung.

Sinti-Eltern: Die Eltern äußern differierende Lebensentwürfe bezüglich ihrer Kinder. So wünscht eine Mutter, dass ihre Kinder die Schule erfolgreich absolvieren, eine Ausbildung beginnen, später nicht Hartz-IV-Empfänger werden und zum Beispiel Maurer oder Dachreiniger werden. Sie möchte zudem, dass ihre Kinder reisen, selbst wenn es sich nur auf die Ferientermine beschränkt. Sie betont, die Chancen auf eine Arbeitsstelle sind gering und es „wird eher ein Türke eingestellt wie ein Sinti" (SinE/16/93-102).

Sinti sagen, sie haben sich noch keine Gedanken über die berufliche Zukunft gemacht. Als Berufsziele für ihre Kinder geben viele die klassischen Tätigkeiten wie Schrotthandel, Gebäudereinigung oder Antiquitätenhandel an. So wird die Selbstständigkeit als erstrebenswertes Ziel genannt. Einzelne kritisieren, ihre Kinder erbringen kaum die Vorraussetzungen, um in Zukunft erfolgreich zu sein. „Wir sind jetzt in Deutschland, wir sind alle hier geboren und wir sind trotzdem wie Ausländer, obwohl wir hier geboren sind und die deutsche Staatsangehörigkeit haben" (SinE/3/135-142).

Eltern wünschen einen guten Beruf für ihre Kinder sowie eine funktionierende Familie. Eine Mutter berichtet, dass es in Ordnung ist, einen Deutschen zu heiraten. „Außer was bei uns katastrophal wäre, wäre ein Schwarzer oder ein Türke. Da wirst du auch verstoßen von der Familie" (SinE/4/381-404). Bei konkreter

Nachfrage relativiert sie ihre Aussage und würde ihren Kindern eine Ehe mit Türken gestatten.

Sinti-Schüler: Die Aussagen ähneln sich zum Teil, so gibt es Ausführungen, dass sie Familie haben möchten und in ihrem Leben etwas erreichen möchten. Sie wünschen sich ein besseres Leben als jetzt. Einige erhoffen sich ein geregeltes Dasein und ein eigenes Haus.

Manche haben sich bisher keine Gedanken über ihre Zukunft gemacht. Eine junge Sintiza würde gerne eine Friseurausbildung anfangen, weiß allerdings nicht, welche Qualifikationen sie dafür benötigt. Die Eltern des Mädchens sprechen nicht mit ihr über ihre berufliche Zukunft. Häufig wird der Beruf des Kfz-Mechanikers genannt. Es gibt die Aussage, sie verkaufen Haushaltswaren oder handeln mit Schrott. Eine Sintiza erzählt, es ist schwierig, in Bad Hersfeld eine Ausbildung zu finden.

IV.8.2.6 Ergebnisse: Nutzen von Schule (Elternsicht)

Friedrich-Fröbel-Schule: Die meisten Eltern stehen der Schule negativ gegenüber und halten sie für absolut sinnlos und für Zeitverschwendung. Was ihre Kinder in der Schule lernen, könnten sie zu Hause ebenso lernen. Ihr Stellenwert von schulischer Bildung ist sehr gering. Beispielsweise nehmen Sinti ihre Zeugnisse zum Teil nicht mit nach Hause, und es erfolgt diesbezüglich keine Rückmeldung durch die Eltern. Manchen reicht es, wenn ihre Töchter lernen, wie man einen Haushalt führt. Die Schulbildung erscheint ihnen nicht zweckmäßig, in diesen Fällen reicht ihnen das Grundschulwissen aus. Würden sie alle wirklich am schulischen Erfolg ihrer Kinder interessiert sein, dann würden sie ihre Kinder regelmäßig in die Schule schicken.

Die konkreten Erfahrungen mit der örtlichen Förderschule sind zum Teil gut. Es gibt Eltern, die ihre Kinder direkt an der Förderschule einschulen möchten, da dort viele Sinti unterrichtet werden. Es gibt Eltern, die den Nutzen des Rechnens, Lesens und Schreibens erkennen, auch damit ihre Kinder später einen Führerschein erwerben können. Wichtig ist, dass sie im Leben zurechtkommen. Eine berufliche Ausbildung ist für sie dabei irrelevant. Diese Eltern hegen den Wunsch, dass es ihre Kinder einmal besser haben als sie, die selbst zum Teil nicht vollständig beschult wurden. Einige dieser Familien unterstützen ihre Kinder in der Schule.

Ernst-von-Harnack-Schule: Der Stellenwert von Schulbildung ist bei den Sinti-Eltern gering. Schule wird als Belastung wahrgenommen. Bei vielen Sinti ist ein Verständnis für Schule nicht vorhanden. Ihnen reicht es, wenn ihre Kinder Grundkenntnisse erwerben; im Lesen, Schreiben und Rechnen. Selbst wenn sie in Elterngesprächen den Nutzen erkennen lassen, dass ihre Kinder lesen und schreiben lernen sollten, um zum Beispiel Formulare bearbeiten zu können, so folgen keine dementsprechenden Verhaltensweisen. Beispielsweise besuchen die Kinder deswegen nicht regelmäßiger die Schule. Die Kinder erhalten von ihren Eltern nicht die nötige Unterstützung. Gute Schulnoten werden beispielsweise nicht gewürdigt. Es ist allerdings erkennbar, dass sich die Einstellung der Eltern gegenüber Schule gebessert hat. Dennoch erkennen viele Sinti nicht ihre Verantwortung an der Schulbildung ihrer Kinder. Sie werfen es den Lehrern vor, wenn ihre Kinder zur Förderschule wechseln müssen.

Grundschulen: Eltern nehmen Schule eventuell als Übel in Kauf. Allerdings erkennen sie, dass das Lernen des Rechnens, Schreibens und Lesens sinnvoll ist.

EIBE: Die Eltern zeigten geringes Interesse an der Schulbildung ihrer Kinder. Ein Lehrer konnte sich nur daran erinnern, dass Eltern mal in der Schule waren, um eine Fahrtkostenabrechnung zu besprechen.

Gesamtschulen: Sinti scheinen den Nutzen von Schule häufig nicht zu erkennen. Es ist für einige Sinti ein Ort, bei dem man aufpassen muss, was mit den Kindern geschieht. Es gibt Eltern, die nicht nachvollziehen können, dass Schule einen regelmäßigen Besuch erwartet, da die Kinder doch beim Vater mehr lernen. Schule hat insgesamt keinen hohen Stellenwert.

Sinti-Eltern: Die Kinder sollen lesen, schreiben und rechnen lernen, um in Zukunft zurechtzukommen. Nur wenige sehen, dass Schule weitere Lerninhalte und Abschlüsse bieten kann. Vielen reicht es, wenn sie grundlegende Schulkenntnisse erwerben. Diese Notwendigkeit erkennen einige Sinti-Eltern aufgrund der eigenen Lerndefizite. Viele können zum Beispiel selbst nicht ausreichend lesen. Ihre Kinder sollen im späteren Leben besser zurechtkommen und nicht ausgegrenzt werden. Sie erkennen einen positiven Nutzen in der Schulbildung, kritisieren aber die Schulen. Diese sollten mehr Anstrengungen unternehmen, um ihre Kinder zu fördern. Sie erheben den Vorwurf, dass die Sonderschulzuweisungen bei einem Großteil der Sinti sehr schnell durchgeführt werden. Lehrer zeigen ihrer Ansicht nach zu geringe Bemühungen, um die Sinti-Kinder ausreichend zu fördern. Ihre Kinder sollen von schulischer Seite stärker fürs Lernen motiviert werden.

Es gibt allerdings auch Sinti, die eine Beschulung an der Förderschule von vornherein wünschen.

Sinti-Schüler: Nach Aussagen der Schüler zeigen die Eltern wenig Interesse an der Schule ihrer Kinder. Wenn, dann reicht es meist, wenn sie lesen, schreiben und rechnen lernen. Dies wird als sinnvoll erachtet, zumal es hilfreich ist, um den Führerschein zu erwerben. Es wird selten mit der beruflichen Zukunft in Verbindung gebracht.

IV.8.2.7 Ergebnisse: Nutzen von Schule (Schülersicht)

Friedrich-Fröbel-Schule: Schule hat für Sinti kaum eine Bedeutung. Einzelne Lerninhalte sind für sie relevant, ansonsten ist die Schulbildung für sie irrelevant. Ihre Zukunft ist für sie bereits vorgezeichnet.

Sie interessieren sich fürs Lesen, Schreiben und Rechnen, wobei ihnen dabei die Grundlagen der Grundschule ausreichen. Sie möchten später im Leben zurechtkommen, den Führerschein erwerben, mit Geld rechnen und die neuen Medien nutzen. Spätestens wenn sie ein Mobiltelefon besitzen, möchten sie schreiben lernen. Sie lernen nur über die intrinsische Motivation.

Schule und deren Inhalte sind für Sinti-Kinder wichtig, wenn sie die Lehrer mögen. Viele Sinti-Kinder haben Schwierigkeiten mit der schulischen Autorität. Wenn Lehrer etwas von ihnen verlangen oder streng werden, dann betonen die Kinder, dass sie sich von Lehrern nichts sagen lassen. Bei den Mädchen spielt die Schule mit dem 13. und 14. Lebensjahr keine Rolle mehr. Eine Lehrkraft berichtet, Schülerinnen von ihr heirateten bereits mit 14, 15 und 16 Jahren. Aufgrund des starken Familienrückhaltes scheinen sie sich keine Sorgen zu machen und nicht die Relevanz von Schulbildung zu erkennen. Es gibt Familien, die sich öffnen und Gedanken um die Zukunft machen.

Ernst-von-Harnack-Schule: Schulbildung hat für Sinti keine Bedeutung. Sie haben zurzeit klare Zukunftsvorstellungen, für die sie die schulische Bildung nicht benötigen. Beispielsweise scheint es für Sinti irrelevant, dass Mädchen einen Schulabschluss erwerben, zumal diese sehr früh heiraten.

Grundschulen: Eine Grundschullehrerin vermutet, die meisten ihrer Sinti-Schüler erkennen einen Nutzen in der Schulbildung, zumal diese regelmäßig die Schule besuchen.

EIBE: Sinti erkennen in der Schulbildung keinen Nutzen. Ein Großteil der Sinti führten die geforderten Praktika bei ihren Vätern im Schrottgewerbe durch. Die Möglichkeit der Praktika in anderen Berufsfeldern im Rahmen der Beschulung in den EIBE-Kursen nutzten nur wenige.

Gesamtschulen: Die schulischen Abschlüsse sind für Sinti bedeutsam, allerdings werden diese nicht geradlinig anvisiert. Es ist nicht klar, ob Sinti wirklich den Nutzen von Schulbildung erkennen.

Sinti-Eltern: Eltern zweifeln, ob ihre eigenen Kinder einen Nutzen in der Schulbildung erkennen. Mit der Zukunft beschäftigen Sinti sich wenig und viele bekennen, dass ihre Kinder keinen Nutzen in der Bildung sehen. Dagegen berichten wenige Sinti-Eltern, ihre Kinder möchten lernen und sehen darin eine Chance für die Zukunft.

Sinti-Schüler: Zahlreiche Sinti-Schüler berichten, dass sie durch die Schule viel lernen beziehungsweise hätten lernen können, zum Beispiel lesen und schreiben. Dadurch kommt man im späteren Leben besser zurecht und kann beispielsweise den Führerschein absolvieren. Einige bereuen, dass sie den Nutzen nicht rechtzeitig erkannten. Manche berichten, ihre Schullaufbahn nicht mit der nötigen Ernsthaftigkeit betrieben zu haben. Zum Beispiel verließen sie den Unterricht vorzeitig. Sie möchten es bei ihren Kindern besser machen. Andere kritisieren, sie lernten dort nichts und erkennen keinen Sinn in der Schulbildung. Sie kritisieren Lehrer, die sich keine Mühe mit Sinti-Kindern geben. Hätten die Lehrer sich mehr bemüht, hätten sie den Abschluss erzielt. Häufig kritisieren sie die Förderschule.

IV.8.2.8 Ergebnisse: Extrafrage (Kindergartenbesuch)[51]

Friedrich-Fröbel-Schule: Kindergartenbesuche haben zugenommen, auch wenn die Besuche laut einer Lehrkraft nicht regelmäßig sind. Positiv ist, dass es im Stadtteil Hohe Luft zwei Kinderhorte gibt. Viele Sinti-Kinder besuchen aber keinen Kindergarten. Die Vorklasse besuchen dagegen viele.

Ernst-von-Harnack-Schule: Viele Sinti-Kinder besuchen meistens keinen Kindergarten, auch wenn die Besuche inzwischen zugenommen haben. Die Vorklasse besuchen sie dagegen oft. Wenn

---

51 Diese Extrafrage war nicht Bestandteil aller Interviews. Verschiedene Lehrkräfte der Friedrich-Fröbel-Schule sowie der Grundschulen berichteten darüber, primär wurden jedoch Sinti-Eltern hierzu befragt.

sie nicht schulreif sind, kommen sie automatisch in die Vorklasse. Danach sind sie gut vorbereitet, um in der ersten Klasse zu lernen. Sinti-Kinder kennen bei Schuleintritt keine Farben, können keinen Stift halten und nicht schneiden. Häufig haben diese Kinder zur Einschulung große Defizite. Eine Lehrkraft vermutet, die Kinder lernen zu Hause nicht, wie man schneidet oder einen Stift hält. In ihrer Feinmotorik werden sie kaum gefördert. Sie sind nicht weniger intelligent, sondern sammeln vor der Einschulung andere Erfahrungen. Sie besuchen keinen Kindergarten und verbringen sehr viel Zeit vor dem TV-Gerät.

Grundschulen: Ihre Feinmotorik ist zum Schuleintritt wenig ausgebildet. In den Jahren vor der Schule besuchen sie keinen Kindergarten und sammeln wenige Erfahrungen im Umgang mit Schere und Stift. Grobmotorisch sind sie vermutlich gut ausgebildet. Ihre Feinmotorik konnten sie gar nicht trainieren.

Sinti-Eltern: Zahlreiche Sinti-Eltern berichten, ihre Kinder besuchen oder besuchten keinen Kindergarten. In einem Fall gibt eine Mutter als Grund dafür an, dass ihre Kinder es nicht wünschten. Die Kinder wollten bei ihr bleiben und sie unterstützte es. Lediglich eine Mutter berichtet, ihre drei Kinder gehen beziehungsweise gingen in den Kindergarten. Sie lobt dabei den Kindergarten ihrer Kinder, kann sich aber nicht an den Namen der Einrichtung erinnern.

Die Vorklasse besuchten laut Elternaussagen dagegen zahlreichen Sinti-Kinder. Einige Eltern zeigen sich zufrieden mit dem Angebot der Vorklasse, andere wiederum nicht.

IV.8.2.9 Ergebnisse: Rollenverhalten (Lebensentwurf)

Friedrich-Fröbel-Schule: Die Lebensentwürfe von Mädchen und Jungen dürften ähnlich sein, wobei sie unterschiedliche Rollen erfüllen. Insgesamt sind die Lebensentwürfe der Sinti sehr traditionell.

Die Mädchen werden heiraten und Kinder kriegen, Frauen übernehmen die Mutterrolle und kümmern sich um Kinder und Haushalt. Darauf werden die Mädchen vorbereitet. Sie heiraten innerhalb ihrer Minderheit, zum Teil bereits während der Schulzeit. Eine Minderheit hat Berufswünsche, wie zum Beispiel Friseurin und Verkäuferin. Eine Lehrerin berichtet, ihr ist keine Sintiza bekannt, die beruflich tätig ist. Die Jungen nehmen Hilfsarbeiterjobs an, wollen viel Geld verdienen, teure Autos fahren und angeben. Männer sind unterwegs und organisieren den Lebensunterhalt. Sie verdienen Geld. Eine Lehrerin betont, ihr ist kein Sinto bekannt, der eine Ausbildung abgeschlossen hat.

Ernst-von-Harnack-Schule: Mädchen sollen gute Mütter werden und interessieren sich sehr fürs Kochen sowie den hauswirtschaftlichen Bereich. Dabei erhalten sie die Unterstützung ihrer Eltern. Sie finden frühzeitig einen Partner, heiraten schnell nach Sinti-Brauch und kriegen Kinder. Lehrer erzählen in diesem Zusammenhang von einer jungen Sintiza, die bereits mit 13 Jahren heiratete.

Eine Lehrerin spricht von einem Jungen, der betonte, dass er Schule nicht benötigt. Sinti sehen keinen Sinn in der Schulbildung. „Sie kommen über die Runden, können eigentlich ganz gut davon leben und dann ist das in Ordnung. Warum brauchen sie die Schule?" (EvHS/5/96-98).

EIBE: Lehrer der EIBE-Kurse können hierzu nichts sagen.

Gesamtschulen: Ein Lehrer teilt mit, es ist das Lebensziel für Mädchen, möglichst schnell zu heiraten. Eine andere Lehrkraft erklärt, Sinti bemühen sich, Jungen in Betriebe von Verwandten einzugliedern. Mädchen werden Frauen und Mütter. Sie erinnert sich an ehemalige Schülerinnen, die mit 16, 17 Jahren Mütter wurden. Eine Lehrkraft weiß, Mädchen bleiben in der Familie, heiraten und kriegen Kinder.

Sinti-Eltern: Eine Mutter sagt, die Zukunft von Jungen und Mädchen verläuft fast gleichberechtigt. Früher war es anders, inzwischen können sie genauso einen Beruf und Schulabschlüsse erlangen. Eine Frau berichtet dagegen, dass Männer die Ernährer sein sollten. Sie selbst fährt zwar auch schrotten, verkauft Matten, Teppiche und Gummis, kritisiert aber, wenn Mädchen dies tun. „Da sagen die Leute, guck mal die, die macht sich wie ein Mann. Eine Frau im Schrottwagen, Lastwagen fahren schickt sich nicht" (SinE/3/143-148). Dies gehört bei Sinti nicht zur Sitte. Wenn Mädchen verheiratet sind, können sie nicht mehr weg und sind für die Kinder da. Die Jungen gehen aufs Geschäft, arbeiten. Mädchen heiraten meist mit 17, 18 Jahren und sind dann zu 90 % Hausfrauen. Männer sind selbstständig und, weil sie nichts gelernt haben, fahren Schrott.

Mehrere Sinti berichten, dass es bezüglich des Lebensentwurfs Unterschiede zwischen Sintiza und Sinto gibt. Jungen arbeiten immer, Mädchen fast nie. Mädchen heiraten etwas früher als die Jungen und sind für Mann und Kinder da und müssen immer daheim sein. Eine Sintiza sieht keine Unterschiede. Eine weitere berichtet, Mädchen führen den Haushalt und hüten die Geschwister. Jungen gehen weg und kommen wann sie wollen. Wenn ein Hemd nicht gebügelt ist, kriegen die Geschwister Ärger. Sie achten darauf, dass sie keinen Freund haben, wenn doch, dann dürfen die Jungen dies nicht erfahren. Mädchen müssen alles machen. Wenn eine Sintiza verheiratet ist und ihr Bruder zu Besuch kommt, muss sie sich anders benehmen. Der Mann kann dann machen, was er will, die Frau muss gleich etwas kochen. Der Mann darf zeigen, dass er sich gestritten hat, die Frau dagegen nicht. Ein Sinto hat mehr Rechte, darf der Frau den Mund verbieten und sie schlagen, wenn sie es zulässt. Wenn sie sich trennen und die Frau heiratet erneut, dann ist sie eine „Schlampe" (SinE/4/405-428) und wird entehrt. Der Mann ist es nicht.

IV.8.2.10 Ergebnisse: Eltern-Lehrer-Kontakt

Friedrich-Fröbel-Schule: Die Lehrer berichten, der Kontakt zu Sinti beschränkt sich auf ein Minimum. Meist sind es zufällige Kontakte, die zu Gesprächen führen. Wenn diese geführt werden, finden sie vorwiegend mit den Müttern statt. „Minimal[e Kontakte], das liegt aber auch daran, dass sie es einem relativ [...] schwer machen. Das heißt wieder, dass die Lehrer in der Schule besonders engagiert sein müssen, um einen Kontakt zu den Eltern überhaupt hinzukriegen" (FFS/6/14).

Das Kollegium unternahm mehrere Versuche, um mit Sinti in Kontakt zu treten. Zum Beispiel wurden Sinti an einen schulneutralen Ort eingeladen. Leider kam kein Sinti zu diesem Treffen. Insgesamt sind Treffen nur schwer zu vereinbaren, zumal sie sich nicht an vereinbarte Absprachen halten. Anfangs, wenn ihre Kinder neu an der Schule sind, besteht Kontakt, aber sobald sie ihre Kinder in Sicherheit wissen, pflegen sie diesen Kontakt nicht weiter. Meist kommen Sinti in die Schule, um Formalitäten zu klären, beispielsweise zum Abholen des Reisetagesbuchs und um Konflikte zu besprechen. „[...] drei Eltern habe ich kennengelernt, das war immer Zufall. Wenn die mal ins Sekretariat schnell sind, um das Reisetagebuch zu holen. Da wollten die einem gar nicht großartig begegnen, die wollten da nur schnell hochflitzen, irgendwas abholen, abgeben, sagen und wieder weg" (FFS/4/205-217). Folgerichtig hat das Sekretariat überproportional viele Elternkontakte. Mehrere Lehrkräfte berichten von der emotionsgeladenen und aggressiven Art der Sinti. So wurden Lehrer bereits bedroht und Sinti-Eltern traten randalierend in der Schule auf. Die Schulleistungen ihrer Kinder interessieren sie eher nicht, natürlich gibt es Ausnahmen. Den besten Kontakt hat man, indem man Hausbesuche durchführt und die Schüler mit in die Gespräche einbezieht. Zum Teil ist es nötig, solche Hausbesuche durchzuführen.

Ernst-von-Harnack-Schule: Die schulische Zusammenarbeit zwischen Eltern und Lehrern ist sehr gering. Außerdem ist es eine sehr anstrengende Arbeit „Eltern kommen nur dann, wenn sie meinen, ihre Kinder würden wieder ungerecht behandelt werden. [...] Die meinen also, dass wir Unterschiede machen in der Behandlung von [...] Sinti und den anderen Kindern" (EvHS/5/166-173). „Wenig Unterstützung durch die Eltern, häufig auch eher gegen die Schule als für die Schule" (EvHS/2/15-20). Mütter kommen eher außerhalb der vereinbarten Elternsprechtage. Generell ist es eine Schule in einem sozialen Brennpunktgebiet, aber Sinti erscheinen auffällig selten zu Elterngesprächen. „Also, Sinti-Eltern kommen nur dann, wenn [...] sie meinen, ihr Kind würde benachteiligt werden. Dann aber richtig aufbrausend" (EvHS/5/166-173).

Wenn sie dann zu Gesprächen erscheinen, versprechen sie viel, halten sich aber nur selten daran. Sinti äußern Drohungen gegenüber den Lehrern und schüchtern diese damit ein. Sie stützen sich auf alte Vorurteile und beschimpfen Lehrer als Nazis. „[...] sie wollten mich umbringen [...] weil ich das Kind zur Sonderschule gemeldet hatte" (EvHS/3/50-53).

Einzelne Lehrkräfte berichten, die Zusammenarbeit und das Verständnis füreinander hat sich gebessert. Es gibt inzwischen weniger Auseinandersetzungen. „Also noch vor ein paar Jahren habe ich häufig Streit gehabt, [...] wirklich Aggressionen auch, wo auch gesagt wurde, morgen kommt mein Mann in die Schule und verprügelt dich" (EvHS/4/116-119).

Viele Mütter, zum Teil auch Väter, begleiten und behüten ihre Kinder den ganzen Schulvormittag. Die Eltern befinden sich dann auf dem Schulgelände beziehungsweise dem Schulhof. Einige mischen sich in Streitigkeiten der Kinder ein und schlagen andere Kinder. Die Lehrer beanstanden diesbezüglich eine mangelnde Unterstützung vonseiten des zuständigen Schulamtes. Es wurde bereits ein Hausverbot diskutiert. Allerdings wäre die Konsequenz daraus, dass die Eltern ihre Kinder dann eventuell nicht mehr zur Schule schicken würden. Insgesamt sind Teile des Kollegiums verunsichert und wissen nicht, wie sie den Eltern begegnen sollen.

Grundschulen: Die Mütter sind laut Akte alleinerziehend. Problematisch daran ist, die Väter wollen teilweise ihre Rechte als Väter in Anspruch nehmen. Zu Kontakten, seien es Elternabende oder Elternsprechtage, kommt es generell nicht oder nur selten. Insgesamt sind die Eltern häufig sehr emotionsgeladen. Sie sind nicht in der Lage, eine normale Sprache zu pflegen. Sie hüten ihr Image als Minderheit und werfen Lehrern rassistische Haltungen vor. Es kommt vor, dass Lehrer bedroht werden. „Also mit Beleidigungen dann bis zur Bedrohung. Und da geht man, weil man das weiß, schon sehr vorsichtig an die Materie ran" (GRU/1/241-252).

Sinti weisen Verantwortungen von sich und suchen die Schuld bei anderen, Argumenten gegenüber sind sie nur schwer zugänglich. Aufgrund der Beleidigungen und Bedrohungen geht man äußerst vorsichtig mit ihnen um. Die Lehrer berichten von Fällen körperlicher Gewalt gegen Lehrer. „Da wurde also eine Kollegin direkt an der Schule geohrfeigt, während ihres Unterrichts von einer Mutter, die hinzukam" (GRU/1/241-252). Aus diesem Grund sind einzelne Lehrer eingeschüchtert und agieren infolgedessen vorsichtig.

EIBE: Im Rahmen der EIBE-Kurse besteht kein beziehungsweise kein erwähnenswerter Elternkontakt zu Sinti. Es muss aber Kontakt zum Sekretariat bestanden haben, da Sinti an dieser Schulform angemeldet wurden, aber nicht den Unterricht besuchten.

Gesamtschulen: Zahlreiche Kollegen werden in Gesprächen mit Sinti häufig beschimpft. Dabei berufen sich Sinti auf ihre Verfolgungsgeschichte und werfen den Lehrkräften Ausländerfeindlichkeit vor. Es gibt auch positive Kontakte zwischen Sinti-Eltern und Lehrern. Diese Lehrer berichten, dass der Kontakt freundlich ist und sie von Sinti niemals beschimpft wurden.

Ein Lehrer berichtet begeistert von einer Sinti-Familie, die nach anfänglichem Misstrauen vorbildlich mit ihm zusammenarbeitete. Über andere Familien berichtet er, der Kontakt war schwierig und Berührungsängste waren vorhanden. „Also ich hatte das Gefühl, bei diesen anderen beiden Familien war Schule eher so eine nebulöse Wand [...] offensichtlich gefühlsmäßig emotional negativ besetzt" GES/1/29-32).

Eine Kollegin berichtet, Sinti an ihrer Schule haben lediglich zu ihr und einem weiteren Kollegen ein positives Verhältnis. Mit allen anderen Kollegen scheint es Schwierigkeiten zu geben. „[...] die anderen Lehrer sind ihnen, glaub ich, eher ein bisschen suspekt" (GES/4/123-128). Auffällig ist, immer die Frauen rufen in der Schule an, nicht die Männer.

Die Schüler erhalten starke Unterstützung vonseiten ihrer Eltern, selbst wenn es um ihr Fehlverhalten geht. In häufigen Auseinandersetzungen wird eingeklagt, dass man akzeptieren muss, dass sie einen anderen kulturellen Hintergrund besitzen. Eltern erscheinen selten zu vereinbarten Gesprächen und wenn, dann häufig mit Vorwürfen. Ein Lehrer berichtet, eine Familie ist unzufrieden mit der Schule, da diese sehr hartnäckig auf die Umsetzung der Schulpflicht des Kindes bestand. Bei konkreten Gesprächen wurde deutlich, Sinti machen Unterschiede im Umgang zwischen Lehrern und Lehrerinnen. Mit dem männlichen Kollegen ging die Familie höflich um, im Gegensatz zur weiblichen Lehrkraft. Beispielsweise sprach ein Vater in einem Gespräch mit einem Lehrer und einer Lehrerin nur über den Lehrer mit der Lehrerin.

Sinti-Eltern: Die Eltern berichten, sie haben nur äußerst selten Kontakt zu den Lehrern ihrer Kinder. Elternabende werden gemieden, da Sinti Schwierigkeiten beim Verständnis der deutschen Sprache haben. Zum Teil sind sie zufrieden mit den Lehrern ihrer Kinder. Einzelne berichten jedoch, sie gerieten mit den Lehrern in Streit. Dabei wurde von einem körperlichen Angriff eines Vaters gegenüber einem Lehrer berichtet. „Ich habe versucht, mich normal zu verhalten, normales Gespräch, aber die Wut, die in mir war, die konnte ich nicht unterdrücken, [...] konnte mich nicht beherrschen, weil da kam das hoch, was meine Erinnerung kam hoch, was ich erlebt habe, das kam dann hoch" (SinE/16/118). „Dann war dort eine Lehrerin, die ich selber als Kind hatte [...] Und ich bin mehrmals aggressiv in die Schule hoch" (SinE/16/122). Einzelne Eltern misstrauen der Schule beziehungsweise den dortigen Lehrern. Oft verbinden sie ihre Haltung bezüglich Schule mit ihrer eigenen Schulerfahrung. Sie werfen den Lehrern vor, dass diese sich jahrelang nicht um ihre Kinder gekümmert haben. Beispielsweise kritisieren sie, die Schule informiert die Eltern nicht ausreichend, wenn ihre Kinder die Schule schwänzen. Die Eltern berichten von ihrer selbst durchgeführten Schulhofaufsicht. Diese betreiben sie und werfen den Lehrern vor, bei Konflikten der Schüler untereinander wegzuschauen. „[...] die Lehrerin sieht es wirklich nur auf unsere Kinder ab, wirklich nur auf unsere Kinder. [...] Auf die Deutschen geht sie mehr ein" (SinE/4/615-628). „In der Anfangszeit, wo jetzt mein Großer in die Schule kam, da war ich in den Pausen sehr oft da, weil ich mir auch Sorgen gemacht habe" (SinE/19/171-194). „Meine Frau war ja auch in der Fröbelschule und einige Lehrer, die meine Frau hatte, hatten meine Kinder auch und meine Frau hat mir erzählt, wie die mit den Kindern umgehen. [...] Und da habe ich viel kontrolliert halt, wie gesagt, in den Pausen und dann habe ich auch mal versucht mit der Lehrerin zu reden [...] aber [...] kein Angebot zur Zusammenarbeit" (SinE/19/171-194). Es scheint, als haben die Sinti-Eltern nur zu wenigen Lehrern ein positives Verhältnis aufgebaut.

Sinti-Schüler: Viele Schüler berichten, ihre Eltern haben keine bis wenige Kontakte zu ihren Lehrern. Dementsprechend konnten die Schüler beziehungsweise ehemaligen Schüler hierzu kaum etwas sagen. Wenn Kontakte bestehen, dann sind diese zum Teil unauffällig oder aber die Kontakte sind konfliktbeladen und enden im Streit. „Meine Mutter, die kommt einmal im Jahr vielleicht, wenn irgendwas mal ist. Da kommt die in die Schule und da streitet sie erst mal, was vorgefallen ist in der Schule" (SinS/17/181-182).

IV.8.2.11 Ergebnisse: Reisetätigkeit und Schule

Friedrich-Fröbel-Schule: Die Lehrer der Friedrich-Fröbel-Schule sind der Ansicht, dass die Sinti-Schüler den während der Reisetätigkeit verpassten Lernstoff nicht erwerben. Für die Reisen erhalten Sinti zwar Unterrichtsmaterialien, diese werden jedoch nicht bearbeitet. Wenige besorgen sich ein Schulbesuchsheft und noch weniger nutzen es, während der Reisezeit hat Schule keine Bedeutung. Einige Sinti berichten, dass sie auf Reisen gehen, fahren aber nicht. Diese besuchen während der Reisezeit nicht die Schule.

Reisende Sinti sind verpflichtet, eine Schule am Reiseort zu besuchen und dies im Schultagebuch zu dokumentieren. Oftmals scheitert es daran, dass sie ins Ausland fahren. Die entstehenden Leistungsdefizite werden durch Binnendifferenzierungen sowie Stütz- und Förderkurse ausgeglichen. Da einige intellektuell wahrscheinlich begabter sind als viele andere Kinder einer Lernhilfeschule, können diese die Lernrückstände meist zügig aufarbeiten. Zum Teil entsteht über Jahre ein Defizit, sie müssen nach zum Beispiel drei Jahren die Lerngruppe wechseln. So befinden sich noch 16-, 17-jährige Sinti in Klasse sieben. Schüler, die permanent ein halbes Jahr reisen, erfüllen dauerhaft nicht die Leistungsanforderungen der Regelschule. Es entstehen Wissenslücken, die nicht aufzuholen sind. Einige Sinti-Eltern fahren deswegen nicht mehr auf Reisen.

Ernst-von-Harnack-Schule: Kinder erwerben während der Reisetätigkeit zum Teil keinen Schulstoff, und dieser wird nicht nachgeholt. Sie werden nicht abgemeldet, und Eltern kümmern sich nicht um ein Arbeitsheft. Wenn sie ein Schultagebuch erhalten, dann wird es nicht geführt. Auf Reisen besuchen Sinti keine anderen Schulen. Dadurch steigen ihre Schuldefizite und sie müssen zurückgestuft werden. Dies ist nicht zweckmäßig, da sie im darauffolgenden Jahr wieder zu ähnlichen Zeiten fehlen. Sie wiederholen demnach bekannten Stoff und verpassen wieder unbekannte Lerninhalte. Inzwischen fahren sehr viele Familien nicht mehr auf Reisen, zumindest nicht während der Schulzeit, damit bei ihren Kindern keine Leistungsdefizite entstehen.

Grundschulen: Die Kinder lernen während der Reisezeit nicht für die Schule. Zwar behaupten einige Eltern, sie hätten mit ihren Kindern für die Schule geübt, dies geschieht jedoch nicht. Sie erhalten ein Schultagebuch, werden während der Reise schulisch aber nicht gefördert. Kinder, die längere Zeit reisen, haben wenige Chancen, die schulischen Anforderungen zu erfüllen. Allerdings reisen nicht alle Sinti oder sie reisen nur in der Ferienzeit.

EIBE: Eine Lehrkraft äußert sich hierzu und vermutet, die Sinti erwerben den Schulstoff auf Reisen nicht.

Gesamtschulen: Keine Aussagen hierzu.

Sinti-Eltern: Einige Eltern berichten, sie erteilen ihren Kindern während der Reisen selbstständig Schulaufgaben. Mehrere Eltern reisen nicht während der Schulzeit ihrer Kinder, damit diese nicht zuviel Unterricht verpassen. Einige von ihnen handhabten dies vor Jahren noch anders. Ihnen ist bewusst, dass eine Korrelation zwischen Schulbesuch und Schulerfolg besteht.

Nach wie vor gibt es Sinti, die sich darüber kaum Gedanken machen und ihre Kinder während der Reisen nicht schulisch fördern. Deren Kinder besuchen während der Reisen keine Schulen.

Sinti-Schüler: Viele berichten, sie haben die verpassten Lerninhalte nicht aufgearbeitet und besuchten auf Reisen selten Schulen. Einige berichten dagegen, sie lernten auf Reisen für die Schule und besuchten dort Schulen. Es wird kritisiert, dass man sich in diesen Schulen fremd fühlt und dort nichts lernt, da man nach zwei Tagen von der Polizei vom Platz vertrieben wird. Man hat kaum eine Chance, eine Schule zu besuchen. Andere bereisten das Ausland und gingen aufgrund der Sprachunterschiede nicht in die Schule. Eine Sintiza berichtet, sie lernte auf Reisen nichts, konnte aber den verpassten Schulstoff binnen weniger Tage nachholen.

IV.8.2.12 Ergebnisse: Hausaufgaben (Schulmaterial)

Friedrich-Fröbel-Schule: Die Sinti-Kinder erledigen ihre Hausaufgaben gar nicht oder extrem selten, allerdings fehlt vielen die Unterstützung von zu Hause. Teilweise lassen sie die Hausaufgaben in der Schule und nehmen sie erst gar nicht mit nach Hause. „Sie machen sie nicht. In 99 % der Fälle" (FFS/6/113-122). „Es gibt einige, die darauf ansprechen, aber viele Kinder von den Sinti sprechen ja auch nicht drauf an, wenn wir dann unsere Hausaufgabenliste haben oder wenn dann die Eltern einen Brief kriegen. Das ist denen egal. Da haben wir auch keine Mittel, irgendwie die zu überzeugen, regelmäßig zu kommen, regelmäßig Hausaufgaben zu machen etc." (FFS/4/113).

Kinder, die in die Hausaufgabenbetreuung gehen oder die Betreuung der Schule besuchen, fertigen ihre Aufgaben an. Bei Sinti existiert das Gerücht, dass an der Friedrich-Fröbel-Schule keine Hausaufgaben erteilt werden. Die Aufgaben sind zumindest so gestaltet, dass die Kinder keine Unterstützung durch ihre Eltern benötigen.

Sinti haben selten alle ihre Schulmaterialien dabei, sie lassen teilweise ihre Schultaschen in der Schule und nehmen sie nicht mit nach Hause. Die meisten sind mit Schulmaterial schlecht ausgestattet. Da Bücher verloren gehen, bleiben die Bücher einiger Schüler bewusst in der Schule. Sie dürfen diese nicht mit nach Hause nehmen. „Das wurde irgendwann so gemacht, weil die Bücher kommen nicht wieder zurück, also wenn sie überhaupt mitgenommen werden. [...] Und wenn sie wirklich mal mitgenommen wurden, dann ist man hinterher gelaufen und hat sie nicht wiederbekommen" (FFS/9/457-494). „Der Anteil der Schüler, wo wirklich kein Heftmaterial da ist, kein Stiftmaterial da ist oder Sachen nur unvollständig da sind oder zum Teil auch nur Hausaufgaben gemacht sind, sind vordergründig unsere Sinti" (FFS/10/191-197).

Schule hat für einige einfach nicht den nötigen Stellenwert. Bei den Sinti-Kindern kontrolliert niemand die Schultasche für den nächsten Tag, zum Teil hat das Kind gar keine. „Man ist froh, dass der Schüler in die Schule kommt, dass der dann dort mitarbeitet und dann ist man da schon zufrieden" (FFS/10/191-197). Natürlich gibt es Familien, bei denen es vorbildlich läuft. Nach wie vor sind das Nichtanfertigen von Hausaufgaben sowie die mangelnden Schulmaterialien ein großes Problem. Tendenziell ist es besser geworden, vor Jahren waren Sinti noch schlechter ausgestattet. Mittlerweile ist es so, dass die Kinder am Schuljahresanfang ausgestattet sind. Sie haben ein anderes Verständnis von

Eigentum, eventuell erkennen sie vieles als Gemeinschaftseigentum an. Wenn andere Unterrichtsmaterial haben und es somit vorhanden ist, stellen sie sich die Frage, weshalb sie es ebenfalls haben müssen.

Ernst-von-Harnack-Schule: Sinti erledigen ihre Hausaufgaben einfach nicht, und das ist ein Schulproblem, auch sprechen sie sich nicht mit anderen Kindern ab. Wenn sie krank sind, dann besorgen sie sich zum Beispiel nie die Hausaufgaben. Man muss sie sehr stark motivieren, teils durch spielerische, vor allem durch differenzierte Angebote, damit sie die Hausaufgaben anfertigen und in der Lage dazu sind. Insgesamt sind sie leistungsmäßig etwas schwächer als ihre Mitschüler. Es scheint, als seien Mädchen ordentlicher. Sie haben ihre Materialien eher dabei als die Jungen. Wenn sie ihren Stift verlieren, dann denken sie, dass sie schon irgendwie einen neuen erhalten werden. „Also sie haben kein Verständnis zum Geld. [...] Oder überspitzt, ich klaue mir den von einem Mitschüler, das ist einfach so" (EvHS/5/136-138).

Die schulinterne Hausaufgabenbetreuung wird kaum genutzt. Es gibt ein spezielles Angebot für Sinti und dennoch sitzt die Nachhilfelehrerin manchmal nur mit einem Kind dort. Wenn Sinti den Hort oder die Hausaufgabenbetreuung besuchen, dann fertigen sie ihre Hausaufgaben an. Die Mütter schaffen es nicht, ihre Kinder in die Hausaufgabenbetreuung zu schicken, sie sind bei der Unterstützung ihrer Kinder einfach überfordert. „[...] da findet zu Hause teilweise gar nichts mehr statt was Schule betrifft. Und Elternbriefe werden ganz oft gleich weggeschmissen. Die werden erst gar nicht gelesen" (EvHS/3/251-262). „Die sind also nicht in der Lage, da irgendwas in das Heft zu schreiben, auch die Eltern sind nicht in der Lage, das im Buch zu kapieren" (EvHS/3/251-262). Das Schulmaterial ist anfangs vollständig, dann verschwinden ihre Sachen. Einige Eltern wissen gar nicht, was sie ihren Kindern für die Schule kaufen sollen, obwohl sie schriftlich darüber informiert werden und es am Elternabend besprochen wird. Die kaufen zum Teil unnütze Sache, wie zum Beispiel 300 Filzstifte. „[...] häufig ist es so, dass die also in den vier Schuljahren vier Schulranzen verschleißen und jedes Mal einen neuen haben" (EvHS/2/43). Insgesamt gehen Sinti schlecht mit ihren Materialien um.

Grundschulen: Ein Lehrer berichtet, Sinti entschuldigen das Vergessen von Hausaufgaben mit den fadenscheinigsten Ausreden. Wenn Eltern sich bemühen, ihre Kinder zu unterstützen, so geraten diese oft an ihre eigenen Grenzen. Sinti-Kinder fertigen auch nicht alle Hausaufgaben an. „[...] die Hälfte von den Hausaufgaben, die werden wirklich in vollem Bewusstsein, das sind Hausaufgaben, auch gemacht. Aber die anderen 50 % entweder gar nicht oder nur so pro forma" (GRU/1/194-200).

Eine Lehrerin schildert eine Situation, in der eine angebotene Hausaufgabenhilfe von der Mutter abgelehnt wurde, obwohl diese Mutter überfordert schien. Es gibt ebenso Kinder, die ihre Aufgaben relativ gut erledigen und von ihren Eltern Unterstützung erhalten. Anfangs haben sie alle Materialien komplett dabei, mit der Zeit verschwinden diese, die Schüler gehen einfach nicht pfleglich damit um.

EIBE: Die Vollständigkeit der Schulmaterialien ist ein generelles Problem. Die sesshaften Sinti erledigen ihre Hausaufgaben und zeigen einen gewissen Ernst. Die nichtsesshaften Sinti scheint dies nicht zu interessieren.

Gesamtschulen: Die Aussagen der Lehrer unterscheiden sich zum Teil deutlich voneinander. So äußern mehrere Lehrer, Sinti zeigen in Bezug zu Hausaufgaben und Schulmaterialien identische Leistungen beziehungsweise Arbeitshaltungen wie die restlichen Hauptschüler. Sinti fallen diesbezüglich weder negativ noch positiv auf. „[...] 50 %, die haben ihre Materialien mit, die anderen hatten im Prinzip nichts dabei. [...] für die Hauptschule ist das normal" (GES/3/132-139). Im Vergleich zu den Mitschülern bestehen keine Auffälligkeiten. Hausaufgaben sind zum Teil nicht ordentlich beaufsichtigt, weil die Eltern wahrscheinlich selbst nicht lesen und schreiben können. Außerdem wird kaum darauf geachtet, dass sie ihre Schulmaterialien dabei haben. Die Hausaufgabenanforderungen erfüllen sie schlecht, wobei sie durch ihre Eltern keine Unterstützung erfahren. „Nur mir fehlt der Druck und der wird auf diese Kinder nur bei uns ausgeübt und nicht nachmittags irgendwie. Also auch jetzt Schulaufgaben zu erledigen" GES/5/20-26). Es gibt aber auch positive Berichte, nach denen Sinti diesbezüglich nicht negativ auffallen.

Sinti-Eltern: Die Eltern beklagen, sie würden ihren Kindern mehr helfen, wenn sie einen besseren Einblick in den Schulstoff hätten. Zahlreiche Eltern versuchen ihren Kindern bei der Anfertigung der Aufgaben zu helfen, sind dabei oft überfordert. Meist helfen eher die Männer, da die Frauen zum Teil nicht lesen und schreiben können. „Manchmal kommt er mit Hausaufgaben an, da gucke ich und mein Mann und wir wissen gar nicht, was da abgeht" (SinE/3/260-262). „Ich kann ja nicht schreiben. Ich habe da gar keine Geduld. [...] Dann sage ich, lass mich in Ruhe, ich kann das nicht machen. Mach alleine, ich geh jetzt, ich kann das nicht" (SinE/6/278-295).

Einige Eltern betonen, dass die Kinder mit den Aufgaben Schwierigkeiten haben und Unterstützung benötigen. Allerdings brauchen längst nicht alle Kinder diese Unterstützung, da sie gut mit den Aufgaben zurechtkommen oder gar keine Hausaufgaben anfertigen. Einzelne Kinder erhalten bereits gar keine Aufgaben mehr oder belügen ihre Eltern, dass sie keine Aufgaben mehr aufhätten. „[…] wo ich den gefragt habe, ich habe meine Hausaufgaben schon in der Schule gemacht und das war immer die Unwahrheit" (SinE/12/257-282).

Einige besitzen kaum Schulmaterial und besorgen sich auch keinen Ersatz. „[…] der hat einen Bleistift, der hat keine Schulsachen mehr, der hat gar nichts mehr. Der Ranzen ist in der Schule fortgekommen. Und da habe ich gesagt, kauf dir mal ein Rechenheft und ein Schreibheft" (SinE/3/335-344).

Sinti-Schüler: Die Darstellung der Sinti-Schüler ist sehr unterschiedlich. Einige schildern, ihnen fallen die Aufgaben leicht und sie erledigen ihre Hausaufgaben regelmäßig. Andere wiederum fertigten die Aufgaben selten an, zum Teil, weil sie mit einzelnen Aufgaben überfordert waren. Dabei konnten die Eltern sie nicht ausreichend unterstützen, da diese teilweise selbst nicht richtig lesen und schreiben konnten.

Es berichten Schüler davon, dass sie kaum Hausaufgaben erhielten, andere geben offen zu, dass sie diese einfach ignorierten. „Wir haben keine Hausaufgaben gehabt […] Die haben uns da keine gegeben. Weil wir haben die ja eh nicht gemacht. […] Die Lehrer haben uns Sinti-Kindern keine Hausaufgaben gegeben" (SinS/15/248-269).

Nicht alle Schüler besaßen alle nötigen Schulmaterialien. Andere dagegen achten sehr auf ihr Material. „Ich hatte mal gerade einen Bleistift gehabt, ein Schreibheft, ein Rechenheft, das war es" (SinS/1/261-286). „Ich habe kein Rechenbuch und kein Deutschbuch. […] Das waren zu wenige, hat er [der Lehrer] gesagt" (SinS/2/279-296). „Ich hatte mal eine [Tasche]. […] Ich lass die meistens in der Schule. Und die ist weggekommen und deswegen habe ich keine mehr. Ich nehme mir immer ein paar Stifte mit in die Schule und das reicht dann" (SinS/2/341-348).

IV.8.2.13 Ergebnisse: Fehltage und Pünktlichkeit

Friedrich-Fröbel-Schule: Mädchen besuchen die Schule häufiger als Jungen. Diese bleiben oft wochenlang weg, Mädchen kommen wenigstens einmal pro Woche. Sie kommen, wenn es gut läuft, vier Tage zur Schule. Eine ganze Schulwoche halten sie nicht durch. Insgesamt kommen sie unregelmäßig, teilweise auch über Wochen nicht. „[...] es gibt durchaus Sequenzen, wo sie drei bis vier Tage am Stück da sind, dann fehlen sie mal wieder drei Tage und dann [sind sie] wieder fünf [Tage] da" (FFS/9/357-426). Dies ist ein signifikanter Unterschied zu den Nicht-Sinti. Nur wenige Sinti besuchen die Schule regelmäßig. Einige fahren nicht auf Reisen, kommen dennoch nicht zur Schule, sagen aber, dass sie reisen. Dann liefern sie Sammelentschuldigungen; sie erreichen 50, 60 oder 75 Fehltage im Jahr. „Ja, das sind dann diese Sammelentschuldigungen. Also wo die Fehltage der letzten zwei Monate dann irgendwie versucht werden, in eine Entschuldigung zu packen" (FFS/9/357-426). In der Reisezeit besuchen sie die Schule selten oder nie.

Der Schulbesuch ist zu Beginn relativ regelmäßig. Mit zunehmendem Alter und Vorbereitung auf ihre Rolle innerhalb der Sinti-Gruppe wird er immer unregelmäßiger. Mädchen werden schnell in die Verantwortung genommen und kommen deswegen nicht in die Schule. Einige Kinder gehen nicht in die Schule oder nur sehr unregelmäßig, ihre Eltern akzeptieren das. „Es gibt Tage, an denen Sinti die Schule nicht besuchen. Es gibt auch viele Tage, wo die Sinti nur stundenweise die Schule besuchen. [...] die gehen dann halt nach der vierten Stunde nach Hause, haben keinen Bock mehr. Oder kommen halt erst zur zweiten oder zur dritten Stunde" (FFS/10/183-187).

In den jüngeren Klassen schwänzen Jungen öfter, sie bleiben häufiger weg und gehen früher. Mädchen kommen da noch relativ regelmäßig. Ab Klasse fünf kommen sie gar nicht mehr oder nur zweimal im Jahr. Es verhält sich so, dass „Mädchen doch häufiger rangenommen [...] und auch entschuldigt werden, wenn Eltern hier anrufen: Ich brauch' meine Tochter, die muss auf die Oma aufpassen oder ich muss da und da hin und ich hab noch ein kleines Kind zu Hause. Meine Tochter muss dann bestimmte Familiendienste machen" (FFS/8/17-19). Die Jungen kommen halt immer bis zur neunten Klasse, jedoch sehr unregelmäßig. „[...] wenn die Sinti-Kinder in der Schule keine Lust haben, dann kommen sie einfach nicht oder sie gehen einfach" (FFS/6/44).

Ihre Fehltage sind insgesamt zu hoch. Dies liegt nicht nur an der Reisezeit, sondern einfach daran, dass sie das nicht so ernst nehmen. Dann bleiben die Kinder eben mal zu Hause. „Es gibt nur ganz wenige Sinti, die die Schule regelmäßig besuchen" (FFS/6/109). Viele Fehltage entstehen, indem sie den Bus verpassen. Pünktlichkeit ist dagegen nicht so das Problem. Eine andere Lehrkraft betont jedoch, dass Sinti unpünktlich sind. Geschlechtsspezifische Unterschiede sind nicht zu erkennen. „Es gibt einen immer größer werdenden Prozentsatz, der kaum Fehlzeiten hat. Aber es gibt nach wie vor […] diejenigen, die auf Reisen gehen und das geht immer früher los, sobald die ersten Sonnenstrahlen kommen. […] es gibt einige, die über das ganze Jahr hin dauernd unentschuldigte Fehlzeiten haben, wo man genau weiß, die Familie ist nicht auf Reisen, also auch in der Winterzeit“ (FFS/8/106-110).

Sie werden von den Eltern nicht geweckt, nicht zum Schulbesuch angeregt. Schule ist außerhalb des Erziehungsbereichs der Eltern, sie gehört in die Eigenverantwortung der Schüler. „[…] Fehltage insgesamt sind zu hoch, und das liegt also nicht nur an dieser Reisetätigkeit, sondern auch [daran, dass] […] man das einfach nicht so ernst nimmt“ (FFS/7/115). „Wir haben jetzt ein Jahr diese Klasse. Und in diesem Halbjahr haben wir drei Zeugnisse geschrieben mit ‚nicht feststellbar‛. […] Und das sind alles Sinti gewesen“ (FFS/4/111-113).

Ernst-von-Harnack-Schule: Wenn Sinti verschlafen, dann gehen sie nicht zur Schule. Sinti aus der Hünfelder Straße (Siedlung) haben unregelmäßigen Schulbesuch. In letzter Zeit trat eine Veränderung ein. Eltern sind bemüht, Kinder regelmäßiger zur Schule zu schicken. Dies gelingt ihnen nicht immer, aber die Einsicht darin ist größer geworden. „[…] es gibt immer noch einzelne Familien, wo es extrem ist mit den Fehltagen. Aber im Durchschnitt würde ich sagen, ist der Schulbesuch regelmäßiger geworden“ (EvHS/1/52-54).

In den Sommerferien fahren sie öfter weg, sie verlängern die Wochenenden über Freitag, Montag und Dienstag. Montags kommen sie meist gar nicht oder schlafen auf der Schulbank halb ein. Vermehrt fehlen sie an Brückentagen, montags und freitags. Die meisten Kinder haben die Freiheit, nicht zur Schule zu müssen, wenn sie nicht möchten. Im Vergleich zu Nicht-Sinti haben sie deutlich mehr Fehltage. „Das ist sehr individuell. Ich habe schon Sinti-Kinder gehabt mit zehn Fehltagen im Schuljahr, ich habe den letzten gehabt mit 74“ (EvHS/1/195-199). „Die meisten Kinder, die haben auch irgendwie daheim so das Privileg, wenn die sagen, ‚so ich geh heut nicht‛ oder ‚ich will heut nicht, ich hab heut keine Lust‛, dass die die Kinder dann auch zu Hause lassen“ (EvHS/3/33-48). Eine hohe Fehltageanzahl ist eher die Regel. Wenn sie da sind, dann auch zu Beginn des Unterrichts. Von April bis Herbst fahren sie auf Reisen. Zwischenzeitlich kommen sie zu Hause an, gehen dann allerdings nicht zur Schule. Durch die Reise erzielen sie viele Fehltage.

Grundschulen: Wenn die Kinder gebracht werden, sind sie unpünktlich, kommen sie mit dem Bus, sind sie eher pünktlich. Sinti erzielen vielerlei Fehlzeiten aufgrund unterschiedlicher Ursachen. Als Gründe wurden Krankheit genannt, auch „länger geschlafen", sodass sie dann nicht mehr kommen konnten. Es besteht eine lange Abwesenheit von April, Mai bis Herbst. Selbst ohne Reisetätigkeit erzielen sie überdimensional viele Fehltage, eine hohe Anzahl bereits vor der Reise. Sinti erreichen im Schuljahr zwischen 20 und 30 Fehltagen.

EIBE: „Das Interessante ist, die melden sich an, die Unterlagen sind da und es kommt keiner" (EIBE/1/64). Die derzeit angemeldeten Sintiza erschienen nie zum Unterricht. Es ist zu unterscheiden zwischen fahrenden und sesshaften Sinti. Sesshafte Sinti zeigen relativ gute Leistungen, fahrende hat die interviewte Lehrkraft nie gesehen.

Gesamtschulen: Die Lehreraussagen unterscheiden sich zum Teil grundlegend. So sagen einige, es bestehen keine Auffälligkeiten in puncto Pünktlichkeit und Fehltagen. Sinti, die von Eltern gebracht werden, kommen pünktlich, verlassen den Unterricht aber vorzeitig. „Werden manchmal sogar nach der vierten Stunde, obwohl sechs Stunden Unterricht ist, abgeholt" (GES/4/105-122).

Andere wiederum schildern, Sinti haben Schwierigkeiten, bestimmte Zeiten und Verabredungen einzuhalten, gerade den pünktlichen Unterrichtsbeginn. Sie fehlen bisweilen mehrere Tage hintereinander und sind unpünktlich. Ein Lehrer berichtet davon, ein Sinti bleibt dem Unterricht fern, um beim Familienunterhalt zu helfen. Es gibt Sinti mit hohen Fehlzeiten. „Teilweise haben wir ja schon Bußgelder in ziemlich stattlicher Höhe" (GES/4/105-122). „Im ersten Halbjahr geht es im Prinzip immer noch, so von September bis Februar. Da hält es sich noch einigermaßen in Grenzen, obwohl sie wesentlich mehr fehlen als die anderen Kinder. [...] Und im zweiten Halbjahr häuft es sich meistens so ab April, dann bis zum Ende des Schuljahres" (GES/3/14-28). Sie fehlen deutlich öfter als Nicht-Sinti. Wenn man bei Nicht-Sinti von fünf, sechs Fehltagen im Jahr ausgeht, dann fehlen sie 30 bis 40 Tage im Jahr. „[...] wenn die nicht so oft fehlen würden, hätten die eine gute Chance, einen Abschluss zu machen" (GES/3/14-28).

Sinti-Eltern: Zahlreiche Sinti-Eltern schildern, ihre Kinder besuchen unregelmäßig die Schule und erhalten zum Teil Ordnungswidrigkeitsverfahren. Als Gründe für Fehlzeiten beziehungsweise Fehltage werden Krankheit, Familienfahrten oder mangelndes Interesse der Kinder angegeben. „Ja, manchmal fehlen sie schon ein paar Tage in der Woche. Dann geht er mal wieder eine Woche rein. Dann will er wieder nicht" (SinE/6/272-277). „[...] dann will er manchmal nicht rein [...], dann muss ich mich manchmal morgens so aufregen, dann sag ich: ‚Ja ist gut, jetzt lass mich, du brauchst nicht rein zu gehen heute'" (SinE/6/272-277).

Eltern kritisieren die Schule wegen der hohen Fehltagequote ihrer Kinder. Die Lehrer gehen unfair mit den Kindern um und daher fehlen diese so häufig. Zudem ist die Reisetätigkeit ein Hauptgrund für zahlreiche Fehltage.

Pünktlichkeit ist dagegen für die meisten Sinti kein Problem. Entweder erreichen die Kinder den Schulbus rechtzeitig oder Eltern bringen sie dann noch zur Schule. Ab und an bleiben die Kinder zu Hause, wenn sie merken, dass sie den Bus verpassen. Insgesamt kommen die Kinder pünktlich zur Schule.

Sinti-Schüler: Viele Schüler sagen, sie bleiben der Schule häufig fern. Als Gründe benennen sie die Reise, die oft von Mai bis Oktober dauert. Außerdem geben sie an, sie erzielen außerhalb dieser Reisetätigkeit eine hohe Fehltagequote. Grund hierfür war häufig ein mangelndes Interesse an Schule. „Auch wenn ich daheim war, dann hab ich auch gefehlt. [...] Ja, wie halt unsere Cousinen, Cousins. ‚Ach, komm mit, wir gehen dahin oder dahin'. Und dann sind wir halt nicht in die Schule gegangen. [...] Wir sind mit dem Bus in die Schule gefahren. Und von da sind wir dann weggegangen" (SinS/1/225-260). Zum Teil fehlten sie mehrere Wochen, besuchten die Schule nur zwei- bis dreimal pro Woche oder verließen den Unterricht zwei Stunden früher. „Manchmal bin ich gar nicht gekommen. Wenn ich gekommen bin, da habe ich die Schnauze voll gehabt, da bin ich einfach rausgegangen" (SinS/5/469-478). Schülerinnen beziehungsweise ehemalige Schülerinnen äußerten, dass sie ab und an der Schule fernblieben, um im Haushalt zu helfen beziehungsweise sich um kleinere Geschwister kümmerten.

Dem Unterricht in fremden Schulen während der Reisetätigkeit kamen kaum Kinder nach. Dies schien aus organisatorischen Gründen nicht immer praktikabel, beispielsweise reisten sie in Nachbarländer und beherrschten die dortige Sprache nicht. Die Schulen stempelten die Schulbesuchshefte ab und die Kinder konnten wieder gehen.

Dagegen gab es auch Schüler, die regelmäßig und pünktlich den Unterricht besuchten und lediglich dem Unterricht fernblieben, wenn sie krank waren oder ein triftiger Grund vorlag.

IV.8.2.14 Ergebnisse: Sozialverhalten

Friedrich-Fröbel-Schule: Sinti zeigen ein auffälliges Sozialverhalten. Untereinander verstehen sie sich gut, es besteht eine positive Hilfsbereitschaft. Nur auf ihre eigene Gruppe bezogen zeigen sie dieses Sozialverhalten. Häufig gibt es aber auch Konflikte innerhalb ihrer Minderheit. Sinti verteidigen ihre Leute auch gegen besseres Wissen nach außen und sie verhalten sich dominant gegenüber Nicht-Sinti. Es herrscht viel Konfliktpotenzial mit den Nicht-Sinti. Sie zeigen sehr viel Aggression und haben eine sehr niedrige Toleranz, zuzuschlagen. Sinti sind laut, unehrlich und lügen oft. Insbesondere Jungen sind aggressionsbereit, aber auch die Mädchen sind lauter, lebhafter, aggressiver und schlagen zu. Sinti zeigen größere Respektlosigkeit und akzeptieren Absprachen nicht. Sie sind insgesamt wesentlich distanzloser als andere Kinder, handeln spontan und sind überproportional häufig in Konflikte verwickelt. Ihre Frustrationstoleranz ist niedrig und ihre Konfliktbereitschaft beziehungsweise Konflikte mit Gewalt und Drohungen zu lösen ist etwas höher als bei der Mehrheit. „Für sie ist das in Ordnung, wenn man beleidigt wird, dass man schlägt und wenn man einen Schubser kriegt, dass man tritt. Das ist dann alles erlaubt und man kommt da mit seinen pädagogischen Argumenten nicht sehr weit“ (FFS/10/171-175). Dann gibt es wieder Augenblicke, in denen sie angeschmust kommen. Sie besitzen ein anderes Temperament, können zum Beispiel nicht ruhig sitzen. Wogegen manche Mädchen sehr lieb und ruhig sind, machen Jungen mehr Probleme als die Mädchen.

Ernst-von-Harnack-Schule: Sinti sind frech, egozentrisch, laut, lebhaft, vergessen immer wieder, Regeln einzuhalten, wollen immer bestimmen, zeigen keine soziale Toleranz gegenüber anderen und gehen kaum Kompromisse ein. Jungen sind nicht in der Lage, Konflikte friedlich zu lösen. Sie sind aufbrausend, nutzen Schimpfwörter, spucken und werden verbal und körperlich aggressiv. Untereinander kämpfen sie äußerst heftig miteinander. So berichten Sinti-Schüler, dass ihre Väter sich bei Feiern prügeln. Mädchen dagegen verhalten sich zickig. Sitzt nur ein Sinti in der Klasse, verhält er sich unauffällig, ab zweien wird es problematischer. Sie unterhalten sich während des Unterrichtes zum Teil auf Romanes und fordern insgesamt viel Aufmerksamkeit. Es gibt Sinti, die sich höflich und zurückhaltend benehmen und gut zu unterrichten sind. Zum Teil treten sie anfangs sogar ängstlich auf. Da sie häufig Regeln missachten, sitzen sie oft vor der Klasse und erhalten Pausenverbot. Die Mütter sehen dies und denken, dass immer nur ihre Kinder bestraft werden.

Grundschulen: Sie halten sich oft nicht an abgesprochene Regeln und sind schwer von Regeln bezüglich dem Wohle aller zu überzeugen. Sie haben ein gewisses Verständnis von Recht und Unrecht, nehmen aber primär ihr eigenes Recht in Anspruch. Den Wert eines Gegenstandes können oder wollen sie nicht schätzen. Sie spielen sich oft in den Vordergrund und beharren auf ihrer Meinung. Eine Lehrerin sagt, die aktuell an der Schule unterrichteten Sinti verhalten sich unauffällig.

EIBE: Die Lehrer können diesbezüglich keine Aussagen zu den Sinti treffen.

Gesamtschulen: Sinti sind durchaus sozial engagiert und verhalten sich normal oder unauffällig. Neben diesen Aussagen gibt es Informationen, Sinti sind verhaltensauffällig und vorlaut und sie haben teilweise Disziplinprobleme.

Sinti-Eltern: Eltern schildern, ihre Kinder sind lebhaft, ungezogen und manchmal ungehorsam. Sie sind aufsässig, obwohl sie gut erzogen sind. Andere sagen aus, ihre Kinder sind höflich, verhalten sich gut oder haben Schwierigkeiten, auf andere Kinder zuzugehen. Bei den Elternberichten entsteht ein facettenreiches Bild, viele Kinder verhalten sich nach ihren Aussagen demnach sehr unterschiedlich.

Sinti-Schüler: Die meisten Schüler erzählen, sie haben sich ordentlich benommen. Von ihnen wurden keine Auffälligkeiten berichtet.

IV:8.2.15 Ergebnisse: Lehrerverhalten

Friedrich-Fröbel-Schule: Es besteht keinerlei Kontinuität. Beginnt man ein neues Unterrichtsthema, fehlen sie, kommen sie dann wieder, erleben sie Misserfolg, weil die anderen einen Wissensvorsprung haben. Daraus folgt, sie kommen am nächsten Tag wieder nicht. Es ist schwer, sie in den aktuellen Unterricht einzubeziehen. Differenzierungen sind schwer umsetzbar. Eine Lehrerin teilt mit, sie müht sich, sich darüber nicht mehr aufzuregen.

Lehrer sind gehalten, Fehlzeitenlisten zu führen, über Fehltage und Fehlstunden. Es folgen Mahnbriefe und Ordnungswidrigkeitsverfahren. Es bringt nichts, sich darüber aufzuregen, also akzeptiert man es. Das Schulamt entscheidet dann, ob es zu Strafverfahren kommt. Bei unter 14-Jährigen sitzen die Eltern auf der Anklagebank, bei Strafmündigen die Kinder selbst. Bei circa zehn bis 15 Fehltagen erfolgt eine Anzeige.

Ein Lehrer erzählt, dass der erste Schritt das Gespräch mit den Kindern ist und der zweite ist die Einladung der Eltern in die Schule, bei Bedarf zu Hause. Ordnungsmaßnahmen führt man ungern durch, aber in einigen Fällen ist es nötig, obwohl das Sozialamt beziehungsweise der Landkreis die Kosten des Bußgeldverfahrens übernimmt.

Eine Lehrkraft vereinbarte bei Hausbesuchen, die sie häufig durchführte, Pläne mit den Eltern, die aber nie funktionierten. Sie hat es nicht geschafft, die Schüler zu einem regelmäßigen Schulbesuch zu bewegen, nicht mit Druck und Bußgeldverfahren.

Ernst-von-Harnack-Schule: Eine Lehrkraft sagt, sie hat sich an die Unpünktlichkeit der Sinti-Schüler gewöhnt. Die Kinder sind ja im Prinzip nicht immer selbst schuld. Deren Eltern achten nicht darauf. Es ist gut, wenn sie zur Schule kommen, die Lehrer reagieren auch nicht gereizt. Es ist ein Fortschritt, dass die Kinder zur Schule kommen, selbst wenn sie verschlafen haben oder vorher beim Arzt waren. Eine weitere Lehrkraft schildert, sie versucht, keinen Druck zu erzeugen und bestätigt die Sinti-Schüler, wenn sie pünktlich kommen. Eine andere Lehrkraft reagiert verärgert, wenn Sinti zu spät kommen und sich deswegen dann feiern lassen.

EIBE: Wenn Sinti nicht die Schule besuchen, dann ruft man zu Hause an oder versucht, sie anzuschreiben; Schule hat zu mahnen.

Gesamtschulen: Eine Lehrkraft berichtet von negativen Erfahrungen in Elterngesprächen aufgrund von Fehlzeiten eines Sinti-Schülers. Die Schulleitung, dann der Schulsozialarbeiter sowie Sinti-Beauftragte wurden diesbezüglich hinzugezogen. Eine weitere Lehrkraft schildert, dass die Schule großzügig mit Sinti umgeht, wenn sich diese für einen längeren Zeitraum abmelden. Selbst mit nicht dokumentierten Fehlzeiten aufgrund von Reisetätigkeiten im Ausland wird großzügig umgegangen. Eine weitere Lehrkraft berichtet, dass Sinti von Lehrern so behandelt werden wie andere Schüler auch.

IV.8.2.16 Ergebnisse: Arbeitsverhalten

Friedrich-Fröbel-Schule: Sinti-Schüler sind unkonzentriert, besitzen nur eine kurze Ausdauerspanne, eine geringe Anstrengungsbereitschaft und agieren lustbetont. Sobald sich zwei, drei Sinti in einer Klasse befinden, lenken sie sich gegenseitig ab. Befindet sich nur ein Sinti im Klassenverband, kann dieser konzentriert und fleißig arbeiten. Im Gegensatz zu den Nicht-Sinti ist es für Sinti typisch, dass diese immer oder zeitweise die Arbeit verweigern. Arbeitszettel werden meist nicht abgeheftet, es hat für Sinti keinen Wert. In Bezug auf ihr Arbeitsverhalten zeigen sie nur eine mangelnde Ausdauer. Sie sind es nicht gewohnt, sich in Arbeitsprozesse zu vertiefen, um diese erfolgreich zu beenden. Sie verlangen viel Aufmerksamkeit durch die Lehrperson und mehrere Lehrer betonen, dass sich das Arbeitsverhalten in der Intensität zu dem anderer Schüler unterscheidet. Einige Lehrer erkennen dagegen keine Unterschiede.

Ernst-von-Harnack-Schule: Sinti-Kinder sind äußerst lehrerzentriert und arbeiten nicht sehr ausdauernd. Wenn ein Sinti mehrere Schultage fehlt, hat er Schwierigkeiten, dem Unterricht zu folgen. Infolgedessen leidet sein Arbeitsverhalten. Generell sind diese Kinder ebenso belastbar und anstrengungsbereit wie andere Kinder. Innerhalb einer Klasse strahlen sie Unruhe aus und sind unorganisiert. So verwechseln sie zum Beispiel das Deutschheft mit dem Mathematikheft. Im ersten Schuljahr zeigen sie gar kein Arbeitsverhalten. Ihnen ist die fehlende Kindergartenerfahrung anzumerken. Bis auf die Mädchen, die Aufgaben im Haushalt übernehmen, wird ihnen keine Verantwortung übertragen. Wenn Jungen in der Klasse sind, müssen Lehrer viel Energie für sie aufwenden.

Sie agieren meist lustbetont, selbst wenn es Sinti gibt, die ordentlich mitarbeiten. Insgesamt ist das Arbeitsverhalten eher negativ. Sie zeigen eine mangelnde Konzentrationsfähigkeit, geringe Ausdauer und sind unselbstständig. So fehlen Arbeitsmaterialien, und Elternbriefe liegen drei Wochen unter den Schulbänken und werden nicht abgegeben. „Der sitzt den ganzen Tag da, wenn ich Glück habe, fängt er sein Blatt an, wenn ich Pech habe, dann nimmt er die Blätter und schmeißt sie gleich in den Ranzen und sagt, er will die zu Hause machen" (EvHS/3/263-275). Sinti sind teilweise völlig unmotiviert, arbeiten nicht mit und verlieren ihre Arbeitsblätter. Wenn ein Heft voll ist, dann dauert es mehrere Tage, bis sie ein neues haben.

Grundschulen: Sinti arbeiten langsam, schwerfällig, zeigen keine Anstrengungsbereitschaft sowie Sorgfalt und Gewissenhaftigkeit bei schulischen Arbeiten. Ihnen fehlen grundlegende Fähigkeiten, wie zum Beispiel eine gut ausgebildete Feinmotorik. Wo sie in der Lage sind mitzuarbeiten, arbeiten sie mit ebenso wie andere leistungsschwache Schüler.

EIBE: Lehrer der EIBE-Kurse können hierzu keine Aussage treffen.

Gesamtschulen: Die meisten Lehrer äußern, Sinti arbeiten konzentriert, sauber und ordentlich. Dabei erzählt ein Lehrer von einem Sinto, der positiven Vorbildcharakter für andere Schüler hatte, ein anderer berichtet dagegen von einem sehr wechselhaften Arbeitsverhalten der Sinti.

Sinti-Eltern: Die Eltern berichten äußerst unterschiedlich von ihren Kindern. Einige erzählen, dass ihre Kinder motiviert und eifrig in der Schule mitarbeiten, andere berichten gegenteilig. Es wird von mangelndem Interesse der Kinder an der Schule berichtet sowie von Kindern, die eifrig mitarbeiten. Einige können das Arbeitsverhalten nicht einschätzen und stellen Vermutungen auf. Eine Mutter wirft den Lehrern vor, sich jahrelang nicht um die Sinti-Kinder gekümmert zu haben. Eine weitere kritisiert, dass ihr Sohn bereits gar keine Hausaufgaben mehr erhält.

Sinti-Schüler: Einige berichten, dass sie immer fleißig mitgearbeitet haben, andere, dass sie in der Schule wenig Motivation zeigten. Lehrer werden zum Teil kritisiert, da diese sich bei Sinti keine Mühe gegeben haben. Außerdem zeigten Sinti in einzelnen Fächern ein negatives Arbeitsverhalten, wenn sie schulisch überfordert waren oder kein Interesse vorhanden war. Tendenziell scheint es, als würden viele Sinti in Mathematik, Sport, Kunst und Musik eher ein positives Arbeitsverhalten zeigen, da sie in diesen Fächern motivierter sind.

IV.8.2.17 Ergebnisse: Schulleistungen

Friedrich-Fröbel-Schule: Es bestehen signifikante Unterschiede in den Schulleistungen zwischen Sinti und Nicht-Sinti. Die Leistungen der Sinti sind oft nicht feststellbar und werden dementsprechend im Zeugnis dokumentiert. Wenn sie anwesend sind, zeigen sie mangelhafte Leistungen, höchstens ausreichende. Andere Lehrkräfte berichten, dass sich ihre Schulleistungen nicht von denen ihrer Mitschüler unterscheiden. Sinti haben Leistungspotenziale, die sie nicht ausschöpfen, weil sie es nicht müssen, nicht wollen und keinen Sinn darin erkennen. Aufgrund ihrer Fehlzeiten können sie jedoch keine Lernfortschritte erzielen.

Sie kommen in die Schule, meist ohne Kindergartenerfahrung und zeigen kulturtechnische Defizite, sind sprachlich und motorisch zurück. Bezüglich der Voraussetzungen für den Lernprozess liegen sie teilweise ein bis zwei Jahre zurück. Ihnen fehlen viele Lernvoraussetzungen. Bei zahlreichen Sinti ist das räumliche Vorstellungsvermögen sehr gering ausgebildet, daraus ergeben sich Schwierigkeiten beim Schreiben von Buchstaben und Zahlen.

Zudem fertigen sie keine Hausaufgaben an und fehlen häufig. Insgesamt hat sich die schulische Situation der Sinti nicht verbessert. Schule hat keine Mittel, Sinti davon zu überzeugen, regelmäßig die Schule zu besuchen und die Hausaufgaben anzufertigen. Ihnen fehlen die Wiederholung und die nötige Anstrengungsbereitschaft.

Nur wenige Sinti absolvieren ihre Schulzeit an der Regelschule, die Mehrheit besucht die Friedrich-Fröbel-Schule. In der ersten Klasse sind Sinti nicht schulreif, die nötige Förderung kann die Grundschule nicht anbieten, die Lernrückstände werden immer größer. Irgendwann wiederholen sie ein Schuljahr. Bei einer zweiten Nichtversetzung droht die Zuweisung an die Schule für Lernhilfe. Auffällig ist, Sinti gehören gar nicht in die Schule für Lernhilfe. Im Durchschnitt sind sie intelligenter als die anderen Kinder. Wo der Schulbesuch regelmäßig ist, gibt es keine Leistungsunterschiede.

Sie sind im mathematischen Bereich leistungsstärker als im schriftsprachlichen Bereich. Zu Hause besteht keine schriftsprachliche Kultur. Es gibt zum Beispiel keine Zeitungen, und Sinti lesen wenig. Die Kinder übernehmen frühzeitig ein hohes Maß an Verantwortung, sie werden frühzeitig wie kleine Erwachsene behandelt. Es herrschen andere Prioritäten. So ist es ist wichtiger, Geld heranzuschaffen. Anfangs haben sie weniger Vorerfahrungen, und nachher zeigen sie mangelndes Interesse am Unterricht.

Ernst-von-Harnack-Schule: Sinti-Kinder sind oft nicht ehrgeizig, entsprechend ihres Leistungsniveaus gehören sie zu den leistungsschwächeren Schülern. Ihnen fehlt die Unterstützung von zu Hause, so fertigen sie beispielsweise ihre Hausaufgaben nicht regelmäßig an.

Bei Schuleintritt haben sie weniger Vorerfahrungen als andere Kinder. Sie besuchen meist keinen Kindergarten, haben zu Hause keinen Kontakt zur Schriftsprache und verbringen viel Zeit vor dem TV-Gerät. Im mathematischen Bereich sind die Unterschiede zu Nicht-Sinti wesentlich geringer als im Fach Deutsch.

Sie benötigen viel Zuwendung und fordern diese ein. Für Lehrer ist es eine besonders anstrengende Arbeit. Ihre Schulleistungen sind davon abhängig, wie regelmäßig sie in die Schule kommen. Insgesamt werden mehr Sinti für die Sonderschule gemeldet als Schüler anderer Gruppen. Fast jeder Sinti-Schüler wird gemeldet, es sind nur wenige, die während der Grundschulzeit nicht dorthin gemeldet werden.

Grundschulen: Leistungsanforderungen, die eine Anstrengungsbereitschaft erfordern, werden von Sinti abgelehnt. Aufgrund der erheblichen Fehlzeiten verlieren sie den Anschluss an die Klasse. Ihnen sind Lesen, Schreiben und Rechnen wichtig, wobei das Rechnen für sie die größte Bedeutung hat. Ihnen selbst würden vier Grundschuljahre völlig ausreichen, allerdings müssen viele in diesen ersten vier Jahren bereits Klassenstufen wiederholen. Klassenwiederholungen sind sinnlos. „Wenn dieses Kind wiederholt, wiederholt es ja genau in der Zeit den Stoff, den es schon mal hatte in dem Jahr, in dem es auch schon mal da war. Der Stoff, der aber in dem Zeitraum vom April bis zum Sommer oder zum Herbst dran ist, der fehlt ja wieder. [...] das A wird doppelt gelernt und das X aber nie" (GRU/1/155/161). Vergleichbare Schwierigkeiten haben diese Schüler in Mathematik. Während die Nicht-Sinti bereits den 20er-Übergang üben und dann mit den 100ern umgehen, fehlen den Sinti hier die nötigen Kenntnisse. Fakt ist, dass viele Sinti die Friedrich-Fröbel-Schule besuchen.

EIBE: Es bestehen keine signifikanten Schulleistungsunterschiede zwischen Sinti und Nicht-Sinti, höchstens bezüglich wiederholter Abwesenheit und dass man diese Schüler beziehungsweise deren Schulleistungen nicht bewerten kann.

Gesamtschulen: Sinti sind nicht leistungsstärker oder leistungsschwächer als ihre Mitschüler. Allerdings sagen die Lehrer, Sinti besuchen lediglich die Hauptschulzweige und dort erreichen sie keine Hauptschulabschlüsse. Würden sie regelmäßiger die Schule besuchen, könnten sie ebenso die Realschule besuchen. Sie erfüllen ihre Hausaufgaben nicht und oft entsprechen die Schulleistungen nicht ihrem eigentlichen Leistungsvermögen.

Es bestehen keine Unterschiede zu ihren Mitschülern, da sie die Hauptschulklassen besuchen und dort auf zahlreiche Kinder mit Migrationshintergrund treffen, die ihren Fähigkeiten entsprechen.

Sinti-Eltern: Zahlreiche Eltern benennen offen die Leistungsdefizite einiger ihrer Kinder. Manche Kinder wiederholen Klassenstufen, besuchen die örtliche Förderschule oder verlassen die Schule ohne Abschluss. Es gibt Eltern, die selbstkritisch einräumen, dass sie ihre Kinder schulisch kaum unterstützen können. Beispielsweise können sie selbst nicht gut lesen und ihre Kinder in verschiedenen Bereichen nicht unterstützen.

Eine Mutter betont, dass ihr Sohn schulisch ordentlich mitkommt, da er den Kindergarten besuchte. Sie hat kein Verständnis dafür, dass die Schule die Leistungen ihres Sohnes kritisiert.

Sinti-Schüler: Einige Sinti beurteilen ihre Leistungen als durchschnittlich oder sehr gut, andere wiederum äußern, sie sind schulisch überfordert. Einige werfen den Lehrern vor, diese geben sich keine Mühe oder geben an, dass sie selbst zu oft gefehlt haben.

IV.8.3 Schulische Integration

IV.8.3.1 Ergebnisse: Integration

Friedrich-Fröbel-Schule: Lehrkräfte sind um Integration bemüht. Eine Integration von Seiten der Sinti-Familien ist nicht gewollt, dementsprechend integrieren sie sich nicht. Es scheint, als seien Lehrer ihre Feinde. Integration ist Verrat an ihrer Gemeinschaft. Schüler, die sich integrieren, werden gejagt und verprügelt. „Es heißt dann, ‚ihr seid keine Sinti mehr und das ist Verrat'" (FFS/9/57-86).

Auf ihre Art sind sie integriert, da sie ja ein Teil der Schule sind, etwa ein Fünftel der Schülerschaft besteht aus Sinti. Ohne sie wäre die heutige Form der Schule nicht vorstellbar. Integrationsprojekte, auch das aktuelle Projekt mit dem Sinti-Sachverständigen, blieben bislang ohne Erfolg. Generell sind sie nicht integriert, auch örtlich ausgegrenzt. Lehrkräfte fragen sich, ob Sinti sich überhaupt integrieren müssen.

Zum Teil bestehen gute Kontakte mit Tendenzen zu Freundschaften. Diese sind aber auf den Schulalltag begrenzt. Sinti sind sozial schwierige Kinder, sodass sich andere Kinder von ihnen bewusst abgrenzen und keinen Kontakt zu Sinti-Kindern wünschen. „[…] generell versuchen schon alle Sinti, unter sich zu bleiben […] Sinti [legen] jetzt einfach auch gar keinen Wert drauf […], oft mit anderen Schülern großartig in Kontakt zu kommen" (FFS/4/231-239). Auf der anderen Seite besuchen Sinti inzwischen Sportvereine. Das hat es früher nicht gegeben. Insgesamt ist die Schülerzahl an der Schule gesunken, die Anzahl der Sinti jedoch gestiegen. Aufgrund des zum Teil großen Sinti-Anteils innerhalb der Klassen kapseln sie sich ab und bilden eigene Gruppen. Auf irgendeine Weise sind sie schulisch integriert, da die Förderschule die Belange der Sinti gut kennt, einige Lehrer bereits die zweite und dritte Generation unterrichten, sie als eine Bereicherung wahrnehmen und von ihren Mitschülern nicht ausgestoßen werden. Sinti sind entweder das ganze Jahr anwesend oder fehlen ein halbes Jahr. Sie sind integriert, wollen sich aber phasenweise aus dieser Integration lösen. Insbesondere in großen Sinti-Gruppen lösen sie sich aus der Integration. Sie haben die Tendenz, sich auszugrenzen und sind dementsprechend nicht integriert.

Ernst-von-Harnack-Schule: Eine Integration gelingt nur vereinzelt, schulisch sind sie nicht integriert. Die Integrationsarbeit des Sinti-Sachverständigen ist dabei erfolglos. Eine Lehrerin berichtet, dass ihr Schüler sehr gut integriert ist, wenn er anwesend ist. Die Integration ist auch davon abhängig, ob diese Kinder ihre Sonderrolle zur Schau tragen. Wenn ja, dann sind sie nicht integriert. Sie grenzen sich ein Stück weit selbst aus, indem sie meinen, sie sind anders.

Sinti fürchten, ihre Kinder werden deutsch, wenn sie regelmäßig die Schule besuchen, einen Abschluss erwerben, eine Ausbildung beginnen und einen Job ausüben. Die Lehrer bemühen sich, ihre Andersartigkeit zu akzeptieren. Die Integration ist noch ein langer Prozess, selbst wenn sie heutzutage besser integriert sind als früher. Russische und afghanische Kinder sind dagegen relativ schnell in die Klassengemeinschaft integriert. Auf der anderen Seite sind Sinti integriert, beispielsweise im Unterricht. Auch können sie jederzeit mit den Mitschülern spielen, wollen dies aber nicht.

Grundschulen: Die mangelnde Integration ist ein großes Problem. Sinti haben enorme Vorbehalte gegenüber anderen Gruppen, sie fühlen sich nicht als Deutsche und betrachten sich vielmehr als Randgruppe. Sie nehmen im Hinblick auf emotionale, soziale und schulische Leistungen eine kleine Außenseiterrolle ein. Zumindest sind sie soweit integriert, dass sie von den Mitschülern nicht gemieden werden. Eine Schwierigkeit ist natürlich die Überalterung, wenn zum Beispiel ein Sinti-Mädchen mehrfach eine Klasse wiederholt hat. Selbst wenn sie zum Teil integriert sind, dann geht es niemals soweit, dass daraus engere Freundschaften entstehen.

EIBE: Sie sind Mitglieder einer Randgruppe. Es ist schwierig, sie zu integrieren. Ein Lehrer erinnerte sich an eine Situation, bei der Sinti nach den Ferien nicht in die Schule kamen, da sie nach eigenen Aussagen nicht wussten, dass die Schule wieder angefangen hat. Man muss dabei zwischen sesshaften und fahrenden Sinti unterscheiden. Die fahrenden Sinti sind nicht integriert. Ein Sinti aus einer sesshaften Familie war dagegen bereits Klassensprecher.

Gesamtschulen: Die Aussagen der verschiedenen Lehrer der Gesamtschulen unterscheiden sich deutlich voneinander. An zwei Gesamtschulen wird klar geäußert, dass eine Verbundenheit der Sinti zu den Hersfelder Schulen besteht und Sinti schulisch integriert sind, auch innerhalb ihrer Klassen sowie innerhalb der Schulgemeinschaft. Eine Lehrkraft einer anderen Schule verneint diese Integration deutlich und gibt die Verantwortung den Sinti selbst.

Sinti betonen ihren anderen kulturellen Hintergrund. Ein Lehrer erwähnt seine Enttäuschung darüber. Er schaffte es nicht, seinen Sinti-Schüler an der Schule zu integrieren. Die Ausgrenzungssituation am Hersfelder Stadtrand fördert natürlich die Integrationsprobleme an der Schule.

Sonstige[52]**:** Ein Beispiel für Integrationsprobleme ist die Schilderung eines Jungen, der zuvor in einem anderen Schulbezirk unterrichtet wurde und von dieser Erfahrung berichtet. Er verweigerte an seiner ehemaligen Schule die Mitarbeit im Werkunterricht, da dort im Rahmen des Unterrichts genäht wurde. Er bestand darauf, dass Jungen nicht nähen. „Da war meine Mama schon mal in der Schule und die Frau hat gesagt, ich muss nähen. Da hat meine Mama gesagt, dass sei bei uns Sitte, damit ich nicht nähen muss, weil ich das nicht darf und da hat die Frau gesagt, ich muss nähen, wenn nicht, dann schreibt sie mir eine Sechs auf" (SinS/8/226-237). Einige Sinti sind der Ansicht, dass Sinti nicht gemocht und dementsprechend benachteiligt werden.

IV.8.3.2 Ergebnisse: Negatives

Friedrich-Fröbel-Schule: Die Sinti-Schüler stören sich am Zwang, der von der Schule ausgeht. Im Prinzip entscheiden sie ja die meiste Zeit alles selbst, und in der Schule wird ihnen gesagt, was sie zu tun haben. Generell kritisieren sie die normalen Anforderungen eines Schulbetriebs, wie zum Beispiel Hausaufgaben, Klassenarbeiten sowie die Vorschriften und Regeln. Es stört sie der schulische Druck, der entsteht, wenn sie zum Beispiel nicht regelmäßig in die Schule kommen oder keine Hausaufgaben anfertigen. Sie kritisieren, dass sie keine Sonderbehandlung erhalten, sich an Regeln halten und einfügen müssen sowie das fordernde Verhalten mancher Lehrer ihnen gegenüber. In der Schule wird ihnen ihre Selbstbestimmung genommen. Das Annehmen von Anweisungen hat etwas mit Macht und der Geschlechterrolle zu tun; von einem Mann akzeptieren sie Anweisungen eher.

52 Schüler und Eltern wurden hierzu nicht direkt befragt, dennoch entstanden Antworten zu diesem Code.

Die Schüler misstrauen Lehrern, eventuell weil Lehrer Deutsche sind. Sie misstrauen und glauben, Sinti werden von den Lehrern anders behandelt als ihre Mitschüler. Außerdem fühlen sich einige Sinti unwohl, wenn sie im Vergleich zu ihren Klassenkameraden überaltert sind.

Ernst-von-Harnack-Schule: Sinti stören sich häufig an Schreibaufgaben, Hausaufgaben, Klassenarbeiten und dem Einhalten von Regeln. Es stört sie alles, was sie in ihrem Verhalten einengt, wie zum Beispiel Pausenregeln. „Da hat die gesagt, ich schreibe die Regeln nicht ab, weil wir sind anders, wir dürfen anders sein und ich brauche überhaupt nicht zu machen, was sie sagen" (EvHS/2/274-279).

Insbesondere Schreibaufträge oder Aufgaben, die längere Zeit beanspruchen und bei denen sie sich längere Zeit konzentrieren müssen, gefallen ihnen nicht.

Grundschulen: Sinti-Kinder bemängeln, dass ihnen in der Schule die entsprechenden Ansprechpartner und Spielkameraden fehlen. Zudem finden sie keinen Gefallen an den gestellten Leistungsanforderungen sowie dem frühen Schulanfang.

EIBE: Die Lehrer konnten diese Frage nicht beantworten.

Gesamtschulen: Nicht alle Lehrer konnten auf diese Frage eine Antwort geben. Ein Lehrer betonte, Sinti stören sich vielleicht an den Auseinandersetzungen mit anderen Migrantengruppen.

Sinti-Eltern: Die Sinti-Eltern bemängeln primär die Lehrer ihrer Kinder, wobei die meiste Kritik an den Lehrern der Ernst-von-Harnack-Schule sowie danach an den Lehrern der Friedrich-Fröbel-Schule geübt wird. Diese seien zu grob zu ihren Kindern. „Die werden ja immer schlimmer auf die Zigeuner-Kinder. Die packen die Kinder, schleudern die da rum" (SinE/6/302-311).

Außerdem missfallen einigen Kindern das frühe Aufstehen sowie die geforderte Konzentration während des Unterrichts. Die Hauptkritik bezieht sich auf den Lehrern.

Sinti-Schüler: Sehr viele Schüler betonen, dass sich die Lehrer bei Sinti keine Mühe geben und nicht richtig mit den Kindern umgehen können. Außerdem berichteten einige, dass sie ungern rechnen, schreiben sowie am Kunstunterricht teilnehmen. Sie kritisieren Hänseleien ihrer Mitschüler, weil sie die schulischen Anforderungen nicht erfüllen und die Briefe und Anzeigen der Schule, wenn sie zu viele Fehltage haben.

IV.8.3.3 Ergebnisse: Positives

Friedrich-Fröbel-Schule: Sie besuchen gerne den Sport- und Musikunterricht und genießen den Schonraum, den die Förderschule ihnen bietet. Sie erhalten mehr Zeit zum Lernen, sind weniger Druck ausgesetzt und die Lehrer gehen individuell auf ihre Bedürfnisse ein. Sinti erhalten positive Zuwendung und sind in der Lage, schulische Erfolge zu erzielen. Einige Sinti genießen den geregelten Tagesablauf der Schule und sind froh, wenn sie nach Reisen wieder dorthin gehen können.

Das Positivste daran sind jedoch die Kontakte zu anderen Sinti. Dort treffen sie zahlreiche Familienmitglieder und Bekannte. „Es ist schon irgendwo, denk' ich, ein Stück Familie in der Förderschule für die Sinti-Kinder" (FFS/10/207).

Ernst-von-Harnack-Schule: Die Kinder mögen ihre Lehrer, selbst wenn die Eltern diese Sichtweise nicht teilen. Sie freuen sich über Lernfortschritte, über Lob, basteln und malen gerne, treiben mit Freude Sport, singen und kochen. Einige besuchen gerne den Mathematikunterricht.

Grundschulen: Die Lehrer können hierzu kaum etwas sagen, lediglich, dass Sinti gerne in kleinen Gruppen und in Einzelbetreuung arbeiten.

EIBE: Die Lehrer können hierzu keine Auskünfte erteilen.

Gesamtschulen: Sie können die Schule relativ unauffällig besuchen, ohne stigmatisiert zu werden. Ansonsten nennen die Lehrer kaum Positives.

Sinti-Eltern: Viele Sinti können nichts Positives berichten, nur wenige nennen einige Punkte. Dabei werden vereinzelt Lehrer gelobt und es wird erzählt, die Kinder singen und musizieren gerne in der Schule. Die Mehrheit kann an Schule nichts Positives erkennen.

Sinti-Schüler: Zahlreiche Schüler können nichts Positives benennen. Wenn, dann berichten sie positiv über die zahlreichen Kontakte zu anderen Sinti und dass sie in der Schule viele Freiheiten genossen. Vereinzelt wird der Sport- und Mathematikunterricht gelobt sowie einige Lehrer. Ebenso äußern sie aber auch Lehrerkritik.

IV.8.3.4 Ergebnisse: Wohlfühlfaktor

Friedrich-Fröbel-Schule: Viele Sinti-Schüler fühlen sich nicht besonders wohl an der örtlichen Förderschule. Dies liegt auch an dem schwierigen Kontakt der Lehrer zu den Sinti. Wenn ihnen die Schule gefallen würde, dann würden sie regelmäßiger den Unterricht besuchen.

Einige Lehrer sind der Ansicht, Sinti fühlen sich an der Schule durchaus wohl. Diese Schule bietet ihnen einen Schonraum, in dem der Leistungsdruck geringer ist und die Lehrer ihnen Verständnis entgegenbringen. Außerdem wird die Schule von zahlreichen Sinti besucht. Viele Sinti-Eltern schicken ihre Kinder lieber zur Friedrich-Fröbel-Schule. Ihnen reicht es, wenn ihre Kinder die Grundrechenarten sowie Lesen und Schreiben lernen. Diese Schule ist bei Sinti gut akzeptiert, und einige Eltern möchten ihre Kinder direkt dort anmelden, auch weil dort bereits andere Familienmitglieder beschult werden. Im Gegensatz zu anderen Schulen schieben Sinti-Eltern an der Friedrich-Fröbel-Schule keine Wache und behüten vor Ort nicht ihre Kinder. Insgesamt lastet an der Friedrich-Fröbel-Schule ein geringerer Schuldruck auf den Kindern. Zudem arbeitet ein Sinti mit den Kindern der Schule, und sie werden von den Nicht-Sinti akzeptiert. Grundsätzlich nehmen Sinti Schule als Zwang wahr.

Ernst-von-Harnack-Schule: Einige Kinder besuchen die Schule gerne, wobei die Mädchen häufig eine größere Motivation zeigen. Insgesamt fühlen sich die Kinder wohl. Sie werden beispielsweise von ihren Mitschülern akzeptiert. Diese sind traurig, wenn sie nicht in die Schule kommen. Pauschal betrachtet gehen viele Sinti-Kinder nicht gerne in die Schule.

Zahlreiche Eltern sind besorgt um ihre Kinder und behüten diese, indem sie vormittags auf dem Pausenhof und zum Teil vor den Klassenräumen auf ihre Kinder achten. Sie misstrauen der Institution Schule sowie den anderen Kindern und haben Angst um ihre Kinder. Bei Schulhofkonflikten ist es schon vorgekommen, dass die Sinti-Schüler ihre Mütter per Mobiltelefon anrufen, damit diese den Konflikt klären. Im Moment sind es „drei bis vier Eltern, die relativ regelmäßig da sind" (EvHS/1/34-48). Diese passen auf ihre Kinder und die ihrer Verwandten auf.

Grundschulen: Anscheinend fühlen sich die meisten Sinti an den Grundschule nicht besonders wohl, wobei es Kinder gibt, denen ihre Schulsituation an der Grundschule gut gefällt. Vielen fehlt ihr Umfeld, das sie in der Schule vermissen.

EIBE: Die Lehrer der EIBE-Kurse haben zu wenig Informationen, um diese Fragen ausreichend zu beantworten.

Gesamtschulen: Zahlreiche Lehrer sehen bezüglich des Wohlfühlfaktors keine Unterschiede von Sinti im Vergleich zu anderen Schülern. Eine Lehrerin ist der Ansicht, dass Sinti genauso gerne die Schule besuchen wie andere leistungsschwache Schüler. Eine andere Gesprächspartnerin sagt aus, Sinti besuchen sehr gerne die Schule und fühlen sich an der Schule wohl. Gleichzeitig wird gesagt, Sinti wären lieber an der örtlichen Schule für Lernhilfe, da dort die meisten Sinti-Kinder beschult werden. Diese sind auffällig überbehütet und ihre Mütter haben Ängste. Zum Beispiel die, dass ihren Kindern in der Schule Unrecht geschieht.

Sinti-Eltern: Verschiedene Vorerfahrungen aus der eigenen Schulzeit sowie die Erfahrungen mit ihren eigenen Kindern werden als Gründe angegeben, weshalb sie Schule äußerst kritisch betrachten. Eltern berichten davon, ihre Kinder fühlen sich an den Schulen sehr unwohl und weinen zum Teil häufig. Die Ernst-von-Harnack-Schule wird auffällig häufig kritisiert, wogegen die Friedrich-Fröbel-Schule von zahlreichen Eltern gelobt wird. Von der Ernst-von-Harnack-Schule glauben einige Eltern, dass diese ihre Kinder so schnell wie möglich loswerden möchte, die Kinder nicht ausreichend fördert und an die örtliche Förderschule überweist. An der Friedrich-Fröbel-Schule wird dagegen kritisiert, dass Kinder dort nur wenig lernen. Es gibt Sinti, die ihre Kinder dennoch lieber an der Friedrich-Fröbel-Schule unterrichtet wissen, weil dort einfach mehr Sinti beschult werden. Die Aussagen über andere Schulen sind meist negativ. Es gibt Berichte über Lehrer, die Sinti hassen, dass Nicht-Sinti bevorzugt behandelt werden und dass ihre Kinder in der jeweiligen Schule keine Freunde haben. Insgesamt fühlen sich viele Sinti an den örtlichen Schulen unwohl.

Sinti-Schüler: Viele Schüler kritisieren die Ernst-von-Harnack-Schule und loben zum Teil die Atmosphäre an der Friedrich-Fröbel-Schule. Es gibt Schilderungen, dass Schüler in Streit mit ihren Lehrern geraten und sich dort nicht wohlfühlen. Es wird bemängelt, dass man in der Schule nur wenig lernt. Ausdrücklich positiv erwähnt wird der intensive Kontakt an der Friedrich-Fröbel-Schule zu anderen Sinti, zu Bekannten und Verwandten, den es so an anderen Schulen nicht gibt. Viele Sinti gehen ungern zur Schule und fühlen sich dort nicht wohl, es gibt aber auch zahlreiche Sinti, die gerne zur Schule gehen.

IV.8.3.5 Ergebnisse: Schulveranstaltungen

Friedrich-Fröbel-Schule: Sinti-Kinder nehmen kaum an Schulveranstaltungen der Friedrich-Fröbel-Schule teil. „Ich habe ganz viele Versuche unternommen, Eltern zu bewegen, ihre Kinder an Aktionen teilnehmen zu lassen, auf Klassenfahrten mitzukommen [...] Und ich bin in keinerlei Weise erfolgreich gewesen" (FFS/6/41). Dabei sind es nicht finanzielle Gründe, sondern Ängste, die Eltern dazu bewegen, ihre Kinder daran nicht teilnehmen zu lassen. „[...] die Angst bezieht sich auf diese andere Welt. Ihre Kinder entfallen der elterlichen Kontrolle, ihrer Gruppe und Übersicht. Dies macht den Eltern offensichtlich solch eine Angst, dass sie es nicht akzeptieren. Besonders bei Mädchen" (FFS/6/183-198). „[...] es sind einerseits diese Ängste und vielleicht auch ein Stück weit, dass das Kind zu Hause eben auch gewisse Rollen oder Pflichten einnimmt, die dann eben nicht mehr ausgefüllt sind" (FFS/1/363-380).

Neben Ängsten vor der Busfahrt und der Übernachtung wurde die Angst vor Geistern angegeben. Wenn überhaupt, dann nehmen sie vereinzelt an eintägigen Wanderfahrten teil. Klassenfahrten mit auswärtigen Übernachtungen lehnen Sinti ab. Die Teilnahme an Schulveranstaltungen ist aufgrund der Reisetätigkeit auch jahreszeitenabhängig. Neben der Angst der Eltern ist das Trennungsgefühl bei Klassenfahrten der Kinder zu ihren Familien ebenso ein Grund für die Nichtteilnahme. An sonstigen Schulveranstaltungen, wie zum Beispiel Schulfesten, nehmen sie inzwischen häufiger teil. Allerdings sind es immer noch sehr wenige Sinti, die dort erscheinen.

Das Trennungsgefühl während der Unterrichtszeit ist bereits ein Problem für einige Sinti, dementsprechend begleiten Mütter ihre Kinder in die Grundschule. Dieses Trennungsgefühl, weg von zu Hause, scheint ebenfalls ein Grund zu sein, weshalb Sinti nicht an Schulveranstaltungen teilnehmen.

Ernst-von-Harnack-Schule: Vor Jahren nahmen Sinti nie an Veranstaltungen teil, inzwischen hat sich diese Situation geändert, wobei primär Jungen daran teilnehmen, Mädchen dürfen eher nicht mit. Die Teilnahme von Sinti ist nach wie vor selten.

Wenn Mütter zum Beispiel auf Klassenfahrten mitfahren, dann erlauben Eltern eher die Teilnahme an Fahrten, ansonsten nicht. Bei Tagesfahrten, zum Beispiel Theaterbesuchen oder Lesenächten, sind Sinti teilweise dabei. Hauptargumente der Eltern für die Nichtteilnahme an Schulveranstaltungen sind Ängste vor Übernachtungen in der Fremde sowie Busfahrten. Diese Fahrten erinnern sie zu stark an Transporte ins Konzentrationslager. Außerdem sind die Kinder in den Augen der Eltern durch die Lehrer nicht genügend beaufsichtigt. Ihre Ängste sind dabei irrational.

Grundschulen: An Klassenfahrten nehmen Sinti-Kinder nicht teil. „[…] Klassenfahrten und andere schulische Aktivitäten, da dürfen sie aus den unterschiedlichsten Gründen nicht mit" (GRU/2/22-24). Eine Lehrerin berichtet von einem Fall, bei dem eine Mutter ihre Tochter mitfahren lassen wollte, wenn sie ebenfalls mitfahren dürfte. Dies wurde abgelehnt und somit ist das Kind nicht mitgefahren. Die Eltern geben als Gründe Ängste an.

„Also, ich dachte bisher immer, es sind wirkliche Ängste, aber sicher sein kann ich mir eigentlich nicht" (GRU/2/92-97). Beispielsweise haben sie Angst, dass aufgrund von Glatteis ein Busunglück geschieht. Es scheinen vorgeschobene Argumente zu sein. Wenn Mädchen ihre Periode haben, dann dürften die Mädchen sowieso nicht ohne Begleitung weg. Insgesamt bilden Teilnahmen an Klassenfahrten die Ausnahme.

EIBE: Die Lehrkräfte können keine verallgemeinernden Aussagen machen, da sie zu wenige Kontakte mit Sinti haben. „Die waren nie da" (EIBE/1/128).

Gesamtschulen: Sinti haben zum Teil an Klassenfahrten teilgenommen, es bedarf hierfür Überredungskunst und finanzieller Unterstützung. Viele nehmen nicht an längeren Fahrten teil, eher an Tagesfahrten. Ebenso nehmen sie an Schulfesten nicht teil, wenn diese nicht verpflichtend sind. Die Teilnahme an Fahrten hängt stark von den Kindern selbst ab. Oft möchten sie gar nicht mitfahren, da sie zum Teil großes Heimweh haben.

Sinti-Eltern: Die Eltern haben grundsätzlich nichts gegen Schulveranstaltungen, dennoch verweigerten viele ihren Kindern die Teilnahme an längeren Klassenfahrten. Ursächlich hierfür sind Ängste. So befürchten sie, dass es einen Busunfall geben könnte oder ihre Kinder verschleppt werden.

„Wenn ich selber mitfahren würde? Ja. Aber wenn meine Kinder alleine mitfahren würden? Nein. Aus Prinzip nein, weil es ist schon so viel passiert […] Weil ein bis zwei Lehrer und dann sind das da 20 Schüler, das ist für einen Lehrer auch zu viel. Da haben die gar keine Übersicht mehr" (SinE/12/325-334). Zwar vertrauen die Eltern den Lehrern, dennoch reicht dieses Vertrauen oft nicht aus, um die Ängste zu überwinden. Einige der Kinder wollen gar nicht an Klassenfahrten teilnehmen. Eltern, deren Kinder mitfuhren, berichten, wie begeistert ihre Kinder davon waren.

Sinti-Schüler: Zahlreiche Kinder dürfen nicht an Klassenfahrten teilnehmen, nach wie vor bleibt die Teilnahme daran eine Ausnahme. Neben der Reisetätigkeit einiger Familien sind Ängste der Eltern Gründe für die Nichtteilnahme an Klassenfahrten. „Meine Mutter wollte das nicht. [...] Sie hat immer Angst gehabt" (SinS/1/405-416).

Wenn die Kinder an Fahrten teilnahmen, sprachen sie davon mit Begeisterung, eher nehmen die Kinder jedoch an Tagesausflügen teil. Wenn die Kinder an Fahrten teilnahmen, dann hatten sie nach eigenen Aussagen meist große Freude daran.

IV.8.3.6 Ergebnisse: Kontakte zu Lehrern

Friedrich-Fröbel-Schule: Der Aufbau einer Beziehung zu ihnen wird durch ihren unregelmäßigen Schulbesuch erschwert. Sie haben kein Interesse am Unterricht und lassen es den Lehrer spüren. Es ist problematisch, dann noch zu unterrichten. Mehrere Lehrkräfte geben zu, dass sie nach zahlreichen Enttäuschungen Sinti gegenüber befangen sind. Diese Kinder provozieren, lügen, sind frech und zeigen keinen Respekt gegenüber Lehrern und Erwachsenen. Lehrer verlieren daraufhin ihre Motivation und setzen keine weiteren Energien ein, zumindest agiert man befangen. Man bemüht sich, fördert sie und erkennt, dass es nichts bringt. Bei Kleinigkeiten treten Mütter auf und bedrohen die Lehrer. Es ist eine unheimliche Belastung für den Unterricht, und Lehrer sind froh, wenn Sinti nicht anwesend sind. Einige Lehrkräfte behandeln Sinti daraufhin anders, und diese gewisse Ungerechtigkeit spüren Sinti-Schüler. Es herrscht eine Distanz zwischen Sinti und Lehrern, die erhalten bleibt, da sich Sinti nicht öffnen. Ein Misstrauen besteht wahrscheinlich auch aufgrund der historischen Vergangenheit, auf die sich Sinti klar berufen. Sie nehmen diese Sonderrolle ein und berufen sich auf ihre Rechte.

Sinti fallen durch ihre Lautstärke und ihr penetrantes Auftreten auf. Sie fordern auf extreme Art Dinge ein, die ihnen Spaß bereiten. Sinti agieren lustbetont, distanzlos und zeigen größere Respektlosigkeit als andere Schülergruppen. Darin unterscheiden sie sich gegenüber Nicht-Sinti. So sind Nicht-Sinti insgesamt konstanter in ihrem Verhältnis gegenüber Lehrern. Da Sinti oft lügen, ist es schwierig, ihnen zu glauben. Sie erzählen wenig von zu Hause, wobei Mädchen diesbezüglich gesprächiger sind. Vertrauensvolle, bisweilen intime Gespräche sind möglich. Diese Gespräche werden allerdings sehr schnell ordinär.

Es gibt Lehrer, die keine Verhaltensunterschiede in der Kontaktfähigkeit von Sinti zu Lehrern erkennen und die Schwierigkeiten in der Individualität der Lehrer sehen. Sinti sind ihrer Ansicht nach freundliche Menschen, die sich in der Gruppe allerdings sehr anstrengend verhalten.

Ernst-von-Harnack-Schule: Es gibt Aussagen, dass im Vergleich zu den Nicht-Sinti keine Unterschiede im Verhalten der Sinti gegenüber Lehrern bestehen. Es gibt auch zahlreiche Kinder, die manchmal größere Schwierigkeiten verursachen. Sinti sind in ihrer Art etwas lauter und das Einhalten von Gesprächsregeln fällt ihnen schwer. Ansonsten bestehen keine Unterschiede.

Lehrkräfte sagen aus, dass Sinti vermehrt den Kontakt zu den Erwachsenen suchen, weniger zu den Klassenkameraden. Sie versprühen ihren eigenen Charme. Es gibt Sinti, die den Lehrern klar signalisieren, dass sie sich von den Lehrern nichts sagen lassen und die bestehenden Regeln nicht einhalten müssen, da sie ihre eigenen Regeln haben. Sie verlangen mehr Zuwendung, nehmen eine Mittelpunktstellung ein und reagieren beleidigt, wenn diese nicht beachtet wird. Sinti kosten die Lehrer viel Kraft und es ist eine Erleichterung, wenn sie fehlen. Insgesamt wissen Sinti-Schüler, dass die Lehrer es gut mit ihnen meinen.

Grundschulen: Nach Aussagen der Lehrer gibt es kaum Unterschiede in den Kontakten zu den Lehrern. Allerdings äußern Sinti häufiger die Aussagen: „Das will ich aber nicht! […] Das kann ich auch nicht!" (GRU/1/229-234). Sie möchten sich selbst aussuchen, was sie lernen.

EIBE: Es gibt eigentlich keine Unterschiede im Verhalten der Sinti beziehungsweise Nicht-Sinti zu den Lehrern. Wobei einem von Sinti manche Sachen erzählt werden, die vielleicht nicht ganz der Wahrheit entsprechen.

Gesamtschulen: Alle befragten Gesamtschullehrer erkennen keine Unterschiede im Kontakt zwischen Sinti beziehungsweise Nicht-Sinti zu Lehrern.

Sinti-Eltern: Einige Interviewpartner können die Beziehungen ihrer Kinder zu den Lehrern nicht einschätzen. Es gibt zahlreiche Aussagen über positive sowie negative Kontakte. Zum Teil schreien die Lehrer die Kinder in Konfliktsituationen an, und diese lassen sich das dann nicht gefallen. Die Kinder berichten Positives über die Lehrer, wenn diese mit ihnen in der Schule kochen oder tanzen.

Sinti-Schüler: Eine Hälfte bewertet ihre Lehrer positiv, die andere negativ. Es gibt Schüler, die einzelne Lehrer loben und andere wiederum kritisieren. So gibt es Aussagen darüber, dass die Lehrer nett waren und die Schüler sie gelobt haben. Es gibt Berichte über Vertrauensverhältnisse mit Lehrern, weil diese den Schülern Verständnis entgegenbrachten. Andere wiederum verneinen regelrecht, eine Beziehung gehabt zu haben oder formulieren eindeutig, sie können die Lehrer überhaupt nicht leiden. Diese Schüler kritisieren meist, dass die Lehrer sie anschreien, sie als Lügner bezeichnen, wenig Zeit für sie haben und sie insgesamt schlecht behandeln. „Die sind mit mir nicht gut umgegangen, darum bin ich mit [...] [denen] auch nicht gut umgegangen" (SinS/5/575-576). Kritisiert wurde, dass die Lehrer die Sinti an die Förderschule abschieben.

IV.8.3.7 Ergebnisse: Kontakte zu Mitschülern

Friedrich-Fröbel-Schule: Es bestehen außerhalb der Schule, in der Freizeit der Kinder, keine Kontakte zu den Mitschülern. Sogenannte Freundschaften sind auf den schulischen Bereich begrenzt. Von Seiten der Sinti besteht wenig Interesse daran, wobei es Ausnahmen gibt. Dabei sind die Verhaltensweisen der Sinti oft problematisch. Sie verhalten sich distanzlos, viele Mitschüler können damit nicht umgehen und sind dadurch eingeschüchtert. Generell bleiben Sinti-Kinder unter sich, auch während des Schulalltags.

Es bestehen primär Kontakte von Sinti zu Sinti und teilweise zu Kindern anderer Nationalitäten. Eine Lehrkraft vermutet, ursächlich hierfür ist die Wohnlage sowie die damit einhergehende gemeinsame Busbeförderung. Freundschaften mit Mitschülern sind oberflächlich. Je mehr Sinti innerhalb eines Klassenverbandes sind, desto weniger Kontakte zu Nicht-Sinti bestehen, wobei die Sinti-Jungen sich stärker von den Nicht-Sinti-Jungen distanzieren als die Sinti-Mädchen von den Nicht-Sinti-Mädchen.

Ernst-von-Harnack-Schule: Anfänglich ist der Kontakt problematisch, da Sinti in ihrem Verhalten sehr aufbrausend sind. Die anderen Kinder müssen sich erst daran gewöhnen. Außerschulisch bestehen wenige Kontakte.

„Sinti feiern auch keine Geburtstage! [...] Nee, die werden auch nicht eingeladen [...] habe ich noch nicht mitbekommen" (EvHS/2/289-300). „Je älter sie werden, desto mehr ziehen sie sich wieder in ihren eigenen Bereich zurück [...] es gehört immer noch in den Bereich der Sensation, wenn ein deutsches Kind eben ein Sinti-Kind einlädt" (EvHS/1/105). Der unregelmäßige Schulbesuch erschwert dabei die Kontaktaufnahme. Ein Lehrer berichtet von einem Sinti, der die Schule regelmäßig besucht und Kontakt sucht. Seine Eltern scheinen einen Kontakt allerdings nicht zu wünschen.

Sobald weitere Sinti in der Nähe sind, wünschen die Sinti-Kinder keine Verbindungen zu Nicht-Sinti. Sie bleiben während der Pausen unter sich und sind nicht in der Lage, mit anderen Kindern zu spielen. Sie werden nicht von den anderen Kindern gemieden, sie wollen einfach keinen Kontakt zu ihnen. Sie halten sich meist nur unter sich auf, wobei es Ausnahmen gibt. Der Kontakt zwischen Nicht-Sinti-Eltern und Sinti-Eltern scheint noch nicht zu funktionieren. Dies ist einer Kollegin bei einer gemeinsamen Weihnachtsfeier deutlich aufgefallen.

Grundschulen: Es bestehen im Grunde keine Verbindungen zu Mitschülern. Ab und zu kommt es vor, dass sich Sinti an Pausenspielen beteiligen. Von den Sinti-Familien wird anscheinend wenig Wert darauf gelegt, dass ihre Kinder Kontakte zu ihren Mitschülern pflegen. Treffen außerhalb der Schulzeit finden nicht statt.

EIBE: Es bestehen keine Kontakte, wobei die sesshaften Sinti sich nachmittags mit Mitschülern getroffen haben. Dies waren Sinti, die aktiv im örtlichen Vereinsleben integriert waren.

Gesamtschulen: Es gibt hierbei unterschiedliche Aussagen. Einerseits wird von positiven Kontakten zu Mitschülern berichtet, wobei erwähnt wird, dass die Gruppe der Sinti sehr unter sich bleibt. Andererseits wird betont, Sinti pflegen außerhalb der Schule kaum bis gar keine Kontakte zu den Mitschülern. Die Pausen verbringen sie immer unter sich. Außerhalb der Schule bestehen keine Kontakte beziehungsweise Freundschaften zu Nicht-Sinti.

Sinti-Eltern: Eltern und Großeltern können zum Teil nicht einschätzen, ob ihre Kinder beziehungsweise Enkelkinder positiven Kontakt zu ihren Klassenkameraden pflegen. Viele formulieren jedoch klar, dass ihr Kind kaum Kontakt zu Nicht-Sinti hat. „Und der kommt nicht an andere ran, die lassen das auch nicht zu. Ich weiß nicht, da halten die Deutschen zusammen und hier halten die Sinti zusammen" (SinE/4/100 102). „[...] so richtig Freunde hat er hier noch nicht gefunden. Außer Sinti, Sinti ja. Sinti-Freunde hat er hier sehr viele, aber ich meine jetzt von den Deutschen her, da hat er noch nicht so richtig Freunde gefunden" (SinE/7/288-292).

Wenn Eltern berichten, ihre Kinder haben positiven Kontakt zu Nicht-Sinti, dann wird zum Teil erwähnt, dass ihre Kinder weitaus engeren Kontakt zu Sinti pflegen. „Er weiß nicht, wie er anfangen soll, mit fremden Kindern zu reden. Außer jetzt mit den eigenen" (SinE/4/518-524).

Die Tochter nimmt an dem Elterngespräch teil und äußert klare Aggressionen gegenüber ihren Mitschülern. „Ich haue sie tot, ist mir scheißegal" (SinE/6/322-333). Die Mutter zeigt Verständnis für die Haltung ihrer Tochter. Auch wenn sie deren Haltung kritisch hinterfragt, zeigt sie doch ähnliche Verhaltensmuster: „Und wenn das eine Frau jetzt zu mir sagen würde, ich glaube auch, dass ich sie packen würde und ihr eine reinhauen würde" (SinE/6/322-333).

Sinti-Schüler: Im Großen und Ganzen verstehen sich die Sinti-Schüler gut mit ihren Klassenkameraden, selbst wenn es Kinder gibt, die Kontaktschwierigkeiten zu den Nicht-Sinti haben. Freundschaftliche Verhältnisse scheint es mehrheitlich nur unter Sinti zu geben. Dort bestehen auch außerschulische Kontakte.

Es scheint die Ausnahme zu bleiben, dass sich Sinti und Nicht-Sinti außerhalb der Schule treffen. Es entstehen keine engeren Bindungen. Eine Schwierigkeit scheint der zum Teil vorhandene Altersunterschied zu sein. Ein Junge berichtet, dass er und sein Cousin die beiden ältesten Schüler in der Schulklasse sind, beide sind mit 15 Jahren ungefähr zwei bis drei Jahre älter als ihre Klassenkameraden und geben sich deshalb wenig mit ihren Klassenkameraden ab. Außerdem besuchen Nicht-Sinti ihre Sinti-Klassenkameraden nicht in der Sinti-Siedlung. Ein Schüler begründet es damit, dass die Entfernung eventuell zu groß ist.

Bei Kontakten zu Mitschülern müssen Sinti-Mädchen beachten, dass sie keine Jungen mit nach Hause nehmen können. Sinti-Jungen haben deutlich mehr Freiheiten.

IV.8.4 Sonstiges

Fragen hierzu entstanden im Laufe der Gespräche und waren im Vorfeld nicht Bestandteil der Leitfragebögen. Entsprechend werden die Ergebnisse vorgestellt, daraus aber keine weitergehenden Erkenntnisse zur Beantwortung der zwei Forschungsfragen aufgestellt.

IV.8.4.1 Ergebnisse: Wohnsituation

Friedrich-Fröbel-Schule: Eine Lehrkraft äußert, die sozialen Verhältnisse sind sehr unterschiedlich. Die Sinti-Siedlung bildet die unterste Kategorie. Sinti leben dort in Hütten, in denen es im Winter sehr kalt ist. Im Winter herrschen dort katastrophale Lebensverhältnisse.

Grundschulen: Einzelne Lehrer schildern, Sinti wohnen Im Zellersgrund[53], in der Stadt und am Johannesberg. Eine Lehrkraft ist sich nicht sicher, ob die Familie am Johannesberg eine „reine" Sinti-Familie ist.

Sinti-Eltern: Eine Mutter kritisiert, man bekommt als Sinti in Bad Hersfeld nur schwer eine Wohnung, da man als Sinti auffällt. Sie wollte nicht in die Sinti-Siedlung ziehen, weil sie moderner leben möchte und Privatsphäre wünscht.

Sinti-Schüler: Eine Sintiza teilt mit, sie wuchs in Unterhaun auf und zog mit 16 Jahren in den Stadtteil Hohe Luft. Eine weitere weiß, die Wohnverhältnisse der Sinti sind sehr unterschiedlich und abhängig von den Vermögensverhältnissen.

IV.8.4.2 Ergebnisse: Lehrereinstellung[54]

Friedrich-Fröbel-Schule: Die Lehrkräfte versuchen, Sinti zu integrieren, von Sinti ist diese Integration aber nicht gewollt. Es wurde versucht, Kontakt zu Eltern aufzunehmen, diese interessierten sich jedoch nicht dafür. Irgendwann merkt man, dass es bereits seit Jahren so läuft und man nichts daran ändern kann. „Wenn man auch mit anderen Kollegen darüber gesprochen hat, die eben auch schon gesagt haben, ja manchmal fast resigniert, so nach dem Motto, ja es ist halt schon seit Jahren so, was sollen wir da jetzt noch groß Kraft reinstecken, du wirst da nichts ändern. So lange die nicht irgendwie auch einen Schritt auf uns zukommen, da werden wir auch an deren Einstellung zur Schule nicht viel ändern" (FFS/1/99). Laut Aussage einer Lehrkraft schwindet der Idealismus.

Ernst-von-Harnack-Schule: Man wird als Lehrer mit der Zeit etwas toleranter. Eine Lehrkraft betont, anfangs hat man große Ansprüche und es gab Streitigkeiten mit den Eltern. Ihr Verhältnis zu Sinti hat sich gelockert. Sie ist der Ansicht, dass es nette Menschen sind. Sie zeigt inzwischen mehr Verständnis für Sinti und akzeptiert, Sinti haben eine ganz andere Wertschätzung von Schule. Eine weitere Lehrkraft empfindet ebenfalls Sympathie für

53 Im Zellersgrund ist eine Straße in Bad Hersfeld.

54 Literaturempfehlung: Wurr & Träbing-Butzmann: 1998.

diese Gruppe und berichtet, dass vor vielen Jahren Lehrer die Sinti schlecht behandelten. Diese Einstellung der Lehrer hat sich geändert. Inzwischen akzeptieren Lehrer die Andersartigkeit von Sinti und zeigen es. Allerdings fordern sie von Sinti Zugeständnisse in Richtung Schule.

IV.8.4.3 Ergebnisse: Projekte[55]

Friedrich-Fröbel-Schule: Eine Lehrkraft kritisiert an dem Sinti-Sachverständigen, dass er kaum noch erscheint, seitdem er Geld für seine Arbeit bekommt. „Und da hat er uns auch gezeigt, er ist ein typischer Sinti" (FFS/2/360-369).

Ernst-von-Harnack-Schule: Eine Lehrkraft kritisiert die Arbeit mit dem Sinti-Sachverständigen, da dieser Schwierigkeiten habe, von den Sinti anerkannt zu werden. „Es liegt daran, dass er sich jetzt im Prinzip auf die Schulseite begeben hat, und er ist also jetzt ein absoluter Buhmann. [...] Der ist jetzt, glaube ich, im Urlaub sogar, weil er bedroht wird von den Eltern" (EvHS/5/181-191). Er wird von den anderen Sinti-Eltern nicht respektiert. Wichtig ist, Lehrer müssen die Kommunikation zu den Eltern herstellen. Es ist nicht gut, wenn ein Sinto probiert, zwischen den Fronten zu vermitteln. Die Kinder müssen merken, sie sind bei Lehrern gut aufgehoben. Eine weitere Lehrkraft äußert, der Sinti-Sachverständige arbeitet nicht mehr mit den Kindern, sondern nur noch in der Vermittlung mit den Eltern.

Eine weitere berichtet, dass Herr M.[56] die ersten Kontakte zu Sinti in Bad Hersfeld pflegte. Es entstanden idealistische Projekte, ohne Struktur und mit falschen Intentionen. „Wir guten Menschen, wir Mehrheit, wollen euch blöden, verkommenen Zigeunern was beibringen" (EvHS/1/109-125). Es lief alles schief, was schief laufen konnte. Die Arbeit mit dem Sinti-Sachverständigen fing ehrenamtlich an und entwickelte sich zu einem Projekt, das wissenschaftlich begleitet wird. Der Ansatz ist gut und die Vorbehalte gegenüber Schule wurden abgebaut. Viel mehr Sinti-Eltern sprechen inzwischen mit den Lehrern. Wenn Kinder fehlen und keine Entschuldigungen der Eltern vorliegen, dann greift ein dreistufi-

---

55 Die gesammelten Daten vermitteln einen ersten Eindruck über die Situation der Projekte in Bad Hersfeld, reichen jedoch nicht aus, um diese abschließend zu bewerten und Erkenntnisse daraus zu ziehen.

56 Name der Person verfremdet (Anonymisierung).

ges System. Zuerst wird gefragt und gemahnt, dann gibt es Ordnungswidrigkeitsanzeigen, die aber wirkungslos sind. Die Lehrer sind in der glücklichen Lage, dass der Sinti-Sachverständige sich dann darum kümmert und es meist sehr gut löst.

Lehrkräfte behaupten, Sinti, insbesondere Mütter, agieren teilweise aggressiv. Seit der Sinti-Sachverständige da ist, hat sich die Situation sowie Einstellung gegenüber Schule gebessert. Dieser berät die Lehrkräfte und die Eltern. Er stellt eine Verbindung zwischen Eltern und Schule her.

EIBE: Eine Lehrkraft erwähnt ein Projekt, bei dem die Ernst-von-Harnack-Schule involviert ist und das sich an Kinder mit Migrationshintergrund richtet.

Gesamtschulen: Eine Lehrkraft weist darauf hin, dass die Schule über den Schulsozialarbeiter versucht hat, Kontakt zum Sinti-Sachverständigen aufzunehmen, was sich als problematisch gestaltete, da dieser mehrere Wochen nicht zu erreichen war.

Sinti-Eltern: Eine Mutter äußert, der Sinti-Sachverständige kommt häufiger zu ihr und bringt Aufgaben für ihr Kind mit. Ein Sinto kritisiert die Arbeit des Sinti-Sachverständigen, da dieser keinen Kontakt zu den Sinti hat und zweifelt den Sinn des Projektes an. Ebenso bemängelt er dessen berufliche Vita. Ein anderer Vater lobt dagegen den beruflichen Werdegang des Sinti-Sachverständigen und berichtet, dieser war gemeinsam mit dem Lehrer seines Kindes bei ihm zu Hause. Eine Mutter sagt, Sinti-Kinder werden in der Schule schikaniert. Sie informierte den Sinti-Sachverständigen, ihr Sohn sei davon ebenfalls betroffen. Dieser wollte sich darum kümmern, geschehen ist nichts. Ein Vater lobt dagegen den Sinti-Sachverständigen.

Sinti-Schüler: Keine Aussagen hierzu.

IV.8.4.4 Ergebnisse: Kriminalität und Vorurteile[57]

Friedrich-Fröbel-Schule: Eine Lehrkraft äußert, dass Sinti teure Autos fahren und befürchtet illegale Machenschaften. Die Delinquenz bei Männern ist sehr hoch. Es geschehen häufig Diebstähle und es gibt Auffälligkeiten bezüglich Drogenkonsum und Drogenverteilung. Eine Lehrkraft erinnert sich, einige Elternteile von

57 Diese Ergebnisse sind im Zusammenhang mit „Ergebnisse: Sachverständiger Jugendkriminalität" zu lesen.

Schülern sitzen wegen Drogendelikten im Gefängnis. So treten, laut einer Lehreraussage, in diesem Milieu verstärkt Drogenprobleme auf. Es sind leichte Drogen, auch Medizinpräparate. Leider gab es tödliche Heroinfälle. Insbesondere Sintiza sind davon betroffen.

Außerdem gab es zahlreiche Sinti, die gestohlen haben. Es wurden verhältnismäßig viele Sinti bei Kaufhausdiebstählen gefasst. Auch in der Schule gab es Momente, wo Sinti stahlen. Sie haben nicht dieses Unrechtsbewusstsein wie Nicht-Sinti. „Also diese Unterschiede, dass irgendjemandem anders was gehört, wo man nicht ran soll, das ist vielen nicht bewusst" (FFS/4/260-264). Es gibt aktuell kaum Familien, die nicht mit Drogen- und Kriminalitätsproblemen zu tun haben. So gibt es in fast jeder Familie junge Männer, die im Gefängnis einsaßen. „Die haben auch da nicht so im Großen und Ganzen dieses Unrechtsbewusstsein, wenn sie da was mitgehen lassen in den Geschäften" (FFS/2/166-190).

Eine weitere Lehrkraft sagt, sehr viele Sinti sind drogenabhängig. Eine andere bestätigt, es gibt bei Sinti ein Alkohol- und Drogenproblem. Es fing vor vielen Jahren mit Appetithemmern an, dann sind Sinti auf härtere Drogen umgestiegen. In diesem Zusammenhang überfielen Sinti auch Banken.

Eine andere Lehrkraft kritisiert diese Aussage und betont, dass nicht alle Sinti diese Einstellung haben. Eine weitere Lehrkraft verneint kriminelle Machenschaften. „Wir kriegen ja immer wieder mal Rückmeldung von der Polizei, wenn Schüler in irgendwelche kriminelle Machenschaften verwickelt sind, dass eben die Polizei im Rahmen der Amtshilfe auch nachfragt, nach den Verhältnissen von Kindern und Jugendlichen. Da muss ich sagen, sind kaum Sinti dabei" (FFS/8/170). Eine Lehrkraft berichtet, dass es beiderseitig Vorurteile gibt.

Sinti kommen mit ihrer Lebensweise nicht mehr zurecht. Diese Situation wird negativ begünstigt durch die Tatsache, dass es kein Oberhaupt mehr gibt, das die Gruppe zusammenhält.

Ernst-von-Harnack-Schule: Eine Lehrkraft äußert, Sinti haben ihre Lehrer und Mitschüler bestohlen. Es wurde argumentiert, sie machen das immer so. Die Eltern wurden darüber schriftlich in Kenntnis gesetzt, kein Elternteil antwortete.

Eine Lehrkraft schildert, der soziale Halt bricht immer mehr weg und Sinti haben viele Probleme, wie andere Jugendliche heute auch. Gerade die weiblichen Sinti zeigen Drogenprobleme und Abhängigkeiten von Psychopharmaka. Alkoholprobleme sind ihr nicht bekannt. Die extremen Drogenschwierigkeiten sind nur bei

Sintiza bekannt, die dann im Tod oder einer Psychiatrie enden und an den Kulturen zerbrechen.

Eine Lehrkraft sagt, der Vater eines Kindes ist seit über zehn Jahren drogenabhängig. Eine Lehrkraft berichtet von der Aussage eines Schülers, dass dessen Vater wiederholt Hasch konsumiert hat. Ihr ist bekannt, dass eine Mutter an einer Überdosis Rauschgift starb. Eine andere schildert, dass der Vater eines Sinti-Schülers im Gefängnis sitzt. Lehrer wundern sich, die Männer gehen keiner Arbeit nach, fahren jedoch teure Automobile. Sie können sich nicht erklären, wie Sinti diese kostspieligen Autos finanzieren. Es bestehen gegenseitig Vorurteile. So äußert eine Lehrkraft, Eltern stehen vor der Klassentür oder auf dem Schulhof. Außerdem erzählen die Kinder nicht immer die Wahrheit.

Grundschulen: Sinti haben mit Gesetzesübertretungen Schwierigkeiten. Sie gehen Tätigkeiten nach, die steuerpflichtig wären, dies aber nicht so handhaben.

Sinti-Eltern: Eine Mutter berichtet, Sinti sind bekannt dafür, dass sie stehlen. Früher war es wirklich so. Es wurden Lebensmittel gestohlen, um zu überleben. Sinti sind daher ein abgestempeltes Volk, bis heute. „Und es klauen ja nicht nur Zigeuner. Jeder Mensch hat aus irgendeinem Grund, hat es mal gemacht" (SinE/16/256-258).

Ein Vater berichtet, die meisten Nicht-Sinti wollen mit Sinti nichts zu tun haben. Er berichtet auch von Vorurteilen der Sinti gegenüber den Nicht-Sinti, Nicht-Sinti wurden als Nazis beschimpft. Eine Mutter kritisiert, Sinti haben es nicht leicht. Sie werden von den Deutschen verurteilt, dass Sinti klauen und dreckig sind, man ist immer Ausschuss. Eine Mutter fühlt sich nicht als deutsche Staatsbürgerin, da Deutsche sie nicht wie eine Deutsche behandeln. Sie ist der Ansicht, die Mission ist verantwortlich dafür, dass inzwischen Sinti nicht mehr viel stehlen, wie einst. Der Vorwurf, Sinti stehlen, besteht weiterhin, auch in anderen Städten. Sie spricht, ihr Sohn war 15 Jahre schwer drogenabhängig. Sie möchte nicht, dass ihre Kinder Deutsche heiraten, würde es jedoch akzeptieren. „Aber lieber ist es uns, wenn wir in unserem Stamm heiraten. Sonst geht unser Stamm ja kaputt. Da ist ja kein reinrassiges Blut mehr in unserem Stamm" (SinE/6/228-231).

Eine Mutter ist der Ansicht, Sinti fühlen sich in Bad Hersfeld wohl. Es besteht ein großes Drogenproblem. Kinder kiffen und trinken viel Alkohol. Primär betrifft es Jungen, und mit 14 oder 15 Jahren beginnt der Rauschgiftkonsum. Bereits mehrere nutzen Drogen und spritzen auch. Die stehen morgens auf und wollen nur Geld und Drogen. Sinti beklauen Sinti. Drogen erhält man im Stadtteil Hohe Luft problemlos.

Sinti-Schüler: Eine Schülerin berichtet, sie hat keine deutschen Freunde, weil sie Deutsche nicht leiden kann. Eine weitere merkt an, es gibt nach wie vor Probleme mit Deutschen. Deutsche sehen Sinti und sagen, diese stehlen. Bei den Deutschen haben Sinti keinen Wert, man merkt es an der ganzen Haltung sowie den Blicken. Eine weitere sagt, bei älteren Deutschen bestehen noch Vorurteile. Sie selbst hat in Bad Hersfeld nur positive Erfahrungen gemacht, eine weitere Sintiza machte wiederum negative Erfahrungen mit Lehrern und deutschen Kindern. Wenn man als Sinti in Bad Hersfeld durch die Stadt geht, reagieren viele positiv, viele aber auch negativ. „Wenn man zum Beispiel einkaufen geht, die gucken einem genau auf die Finger und so nach, hach, die klaut ja" (SinS/18/197-203). Ein Sinto kritisiert, dass Kaufhausdetektive ihn beobachten, wenn er einkauft, weil er Sinti ist. Ein Sinto erzählt, er muss aufgrund einer Körperverletzung Arbeitsstunden ableisten. Er schildert, es gab vor 20 Jahren bei Sinti in Bad Hersfeld ein Drogenproblem, aktuell nicht mehr.

IV.8.5 Ergebnisse: Sonstige Interviewpartner

IV.8.5.1 Ergebnisse: Arbeitsagenturmitarbeiter

Es gelang in den letzten Jahren nicht, Sinti in Ausbildung zu bringen. Entweder haben sie nicht mitgearbeitet, es abgelehnt oder waren vom Lernen her überfordert. Auf dem Ausbildungsstellenmarkt treten Sinti gar nicht auf, zudem macht ihre Reisetätigkeit Ausbildungschancen zunichte. Ein normaler Jahresurlaub von maximal 30 Tagen reicht ihnen nicht aus. Arbeitgeber scheuen sich aufgrund von Vorurteilen, die nicht unbegründet sind, Sinti einzustellen. Sinti vermitteln den Eindruck, sie sind faul, unzuverlässig und schlecht qualifiziert. „Dann haben sie ja den Ruf, wenn du so einen nimmst, fehlt dir hinterher die halbe Einrichtung" (SON/7/117). Weitere Hemmnisse sind, sie finden mittels ihres Glaubens immer eine Ausrede, um eine berufliche Tätigkeit nicht anzunehmen. Erschwerend bei den Mädchen ist deren frühe Mutterschaft. Grundsätzlich erhalten Sinti keine Arbeit.

Generell sind die Arbeitsvermittlungschancen im Bereich Nordhessen relativ schwierig, auch weil es kaum Neuansiedlungen für Industrieunternehmen gab. Für eine Ausbildungsstelle benötigt man inzwischen die mittlere Reife. Ohne diese haben Jugendliche kaum eine Chance in einem normalen Bewerbungsverfahren. Der

Ausbildungsstellenmarkt wird vermutlich schwieriger werden. Ausbildungsstellen für „einfache" Berufe, zum Beispiel Koch oder Fleischer, sind seltener geworden. Jugendliche mit Hauptschulabschluss haben kaum noch eine Chance auf dem Ausbildungsstellenmarkt, sie sind fast ausschließlich auf überbetriebliche Ausbildungen angewiesen. Wenn ein Arbeitnehmer solche Schulabgänger einstellt, fördert die Arbeitsagentur die Lohnkosten mit 50 %.

Sinti sind für die Arbeitsagentur schlecht greifbar. Kontakte entstehen oft über die Friedrich-Fröbel-Schule. Diese Kontakte verlieren sich aber wieder. Ursächlich hierfür ist, sie sind oft unterwegs, werden von anderer Stelle finanziell unterstützt und haben nicht das Bedürfnis, eine Ausbildung anzunehmen. Sie hätten die Möglichkeit, überbetriebliche Ausbildungen durchzuführen, zeigen allerdings keine Eigeninitiative. Sie bilden eine Randgruppe und erhalten problemlos eine Grundsicherung beziehungsweise Sozialhilfe, Hartz IV eher nicht, da sie dann dem Arbeitsmarkt zur Verfügung stehen müssten. Es werden diesbezüglich keine größeren Kontrollen durchgeführt. Finanziell scheinen sie mittels staatlicher Gelder und eigener Geschäfte gut auszukommen. „Also es ist kein Haus da, bei den Sinti [...], wo kein dicker Mercedes davor steht und kein großer Wohnwagen" (SON/7/51-53).

Sinti müssten die Schule regelmäßig besuchen, die Reisetätigkeiten unterlassen, in der Schule höherwertige Abschlüsse anvisieren und sich mittels Praktika präsentieren. Die Integration in die Gesellschaft muss erfolgen, sie sollten unbedingt ihren Lebensweg ändern. „Mit dem derartigen Lebensstil, den sie jetzt haben [...] sind sie wahrscheinlich gar nicht so richtig zu integrieren" (SON/7/100-105).

IV.8.5.2 Ergebnisse: Hartz-IV-Fallmanager

Zwei Drittel oder mehr beziehen Hartz IV, sind meist finanziell schwach aufgestellt und handeln zum Beispiel mit Schrott oder alten Möbeln. Sie leben sehr frei und passen sich ungern der allgemein-deutschen Normgesellschaft an. Jungen werden zum freien, unabhängigen Leben erzogen, Mädchen wachsen in die Hausfrauenrolle hinein. Es bestehen enge verwandtschaftliche Kontakte, und sie sind meist nach Sinti-Brauch verheiratet, selten standesamtlich. Ihr Auftreten ist sehr laut, forsch und schüchtert Fallmanager ein. Im Jugendbereich werden sie überproportional häufig straffällig; sie haben mehr Vorstrafen, die überwiegend auf Betrugsfällen beruhen. Es sind keine Schwerverbrechen, sondern Diebstähle, Scheckkarten- oder Krankenversicherungskartenmissbräuche. An Schlägereien sind sie häufig beteiligt. Sinti genießen eine politische Sonderstellung, die sie ausnutzen. Ihre Reisetätigkeit ist Bestandteil ihrer Kultur und viele reisen von Mitte März, April bis Mitte, Ende Oktober. Vor Reisebeginn müssten sie sich abmelden, dies machen die wenigsten. Aufgrund von Hartz IV besteht eine Anwesenheitspflicht. ALG-II-Empfänger stehen drei Wochen Urlaub im Jahr zu. Diese Regelung würde Sinti beeinträchtigen, wenn man sie kontrollieren würde.

Man ist bemüht, sie in Maßnahmen zu qualifizieren und bietet ihnen diese an. Es ist jedoch äußerst schwierig oder fast unmöglich, sie diesbezüglich zu integrieren. Sie besuchen Schulen unregelmäßig und ihre Schulkarrieren sind in den allermeisten Fällen erfolglos. Von der Grundanlage her sind es keine Sonderschüler, dennoch landen sie im Laufe ihrer Schulkarriere meist dort. Sie werden erzogen zu einem freien, unabhängigen Leben ohne Schulabschluss. Schulbildung hat für sie keinen hohen Stellenwert, Eltern unterstützen sie darin nicht. Zahlreiche Sinti sind Analphabeten, bestehende Deutschkurse (Alphabetisierungskurse) nutzen sie aber nicht. Sie hätten die Möglichkeiten zur Teilnahme an überbetrieblichen Ausbildungen und verschiedenen niederschwelligen Angeboten. Sie müssten den Willen mitbringen und sich nicht weigern zu arbeiten. Sinti „berufen sich [dabei] oft auf ihre Kultur" (Son/4/77-88), vermeiden beispielsweise Tätigkeiten im medizinischen Bereich und drücken sich so häufig vor der Arbeit. Leistungskürzungen nehmen sie in Kauf. Aufgrund von Nebentätigkeiten, die nicht immer angemeldet werden, sind sie darauf nicht angewiesen. Sie arbeiten am Finanzamt vorbei und sperren sich letztendlich gegen jegliche Arbeit. Hauptsächlich geht es ihnen um den Krankenversicherungsschutz. Ihr berufliches Ziel ist das Reisegewerbe, die Selbstständigkeit, zum Beispiel in Form von Dachreinigungen. Sozialversicherungspflichtige Beschäftigung sowie ein abhängiges Arbeitsverhältnis sind für sie nicht erstrebenswert. Kein Sinti schließt eine Ausbildung ab. Eine einzige Sintiza ist bekannt, die als Hilfslagerarbeiterin ohne Abschluss bei einem großen Betrieb arbeitet. Selbst wenn man Sinti qualifiziert, wird es schwer, sie in Arbeit zu bringen, da die Vorurteile in der Bevölkerung relativ groß sind. Ihre Sinti-Herkunft schreckt die Firmen ab. Insgesamt sind Sinti in Bad Hersfeld nicht integriert.

IV.8.5.3 Ergebnisse: Hortmitarbeiterin

Kontakte im Hort bestehen mit Müttern und Großmüttern. Die Kinder kommen nach der Schule zum Hort, spielen dort eine Dreiviertelstunde, essen zu Mittag und fertigen zwischen 13.30

und 15 Uhr die Hausaufgaben an. Danach nutzen sie das Freizeitangebot und werden gegen 16, 16.30 Uhr abgeholt. Sie verbleiben nie bis zum offiziellen Ende. Sinti sind katholisch und nehmen an Festen und Feiern des Horts nicht teil. Beispielsweise nehmen sie an Halloween und Fasching nicht teil; „sie wollen ihre Seele nicht verlieren" (SON/4/152-155).

Hauswirtschaftliche Dienste übernehmen die Mädchen problemlos, Jungen versuchen sich dieser Arbeit zu entziehen, diese Rolle entspricht ihnen nicht. Mädchen heiraten früh und wachsen in die Rolle hinein, für die Familie zu sorgen. Beispielsweise ist ein ehemaliges Hortkind inzwischen 16 Jahre alt, verheiratet und schwanger.

Sinti-Kinder, die in den Hort gehen, besuchen die Schule regelmäßig. Lernen fürs Leben hat bei ihnen einen hohen Stellenwert, die Schulpflicht empfinden sie als eine Form des Zwanges. Einige reisen manchmal drei bis vier Monate, auch während der Schulzeit. Die entstehenden Wissenslücken sind im Hort oft sehr schwer nachzuarbeiten. Es ist fast unmöglich, daher haben diese Kinder Schulprobleme. Meist besuchen sie den Hort nur ein bis eineinhalb Jahre, nur wenige bleiben länger. „Wenn sie [...] mehr bei uns wären, hätten sie vielleicht andere Chancen. [...] Also Lesen, Schreiben einfach besser beherrschen zu können" (SON/4/113-115). Ihnen fehlt die Unterstützung von zu Hause, da die Eltern nicht schreiben und oft nicht gut lesen können. Die Kinder sprechen meist ein gutes Deutsch, haben allerdings Probleme mit der Grammatik und dem Sinnerfassen von Texten. Den Eltern ist wichtig, dass ihre Kinder im Hort Unterstützung im Lesen und Schreiben erhalten.

Im Hort gibt es Beziehungen zwischen Sinti- und Nicht-Sinti-Kindern, es entstehen dennoch keine Freundschaften oder Kontakte, die über den Hort hinaus bestehen.

IV.8.5.4 Ergebnisse: Stadtjugendpfleger

Die soziale Situation in der Siedlung ist fürchterlich, „die Häuser sind in einem schlecht gepflegten Zustand [...], wie ein kleines gallisches Dorf. Einfach blöd" (SON/3/17). Sinti leben nicht mehr hauptsächlich in der Sinti-Siedlung, überwiegend leben sie im Stadtteil Hohe Luft und anderen Bereichen der Stadt. Sinti aus dem Stadtteil Hohe Luft haben eine höhere soziale Stufe erreicht. Diese gehen einer geregelten Arbeit nach, und ihre Kinder besuchen die Schule regelmäßiger. Sinti sind beruflich selbstständig, beispielsweise im Schrotthandel. Die Kinder haben das Ziel, einen

Beruf zu erlernen. Die Söhne wollen das Geschäft ihres Vaters übernehmen.

Sinti sind sehr gläubig, und es besteht ein großer Zusammenhalt innerhalb der Familie, der Sippe. Im Sommer reisen die meisten Sinti, es sind Fahrten mit religiösem Motiv. Einige reisen nur fünf bis sechs Wochen innerhalb der Sommerferien. Viele fahren bereits ein bis zwei oder sogar drei bis vier Wochen früher und länger.

„[Schule] ist ein notwendiges Übel, vor dem sie sich drücken, so oft es geht" (SON/6/93-95). Sinti, welche in die Begegnungsstätte[58] gehen, besuchen fast alle die Sonderschule. Eltern wünschen den Besuch ihrer Kinder an der Friedrich-Fröbel-Schule, viele könnten ebenso eine Gesamtschule besuchen. An der Sonderschule begegnet ihnen, im Gegensatz zu anderen Schulen, eine gut ausgebildete und motivierte Lehrerschaft. Ob sie die Schule mit oder ohne Abschluss verlassen, ist vielen egal.

Sie stehen morgens auf, frühstücken zum Teil, gehen zur Schule oder eben nicht und sind nach der Schule zu Hause oder in der Stadt. Nachmittags verbringen sie die Zeit in der Einrichtung Begegnungsstätte, spielen dort Billard oder Tischtennis. Die jüngeren, fünf- bis neunjährigen Sinti-Kinder „hängen wirklich den ganzen Tag auf der Straße ab" (SON/6/37-39). In den letzten beiden Jahren fiel auf, dass relativ viele Sinti straffällig wurden, aufgrund von Diebstählen, Schlägereien oder Drogendelikten, Beschaffungskriminalität oder Kleindealertum. Kinder anderer Nationalitäten fallen diesbezüglich allerdings ebenso auf.

Mit Eltern besteht sehr selten Kontakt. An Veranstaltungen wie Ferienspielwochen nehmen die Kinder nicht teil. Sinti-Kinder sind misstrauischer als Nicht-Sinti-Kinder, die Kontaktaufnahme ist schwieriger. Zudem haben Frauen im Kontakt zu ihnen einen schwereren Stand. Wenn Sinti-Mädchen die Einrichtung besuchen, diktieren ihnen die Sinti-Jungen Regeln, an die sie sich halten müssen. Freundschaften zwischen Sinti und Nicht-Sinti bestehen in der Einrichtung nicht.

---

58 Die Begegnungsstätte ist ein Treffpunkt der Stadt Bad Hersfeld für Kinder und Jugendliche.

IV.8.5.5 Ergebnisse: Mitarbeiter ASD[59]

Bad Hersfelder Sinti bilden eine Randgruppe. Viele leben im Stadtteil Hohe Luft, Am Helfersgrund, einige Im Zellersgrund[60] sowie in der Sinti-Siedlung. Sie beziehen in erster Linie ALG II, zahlreiche handeln mit Schrott. Sinti in Bad Hersfeld sind alle miteinander verwandt, ihre Verwandtschaftsverhältnisse sind nicht nur regional begrenzt. Wenn sie beispielsweise wegziehen, dann ziehen sie immer dorthin, wo Verwandtschaft von ihnen lebt. Ein Sinti-Oberhaupt ist nicht bekannt. Ein Großteil ist sehr religiös, katholisch beziehungsweise freichristlich und in der Mission aktiv. Einige Sinti reisen jährlich während der Sommerferien mit den Missionsfahrten, wenn es ihre finanzielle Situation ermöglicht. Vermutlich reisen einzelne weit über die Schulferienzeiten hinaus, namentlich bekannt sind ihnen jedoch keine.

Schule hat für Sinti nur eine geringe Bedeutung, Reise und Familie ist ihnen dagegen wichtig. Der familiäre Zusammenhalt, die Familienstrukturen sowie die Orientierung an den Älteren nehmen ab. Großmütter bemühen sich, die Familien zusammenzuhalten. Vor zehn Jahren gab es eine Phase, in der sehr viele Mütter drogenabhängig waren. Junge Frauen landeten im Gefängnis und in Pflegefamilien. Überforderte Großmütter kümmerten sich um deren Kinder. Suchtproblematik gibt es in Einzelfällen weiterhin. Kriminalität tritt bei Sinti nicht häufiger als bei anderen Volksgruppen auf.

Es herrscht eine legerere erzieherische Haltung gegenüber den Kindern. So wird wenig Wert auf einen strukturierten Tagesablauf gelegt. Zahlreiche Nicht-Sinti-Familien sind aber ebenso unstrukturiert. Jungen halten sich in den Straßen auf, während Mädchen meist im Haushalt helfen, allerdings ist es immer familienabhängig.

Die Kommunikation findet meistens mit den Frauen statt, Männer treten wenig in Erscheinung. Man kann sich mit allen Eltern sprachlich verständigen, viele können jedoch nicht lesen und schreiben. Vermutlich fällt es vielen Sinti schwer, in der Schule mitzukommen, da sie von ihren Eltern keine Unterstützung erfah-

59 ASD (Allgemeiner Sozialer Dienst): Hierbei handelt es sich um Mitarbeiter des Fachreferats der kommunalen Jugendhilfe (Jugendamt).

60 Am Helfersgrund sowie Im Zellersgrund sind zwei Straßen in Bad Hersfeld.

ren. Bereits im Grundschulbereich sind Eltern, zum Beispiel bei Hausaufgaben, überfordert.

Einigen Eltern ist Schule wichtig, andere erachten Schule nicht als zwingend erforderlich. „Es gibt aber auch Familien, die sagen: ‚Natürlich möchte ich, dass der Junge in die Schule kommt, aber was die Lehrer von mir verlangen, das ist Zerstörung meiner Kultur'" (SON/1/64). Eltern wünschen, dass es ihren Kindern besser geht und die Kultur erhalten bleibt. Sie sollen lesen lernen und wissen, wie das Behördensystem funktioniert. Bezüglich ihrer Lebensentwürfe orientieren sie sich an ihren Eltern; diese Haltung ist nicht Sinti-typisch. Wenn der Vater Schrott fährt, wollen sie es ebenso. Sinti sind jedoch die einzigen in Bad Hersfeld, die mit Schrott handeln.

Wenige Sinti besuchen einen Kindergarten, einen Hort oder die Vorschule. Ursächlich hierfür sind finanzielle Gründe. Die Kindergartenkosten werden zwar übernommen, allerdings nicht die 50 Euro Essensgeld. Dies hindert nicht nur Sinti, den Kindergarten zu besuchen, sondern ebenso Kinder von Nicht-Sinti verschiedener Nationalitäten.

Tendenziell ist es so, Sinti bleiben unter sich. Sie heiraten untereinander; es sind keine standesamtlich, sondern kulturell geschlossene Ehen. Es bestehen keine Freundschaften zwischen Kindern von Sinti und Nicht-Sinti. Es gibt Bereiche, in denen Sinti integriert sind, in anderen wiederum nicht. „[...] ich finde, es ist eine Form der Ausgrenzung, dass viele im Bereich der Friedrich-Fröbel-Schule landen" (SON/1/125-128). Sinti berufen sich oft auf ihre Kultur und fühlen sich rassistisch behandelt. „Äußerungen wie ‚mit den Deutschen will ich nichts zu tun haben, ich spiele nur noch mit den Sinti', also das sind Sachen, die fallen" (SON/1/134-138). Sie sind gesellschaftlich nicht integriert. Sicherlich hat es hier in Bad Hersfeld auch einen historischen Hintergrund mit dieser Abkapselung in der Siedlung. Es gab wenig Raum für Integration, sie bemühen sich nicht darum und sie erhalten kaum die Möglichkeit zur Integration, auch nicht von den anderen Nicht-Sinti-Familien. Es gibt ein Projekt, bei dem nur Sinti gezielt schulische Förderung erhalten, selbst dort findet keine Integration mit Nicht-Sinti statt.

An Schulen besteht oft Resignation, „es gibt verschiedene Schulen, die [...] sagen, ein Ordnungswidrigkeitsverfahren leiten wir nicht ein, weil das sind doch Sinti, und das nützt eh nichts" (SON/1/268-280). Schwerpunktmäßig besuchen Sinti die Ernst-von-Harnack-Schule, einige die Linggschule, der größte Anteil die Friedrich-Fröbel-Schule und im Anschluss hören ihre Schulkarrieren meist auf. Schulische Ziele haben sie meist keine, dennoch hat die Bedeutung von Schule bei Sinti zugenommen. Die Gesprächspartner betonen, dass Problemfamilien nicht nur bei Sinti existieren.

IV.8.5.6 Ergebnisse: Sachverständiger Sinti

Die meisten Sinti-Schüler fallen durch hohe Fehlzeiten, fehlendes Schulmaterial und Desinteresse am Unterricht auf. Von ihren intellektuellen Möglichkeiten könnten sie sehr gute Schüler sein. Die meisten Sinti besuchen keinen Kindergarten, sie treten meist erst mit der Einschulung in Kontakt zur Mehrheitsbevölkerung und sprechen schlecht Deutsch. Erwachsene können auf einem niedrigen Niveau lesen und schreiben. Inhalte einem Text zu entnehmen überfordert sie.

Als Sinti wird man von der Mehrheitsbevölkerung negativ beurteilt. Es bestehen Vorurteile, auch seitens der Polizei und Behörden. In den 80er- und 90er-Jahren gab es eine Drogenproblematik, inklusive Beschaffungskriminalität, unter den Sinti in Bad Hersfeld. Derzeit haben die meisten Sinti keine Drogenprobleme.

In den Familien haben Frauen weniger Rechte als Männer. Die Familien der Unterschicht der Bad Hersfelder Sinti sind arm, beziehen Hartz IV und haben zum Teil Drogenprobleme. Die Mitglieder der Mittelschicht sind teilweise selbstständig und reisen meist, wogegen Familien aus der Unterschicht wenig reisen. Familien der Oberschicht haben keine finanziellen Probleme und besitzen meist eigene Häuser. Aus der Unterschicht und Teilen der Mittelschicht erscheinen die Kinder oft zu spät und zum Teil ungepflegt in der Schule. Wenn sie nach Hause kommen, wird nichts mehr für die Schule getan. Sie verbringen den Tag meist draußen im Freien oder gucken Fernsehen. In ihrer Freizeit geschieht wenig und die Wochenenden verstreichen vor dem TV-Gerät, der Spielekonsole oder sie besuchen abends Diskotheken. Die Familien sind „total kaputt" (SON/5/64-70), Kinder werden unzureichend erzogen und „die Eltern [sind] [...] instabil" (SON/5/64-70). Sie kriegen ihr eigenes Leben nicht organisiert. Die finanzielle Situation belastet diese Familien.

Sinti fehlen im Schuljahr 50 Tage und mehr, manche sogar 150 Tage. Es entsteht ein Teufelskreis. Die Wissenslücken sind nicht mehr aufzuholen, und die Kinder bleiben zu Hause, da sie in der Schule nichts mehr verstehen. Dieser schulische Teufelskreis, keine Schulabschlüsse, hohe Fehlzeiten et cetera, beeinträchtigt ihre beruflichen Perspektiven. Sie erhalten keine Arbeitsstellen, eventuell geringfügige Beschäftigungen. Daher werden die meisten selbstständig und handeln mit Schrott, Antiquitäten oder reinigen Dächer und Fassaden. Sie beziehen kein festes Gehalt und leben vor sich hin.

Kontakte zu Nicht-Sinti-Kindern bestehen kaum. Durch die Reisetätigkeiten lösen sich die Kontakte immer wieder auf. Diese Fahrten sind aus finanzieller Sicht für die meisten notwendig. Dort handeln sie mit Schrott und Antiquitäten. Den Familien der Unterschicht fehlen meist die Mittel, um Fahrten durchzuführen. Derzeit reisen circa 40 % bis 50 % der Sinti, Tendenz fallend. Es gibt Familien, die fahren von Februar bis November und Familien, die nur noch in den Sommerferien fahren. Den Schulstoff, den sie während der Reisen verpassen, holen sie nicht wieder auf.

Sinti trauen den Schulen nicht. Sie haben Ängste, ihre Kinder könnten „von der Schule dann weggenommen werden, entführt werden, umgebracht werden und so weiter" (SON/5/149-154). „Für die Eltern zählt, wenn das Kind [...] [die] Grundtechniken Lesen, Schreiben, Rechnen kann. Am untersten Niveau, dann reicht das schon" (SON/5/149-154).

Die Ernst-von-Harnack-Schule sowie die Friedrich-Fröbel-Schule lassen sich auf die Kultur der Sinti ein. Die Bad Hersfelder Gesamtschulen versuchen dagegen, Sinti zu integrieren, ohne auf die Kultur und Mentalität der Sinti einzugehen; dies verursacht Probleme. Die meisten Kinder landen resigniert an der Friedrich-Fröbel-Schule. An Realschulen und Gymnasien befinden sich keine Sinti und nur sehr wenige an Hauptschulen. Die Schulkarrieren zwischen den Geschlechtern verlaufen dabei ähnlich, letzten Endes landen sie alle an der Friedrich-Fröbel-Schule. Schulische Ziele schwinden mit dem eintretenden Misserfolg in Schule. Dieser entsteht aufgrund der Reisetätigkeit oder weil Eltern ihre Kinder nicht regelmäßig in die Schule schicken. Berufliche Ziele haben sie nicht, jedoch Wunschvorstellungen. Aufgrund ihres schulischen Hintergrunds erreichen sie diese Wünsche, zum Beispiel Kfz-Mechatroniker, nicht. Teilweise machen sie sich keine Gedanken um ihre Zukunft, Schüler haben im Grunde keine Lebensentwürfe. Diesbezüglich besteht aber kein kultureller Zusammenhang. Auch die zum Teil frühen Hochzeiten sind kein Sinti-kulturelles Problem, sondern individuelle Familienprobleme. Eltern planen die Zukunft ihrer Kinder nicht. „Würde man sich wirklich ernsthaft Gedanken machen, wie kommt mein Kind später zurecht, würde man das Kind regelmäßig zur Schule schicken" (SON/5/203-207).

Sinti sind an Bad Hersfelder Schulen nicht integriert, nur toleriert. Sie fühlen sich dort nicht wohl, eher im Stich gelassen und überfordert. An Schulveranstaltungen, wie zum Beispiel Klassenfahrten oder Lesenächten, nehmen sie nicht teil. An kurzzeitigen Schulfesten nehmen sie dagegen eher teil. Die Kontakte zwischen Eltern und Lehrern bestehen nicht, nur wenn etwas vorgefallen ist. Eltern besitzen kein Vertrauen in die Lehrer, auch weil keine Beziehung zueinander besteht.

IV.8.5.7 Ergebnisse: Sachverständiger Jugendkriminalität

Vorab ist zu erwähnen, dass Bad Hersfeld eine auffällig hohe Kriminalitätsrate hat.

Sinti leben in Bad Hersfeld überwiegend im Stadtteil Hohe Luft. Die Bildung des Gettos an der Bundesstraße 27 war ein Fehler. Sinti haben untereinander nicht alle einen guten Kontakt miteinander. Viele distanzieren sich von den Sinti aus dem Getto. Ihr Leben spielt sich auf der Straße ab, sie tragen Spitznamen, sind zum Teil hervorragende Musiker und leben nach wie vor in Großfamilien zusammen. Eltern sowie Großeltern sind überwiegend Analphabeten, sie besitzen Deutschkenntnisse, sprechen aber meist Romanes. Im Gegensatz zu früher reisen heutzutage kaum noch Sinti. Überwiegend beziehen sie Hartz IV und ihre wirtschaftliche Situation ist seit Jahren unverändert.

Mitte der 80er-Jahre begann bei den Bad Hersfelder Sinti ein Kulturzerfall, als Betäubungsmittel nach Bad Hersfeld kamen, es keine Sippenvorsteher mehr gab und sie nicht mehr ausschließlich untereinander heirateten. Früher wurden Kinder, im Gegensatz zu heute, nicht vernachlässigt. Kirche hat positiven Einfluss auf Sinti. Sie sorgt bei Sinti dafür, dass jetzt weniger auffällig werden. Ihr Glaube hält viele davon ab, Betäubungsmittel einzunehmen.

Die Schüler besuchen meist die Ernst-von-Harnack-Schule, die Gesamtschule Obersberg sowie die Friedrich-Fröbel-Schule. „Das sind nur wenige, die weiterführende Schulen besuchen und noch viel weniger, die auch einen guten Abschluss machen, also Hauptschule, mittleren Bildungsabschluss und dann noch weiter gehen“ (SON/3/37). Im Vergleich zu früher ist der Schulbesuch regelmäßiger geworden. Früher hatte Schulbildung für Sinti nur einen geringeren Stellenwert. Sie haben das schulische Ziel, den Hauptschulabschluss zu erreichen. Im Gegensatz zu früher werden bei Schulpflichtsverletzungen oftmals Ordnungswidrigkeitsverfahren eingeleitet. Bußgelder werden von Eltern nicht bezahlt und die Schüler müssen dann Arbeits- beziehungsweise Sozialstunden ableisten. Inzwischen besuchen sie verstärkt die Schule.

Beruflich gibt es für Sinti nur wenige Angebote, es bestehen vermutlich nach wie vor Vorurteile, Sinti einzustellen. Sinti sind in Bad Hersfeld nicht integriert, ihre Situation hat sich jedoch gebessert. Inzwischen sind mehr Sinti gesellschaftlich integriert und haben eher eine Perspektive für ihr Leben, beispielsweise sind einige Sinti in Fußballvereinen aktiv. Auf Schulhöfen stehen sie aber noch immer isoliert zu den anderen, Provokationen haben dagegen abgenommen.

Das über Jahre aufgebaute Vertrauen ermöglicht dem Interviewpartner eine gute Zusammenarbeit. Es gibt jedoch Mitarbeiter, die sich aus Angst nicht in die Sinti-Siedlung trauen. Vor zehn bis fünfzehn Jahren kamen Sinti mit dem Gesetz wegen Eigentumsdelikten, Diebstahls, Körperverletzungen und Sachbeschädigungen in Konflikt. Inzwischen haben Diebstahlsdelikte und Körperverletzungen abgenommen. Zugenommen haben Delikte in Zusammenhang mit Betäubungsmitteln (Beschaffungskriminalität). Sehr viele sind schwerstabhängig. Anfangs nahmen Frauen Abmagerungstropfen, Sinti konsumieren Cannabis, Speed, Ecstasy, Tabletten und parallel dazu Alkohol. Im Bereich Drogenkonsum und Straffälligkeit fallen sie nicht mehr auf als die Gesamtbevölkerung. Im Bereich Kriminalität treten sie in Quantität und Qualität der Strafsachen sogar seltener auf. Ursachen für Straffälligkeit bei Sinti sind ihre Wohngegend sowie ihre Arbeitslosigkeit. Im Ganzen ist die Kriminalitätsrate bei Sinti unauffällig. Gemessen an der Gesamtbevölkerung fallen Sinti kriminell nicht besonders auf.

V Erkenntnisse

Die Erkenntnisse resultieren aus den Ergebnissen, die im Rahmen dieser Forschung erhoben wurden. Im Folgenden werden daraus die Erkenntnisse gefiltert, die zur Beantwortung der anfangs gestellten Forschungsfragen relevant sind. Auf fehlerhafte Aussagen der Interviewteilnehmer, die zum Teil in den Ergebnissen aufgeführt wurden, wird nicht weiter eingegangen, wenn diese nicht relevant für das Ergebnis sind.

V.1 Erkenntnisse: Statistik

Schulbesuchsquote: Die Ergebnisse zur Analyse der Schulbesuchsquote belegen, Sinti werden in Bad Hersfeld überproportional häufig an der Schule für Lernhilfe beschult. Würde man ein Schulranking aufstellen, welches die Schulformen nach den Erfolgen der weiteren beruflichen Zukunft sortiert, dann würde die Schule für Lernhilfe dabei den untersten Platz einnehmen. Ein Kriterium dafür wäre zum Beispiel, dass die Absolventen dieser Schulform die geringsten beruflichen Chancen auf dem Arbeitsmarkt haben. Im Vergleich zu den Nicht-Sinti erzielen Sinti in Bad Hersfeld somit erfolglosere Schulkarrieren als ihre Mitschüler.

Schulabschlüsse: Weiteren Aufschluss über den Erfolg von Schulkarrieren ermöglichen die Ergebnisse der Analyse der Schulabschlüsse. Die Analyse der Schulabschlüsse an der örtlichen Schule für Lernhilfe ergibt, eine auffällig hohe Anzahl der Sinti verlässt die Schule für Lernhilfe ohne Abschlusszeugnis. Im direkten Vergleich mit den Nicht-Sinti erzielen sie deutlich weniger Schulabschlüsse. Dies ist ein Indiz, dass die Schulkarrieren der Nicht-Sinti in Bad Hersfeld erfolgreicher verlaufen als die der Sinti.

Fehltage: Die Analyse der Fehltage ist ein Indikator für die Schulsituation der Sinti. Mittels der statistischen Erhebung wurde festgestellt, die Gruppe der Sinti in Bad Hersfeld bleibt der Schule beziehungsweise dem Unterricht deutlich öfter fern als Nicht-Sinti. Diese erhöhte Fehltagequote bei den Hersfelder Sinti beeinflusst deren Schulsituation negativ.

V.2 Erkenntnisse: Interviews

V.2.1 Identität-Lebenswelt

Sinti (Beschreibung): Die Aussagen hierzu offenbarten negative Grundhaltungen einzelner Lehrkräfte. Zahlreiche Lehrer sprachen diesbezüglich aber positiv über Sinti.

Einige Informationen belegen Beeinträchtigungen der schulischen Situation von Sinti. So ist hinderlich, dass es Sinti gibt, die Regeln missachten, sich aggressiv verhalten, Mitschüler drangsalieren und wenig Interesse am Unterricht zeigen. Das distanz- und respektlose Verhalten einiger Jungen gegenüber Lehrerinnen, die beschriebenen Defizite in der Feinmotorik sowie der Mangel an Ehrgeiz und Anstrengungsbereitschaft behindern massiv den Schulerfolg.

Sinti an Gesamtschulen hingegen treten meist freundlich auf, erhalten starke Unterstützung von den Eltern und verhalten sich ebenso wie andere Kinder mit Migrationshintergrund. Dort bestehen keine negativen Faktoren für den Schulerfolg.

Familie: Die Familiensituation beeinträchtigt die Schulsituation zum Teil negativ. Es bestehen enge und gute Verwandtschaftsverhältnisse, jedoch gibt es unvollständige und zerstörte Familien sowie einen generellen Verfall der Gemeinschaftsstrukturen innerhalb der Gruppe der Hersfelder Sinti. Die Kinder sind frühzeitig sich selbst überlassen und heiraten zum Teil bereits während ihrer Schulzeit.

Kinder: Die Tatsache, dass Sinti ihre Kinder mit Eintritt in die Pubertät wie Erwachsene behandeln und sich kaum mehr verantwortlich für sie fühlen, beeinträchtigt die schulische Situation erheblich. Jugendliche Sinti sind in der Wahrnehmung der Eltern für ihre Schulkarriere selbst verantwortlich und Lehrkräfte müssen dies derzeit akzeptieren.

Familienaktivitäten: Die Familienaktivitäten, die zeitlich nicht in der Schulzeit liegen, beeinflussen die Schulsituation nicht. Gemeinsame Familienaktivitäten sind meist positiv zu bewerten.

Tagesablauf: Der Tagesablauf von Sinti hat Einfluss auf den Schulerfolg. Sinti verbringen den Tag ungeregelt, wenig abwechslungsreich und unstrukturiert, beispielsweise verspäten sie sich. Die Kinder sind morgens auf sich alleine gestellt. Sinti unternehmen viel im Freien und genießen zahlreiche Freiheiten. Sie sind meist nicht in Vereinen aktiv, Jungen beschäftigen sich tagsüber in einer Begegnungsstätte. Ab mittags spielt Schule für sie keine

Rolle mehr und die Hausaufgaben werden abends angefertigt. Sinti, die Gesamtschulen besuchen, führen dagegen einen geregelten Tagesablauf.

Wochenende: Die Wochenenden haben Einfluss auf den Schulbesuch, wenn sie ihre Wochenende verlängern und dadurch Schultage versäumen. Sinti verbringen die Wochenenden miteinander, nicht mit den Mitschülern beziehungsweise Nicht-Sinti. Dabei unterscheiden sich bei ihnen Wochenendtage kaum von Werktagen. Sie sind viel unterwegs, besuchen Familienmitglieder, gehen zur Mission, besuchen Flohmärkte, gucken viel Fernsehen, trinken Alkohol und besuchen teilweise Diskotheken. Lehrern gegenüber berichten sie nur wenig über ihre Wochenendaktivitäten.

Rollenverhalten: Das Rollenverhalten hat für Mädchen entscheidenden Einfluss auf den Schulerfolg, da ihre Rolle innerhalb der Familie meist vorgezeichnet ist und ein Schulabschluss in ihrem Leben keine Bedeutung besitzt.

In den Familien herrscht ein stark ausgeprägtes Rollenverhalten. Mädchen und Frauen sind eingeschränkt in ihrer Entfaltung. Sie führen den Haushalt, fällen wenige Entscheidungen und gehorchen. Jungen genießen deutlich mehr Freiheiten, so weigern sie sich, Klassendienste durchzuführen. Männer helfen nicht im Haushalt, dies gilt als unmännlich. Jungen können sich im Alter von 16 Jahren alles erlauben, Mädchen hingegen dürfen keine Hosen tragen, nicht alleine in eine Diskothek oder lange draußen bleiben, sich nicht auf eine Tischkante setzen (Tabugesetze) oder Freunde nach Hause bringen. Es gibt allerdings moderner eingestellte Familien, bei denen dieses Rollenverständnis so nicht mehr besteht.

Religion und Riten: Grundsätzlich besitzt ihr Glaube keine Relevanz für den Schulerfolg der Kinder. Ihre Art der Glaubensausübung und der Einfluss auf ihr alltägliches Leben, in der damit verbundenen missionarischen Reisetätigkeit, behindern eine erfolgreiche Schulkarriere. Zudem erschweren die scheinbar unklaren Familienverhältnisse durch die Ehe nach Sinti-Brauch die Kontakte zwischen Elternhaus und Schule. Die erwähnten Tabugesetze scheinen dagegen keine negativen Einflüsse auf die Schulsituation zu haben, jedoch auf die berufliche Situation von Sinti. Die Ängste der Eltern erschweren allerdings den Kontakt sowie die Integration der Kinder in die Schulgemeinschaft.

Deutschkenntnisse: Die zum Teil schwachen Deutschkenntnisse der Sinti beeinträchtigen massiv die Schulsituation von Sinti. Die deutsche Sprache ist für Sinti die erste gelernte Fremdsprache. Zu

Hause sprechen sie meist nur Romanes. Außerdem beherrschen zahlreiche Elternteile, insbesondere Mütter, nicht die deutsche Schriftsprache und können ihre Kinder schulisch nur bedingt unterstützen.

Freunde: Das Nichtbestehen von Freundschaften der Sinti zu Nicht-Sinti beeinträchtigt indirekt ihre Schulsituation. Sinti verbringen die Zeit meist miteinander und sprechen außerhalb der Schule primär Romanes, kein Deutsch. Fehlende Freundschaften außerhalb ihrer Gemeinschaft machen die Schule für Sinti sozial uninteressant. Einige wünschen eine Beschulung an der Friedrich-Fröbel-Schule, da sie dort soziale Kontakte zu Sinti pflegen können.

Freizeitaktivitäten: Das Freizeitverhalten beeinträchtigt die Schulsituation nicht, selbst wenn Sinti selten Vereinen angehören und viel TV konsumieren. Die Mädchen übernehmen viele Arbeiten im Haushalt und die Kinder halten sich viel im Freien auf.

Stelle/Job: Zahlreiche Sinti beziehen Hartz IV, sind arbeitslos, führen allerdings Nebentätigkeiten durch. So gibt es Informationen über Ein-Euro-Tätigkeiten von Sinti. Häufig haben sie ein Gewerbe angemeldet, handeln mit Schrott, Möbeln, Autos oder reinigen Gebäude. Frauen sind dagegen selten berufstätig. Sie führen den Haushalt, haben keine abgeschlossene Ausbildung, geringe Chancen auf Lehrstellen und zeigen diesbezüglich auch keine Ambitionen. Die durchgeführten Reisen behindern die Ausführung einer geregelten Berufstätigkeit, zudem lehnen sie verschiedene berufliche Tätigkeiten aufgrund von Tabugesetzen ab.

Viele Sinti haben geringe finanzielle Mittel. Nur wenige sind wohlhabend, wobei sich Lehrer wundern, dass Sinti sich Statussymbole, wie zum Beispiel teure Automobile, leisten können. Es bestehen Gerüchte, dass Sinti kriminell sind. Sinti machen sich selten Gedanken um ihre Zukunft, so schließen sie keine Renten- oder Haftpflichtversicherungen ab. Insgesamt haben Lehrer wenige Kenntnisse über die berufliche und finanzielle Situation von Sinti

Es besteht eine Korrelation bezüglich der Stellen- und Schulsituation von Sinti. Ihnen fehlen die beruflichen Vorbilder sowie die Berufschancen (Lehrstelle), um den Nutzen von Schule wahrzunehmen. Ein erfolgreicher Abschluss ermöglicht ihnen zudem kaum bessere Berufschancen. Der Nutzen von Schulbildung vermindert sich in ihrer Wahrnehmung dadurch.

Reisetätigkeit: Die Reisetätigkeit beeinflusst die Schulkarrieren zahlreicher Sinti-Schüler negativ. Die Reisen dauern meist von

März bis Oktober, selbst wenn Sinti in Bad Hersfeld bleiben oder sich dort kurzzeitig aufhalten, besuchen sie nicht den Unterricht. Die Reisetagebücher werden nicht geführt, auch weil sie ins Ausland reisen und die dortige Sprache nicht verstehen. Ein Teufelskreis entsteht, indem die Kinder schulisch ins Hintertreffen geraten. Daraufhin gehen sie ungern zur Schule und isolieren sich so schulisch weiter.

V.2.2 Schulbedeutung

Schulkarriere: Schulkarrieren von Sinti verlaufen erfolglos. Häufig besuchen sie die Vorklassen, selten den Kindergarten. Ihre Eltern sind überfordert und nicht in der Lage, sie schulisch zu unterstützen. Der unregelmäßige Schulbesuch, die Reisetätigkeit sowie das Nichtanfertigen der geforderten Hausaufgaben beeinträchtigt die Schulkarriere negativ. Wenige erzielen einen Hauptschulabschluss, ein Großteil besucht die Schule für Lernhilfe, die sie aufgrund ihres Intellekts nicht besuchen müssten. Nur wenige erzielen Schulabschlüsse, die meisten erhalten Abgangszeugnisse.

Rollenverhalten (Schule): Beide Geschlechter erleben schulische Misserfolge. Es besteht kein nennenswerter Unterschied in den Schulsituationen zwischen Sintiza und Sinto.

Schulisches Ziel: Die mangelnde, schulische Zielsetzung der Sinti beeinträchtigt die Schulsituation negativ. Für Sinti ist der Schulbesuch primär eine Pflicht, sie verbinden damit keine Ziele und nur wenige Interessen. Einige möchten in der Schule lesen und schreiben lernen sowie Freunde treffen. Eltern sind über schulische Abschlussmöglichkeiten kaum informiert, ihnen reicht es oft, wenn ihre Kinder Grundkenntnisse im Lesen und Schreiben erwerben. Immer mehr wünschen Bildung für ihre Kinder, dennoch besteht bei einigen ebenso der Wunsch, die Kinder direkt an der örtlichen Schule für Lernhilfe einzuschulen.

Berufliches Ziel: Viele Sinti haben keine Vorstellung über ihre berufliche Zukunft beziehungsweise keine beruflichen Ziele. Sie möchten zum Teil bürgerliche Berufe ergreifen, ihnen fehlen hierfür aber die Voraussetzungen. Einigen Eltern ist bewusst, dass ihre Kinder keine Chancen auf eine Lehrstelle haben, andere machen sich keine Gedanken bezüglich der Zukunft. Mädchen übernehmen die Mutterrolle, Jungen gehen in die Selbstständigkeit. Außerdem gibt es berufliche Tabubereiche, die Sinti nicht anstreben. Die kaum vorhandenen beruflichen Zielvorstellungen verringern in der Wahrnehmung der Sinti eventuell den Nutzen von Schule, da Schule in den letzten Schuljahren die Schüler auf ihre berufliche Zukunft vorbereiten soll. Weshalb sollen Sinti einen Schulabschluss erwerben, wenn sie kein berufliches Ziel haben?

Lebensentwurf: Schule ist für die Lebensentwürfe der meisten Sinti uninteressant. Ihre Eltern sind ihre Vorbilder. Sie wachsen in die Rollen ihrer Eltern hinein, Jungen in die Berufe der Väter, Mädchen in die Aufgaben der Mütter. Für Ausbildung beziehungsweise eine erfolgreiche Zukunft im Sinne der Mehrheitsbevölkerung fehlen ihnen grundlegende Voraussetzungen. So haben sie es schwer, eine Ausbildungsstelle zu erhalten. Sie leben im Hier und Jetzt und planen kaum ihre Zukunft. Folgerichtig beeinträchtigen ihre Lebensentwürfe den Schulerfolg, da ihnen Schule hierbei nicht nutzt.

Nutzen von Schule (Elternsicht): Die Eltern erkennen meist keinen oder nur einen geringen Nutzen in der Schulbildung. Ihnen reichen die Kenntnisse der Grundschule, Lesen, Rechnen und Schreiben. Ihre Einstellung gegenüber Schule hat sich gebessert, dennoch erkennen sie ihre Verantwortung in der Schullaufbahn ihrer Kinder nicht und unterstützen diese somit nicht ausreichend. Gleichzeitig kritisieren sie, bei ihren Kindern werden Sonderschulzuweisungen sehr zügig durchgeführt. Die Einstellung der Eltern beeinflusst die schulische Situation ihrer Kinder negativ.

Nutzen von Schule (Schülersicht): Sinti-Schüler erkennen in Schule selten einen Nutzen für sich. Sie messen der Schulbildung keine Bedeutung bei. Grundlagen der Grundschule - Lesen, Schreiben, Rechnen - reichen ihnen aus. Insbesondere bei Mädchen scheinen Schule und Schulabschlüsse irrelevant zu sein. Diese Einstellung behindert die Schulsituation von Sinti maßgeblich.

Extrafrage (Kindergartenbesuch)[61]**:** Es wäre vorteilhaft für die Schulsituation, wenn Sinti das Kindergartenangebot nutzen würden. Auch wenn die Besuche zugenommen haben, gehen immer noch sehr wenige Sinti in den Kindergarten. Bei Schuleintritt sind die Sinti-Kinder ein bis zwei Jahre in der Entwicklung zurück, beispielsweise zeigen sie Defizite in Sprache und Motorik. Vor der Einschulung in die erste Jahrgangsstufe besuchten viele Sinti die Vorklasse, zum Teil jedoch nur unregelmäßig. Grund hierfür scheint, einige Sinti-Eltern erkennen keinen Nutzen darin. Wür-

61 Erkenntnissen dieser Rubrik liegen verschiedene Ergebnisse zugrunde, primär der Unterpunkt „Ergebnisse: Extrafrage (Kindergartenbesuch)".

den sie Kindergärten besuchen, wären sie auf den Schuleintritt besser vorbereitet.

Rollenverhalten (Lebensentwurf): Das Rollenverhalten bezüglich des Lebensentwurfs hat direkte Konsequenzen für die Schulsituation von Sinti. Das meist noch sehr traditionelle Rollenverhalten ist ursächlich, dass Mädchen auf ihre Rolle innerhalb der Familie vorbereitet werden. Sie heiraten früh, werden Mütter und führen den Haushalt. Ebenso übernehmen Sinto nach der Schule klare Aufgaben, für die in der Wahrnehmung der Sinti Schulbildung keine Notwendigkeit besitzt. Schule hat in diesen Zusammenhängen für Sinti keine Bedeutung.

Eltern-Lehrer-Kontakt: Der problematische Kontakt zwischen Eltern und Lehrern vermindert eine erfolgreiche Schulsituation. Trotz positiver Ausnahmen und der Aussagen, dass sich die Situation insgesamt gebessert hat, bestehen kaum ausreichende und förderliche Eltern-Lehrer-Kontakte. Sinti suchen schulisch Kontakt, um Formalitäten zu klären, zum Beispiel um ein Reisetagebuch abzuholen oder um Konflikte zu klären. Kontakte mit Lehrern werden von Sinti zum Teil emotionsgeladen geführt und münden in Streitigkeiten. Lehrkräfte werden bedroht, eingeschüchtert und beschimpft. Eltern misstrauen der Schule, auch aufgrund eigener Schulbiografien. Sie begleiten ihre Kinder zur Ernst-von-Harnack-Schule, um dort auf ihre Kinder zu achten. Aufgrund von Verständigungsproblemen meiden Eltern Elternabende. Erfolgreiche Eltern-Lehrer-Gespräche finden bei Hausbesuchen, im Beisein der Schüler, statt.

Reisetätigkeit und Schule: Die Reisetätigkeit von Sinti beeinflusst häufig die Schulsituation äußerst negativ. Im Grunde besuchen Sinti auf Reisen keine Schulen. Leistungsdefiziten wird schulisch mittels Differenzierungsmaßnahmen sowie Förderkursen begegnet. Jahrgangswiederholungen sind unzweckmäßig, da Sinti im darauffolgenden Jahr dieselben Lerninhalte wieder verpassen, wenn sie auf Reisen sind. Einige Sinti geben an, zu fahren, reisen dann doch nicht. Ihre Kinder schicken sie nicht zur Schule. Aufgrund der Reisen entstehen bei den Kindern über Jahre schulische Defizite, die ursächlich dafür sind, dass diese Kinder nicht an den Regelschulen verbleiben, sondern an die Schule für Lernhilfe wechseln. Aufgrund dessen reisen inzwischen weniger Sinti.

Hausaufgaben (Schulmaterial): Zahlreiche Sinti fertigen äußerst selten die geforderten Hausaufgaben an. Besuchen sie eine Hausaufgabenbetreuung oder einen Hort, dann erledigen sie die Aufgaben entsprechend den schulischen Erwartungen. Allerdings nutzen sie diese Möglichkeiten kaum. Ihnen fehlt die Unterstützung durch das Elternhaus. Die Eltern sind mit den Aufgaben zum Teil selbst überfordert. Mit Schulmaterialien sind sie meist schlecht ausgestattet und gehen unpfleglich damit um, selbst wenn sich diesbezüglich die Situation bereits gebessert hat. An Gesamtschulen fallen Sinti bezüglich Hausaufgaben und Schulmaterialien nicht negativ auf, auch weil es an Hauptschulzweigen normal ist, dass nicht alle Schüler ordentlich mit Materialien ausgestattet sind. Auch wenn es positive Beispiele gibt, so zeigt die Mehrheit der Sinti in Bezug auf Hausaufgaben und Schulmaterialien eine Einstellung, welche die Schulsituation negativ beeinträchtigt.

Fehltage und Pünktlichkeit: Sinti erscheinen meist pünktlich zum Schulbeginn, vor allem wenn sie mit dem Bus zur Schule fahren. Sie besuchen die Schule jedoch deutlich unregelmäßiger als Nicht-Sinti. Nur wenige gehen regelmäßig zur Schule. Ursächlich dafür sind die Reisetätigkeiten, mangelndes Interesse an Schule sowie eine mangelnde Ernsthaftigkeit gegenüber beziehungsweise Einstellung zu Schule. Auch wenn bei den Eltern zunehmend das Verständnis für einen regelmäßigen Schulbesuch wächst, so ist Schule ein Bereich, der in die Eigenverantwortung der Kinder gehört. Mit zunehmendem Alter übernehmen Sintiza Aufgaben innerhalb der Familie und fehlen vermehrt. Ab Jahrgangsstufe fünf besuchen sie den Unterricht fast gar nicht mehr. Jungen besuchen die Schule dagegen bis zur neunten Klasse, wenn auch sehr unregelmäßig. Der unregelmäßige Schulbesuch beeinträchtigt die Schulsituation von Sinti gravierend.

Sozialverhalten: Sinti selbst und wenige Lehrer berichten über positives Sozialverhalten der Sinti. Zahlreiche Lehrer dagegen schildern ein negatives, auffälliges Sozialverhalten, insbesondere gegenüber Nicht-Sinti. Das beschriebene Sozialverhalten behindert Sinti, positiv in Schule angenommen zu werden und beeinflusst dahingehend negativ ihre Schulsituation.

Lehrerverhalten: Das grundlegende Verhalten der Lehrer ist ordnungsgemäß und beeinflusst die Schulsituation der Sinti nicht negativ. Fraglich ist, ob es den Sinti gerecht wird; so dokumentieren Lehrer die Fehlzeiten und reagieren standardmäßig. Sie führen Schülergespräche, Elterngespräche, schreiben Mahnbriefe und leiten Ordnungswidrigkeitsmaßnahmen ein. Es fällt ihnen schwer, Sinti aufgrund ihrer Fehltage, selbst mittels Differenzierungsmaßnahmen, im Unterricht zu integrieren. Lehrer gewöhnen sich an die Schulsituation mit Sinti und gehen großzügig mit den entstehenden Schwierigkeiten der Sinti um.

Arbeitsverhalten: Es besteht ein enger Zusammenhang zwischen Arbeitsverhalten und Schulsituation von Sinti. Die meisten Lehrkräfte berichten negativ über das Arbeitsverhalten der Sinti. Beispielsweise arbeiten sie unkonzentriert, ohne Ausdauer, mit geringer Anstrengungsbereitschaft, lustbetont, unselbstständig, unmotiviert, langsam und unsorgfältig. Ihr Arbeitsverhalten leidet, wenn sie mehrere Tage in Folge fehlen. Sie haben dann Schwierigkeiten, dem Unterricht zu folgen. Auch ist ihnen der fehlende Kindergartenbesuch anzumerken. Sinti berichten zum Teil von mangelndem Interesse ihrerseits an Schule sowie mangelndem Bemühen der Lehrkräfte bezüglich der Sinti. An den Gesamtschulen zeigen Sinti dagegen positives Arbeitsverhalten. Negatives Arbeitsverhalten behindert eine erfolgreiche Schulkarriere.

Schulleistungen: Ihre Schulleistungen beeinflussen unmittelbar den schulischen Erfolg beziehungsweise Misserfolg. Sie schöpfen ihr Leistungspotenzial nicht aus, ihre Schulleistungen werden häufig mit „nicht feststellbar" oder mit der Note „ausreichend" bewertet. Die zahlreichen Fehlzeiten, die unregelmäßige Anfertigung der Hausaufgaben sowie die mangelnde Anstrengungsbereitschaft verhindern dies. Sehr viele Sinti-Schüler werden aufgrund ihrer Schulleistungen für die Sonderschule gemeldet oder besuchen die Hauptschulzweige der Gesamtschulen. Diese beenden sie ohne Abschluss. Bereits zur Einschulung zeigen sie kulturtechnische Defizite. Sie sind sprachlich sowie motorisch zurück, außerdem fehlt ihnen die elterliche Unterstützung.

V.2.3 Schulische Integration

Integration: Lehrer sind um Integration bemüht. Diese ist von zahlreichen Sinti aber nicht gewünscht. Sinti grenzen sich meist selbst aus. Die kaum vorhandene Integration erschwert die Schulsituation von Sinti.

Negatives: Sinti haben Schwierigkeiten mit dem von Schule ausgehenden Zwang und den Anforderungen des Schulalltags, wie zum Beispiel das Anfertigen der Hausaufgaben und Befolgen der Regeln. Sie genießen in Schule keine Sonderbehandlung. Ihnen wird dort ihre Selbstbestimmung genommen. Sinti haben Schwierigkeiten mit zahlreichen Rahmenbedingungen von Schule. Dies erschwert die schulische Integration dieser Gruppe und beeinflusst ihre Schulsituation insgesamt.

Positives: Viele Lehrkräfte, ausgenommen Lehrkräfte der Ernst-von-Harnack-Schule sowie der Friedrich-Fröbel-Schule, und Sinti selbst berichten nur wenig über positive Gegebenheiten für Sinti an Schulen. Sinti mögen vereinzelt die Fächer Sport, Mathematik und Musik, bestimmte Lehrer sowie den Kontakt zu anderen Sinti. Die wenigen Aussagen hierzu belegen, Sinti verbinden wenig Positives mit Schule. Dies beeinträchtigt die schulische Motivation der Sinti-Kinder.

Wohlfühlfaktor: Größtenteils gehen Sinti ungern zur Schule. Es besteht ein Misstrauen gegenüber der Schule. Mütter zeigen zahlreiche Ängste. Die Ernst-von-Harnack-Schule wird von Sinti-Eltern kritisiert, da sie Sinti-Kinder schnell an die Sonderschule abschiebt. Auf der anderen Seite wünschen einige Sinti von sich aus gleich die Beschulung an der Schule für Lernhilfe. Dort besteht ein geringerer Leistungsdruck, Lehrer bringen ihnen Verständnis für ihre Situation entgegen und es gibt zahlreiche weitere Sinti. Lediglich der Lernfortschritt ist geringer als an den Regelschulen.

Fühlt sich ein Schüler an der Schule unwohl, erbringt er dort meist keine guten Leistungen. Dies hat negativen Einfluss auf die Schulsituation der Sinti.

Schulveranstaltungen: Die seltene Teilnahme an Schulveranstaltungen ist ein Beleg für die mangelnde Integration der Gruppe der Sinti. Ursächlich dafür sind zum Teil irrationale Ängste der Mütter und einiger Kinder, die nicht an schulischen Veranstaltungen wie Klassenfahrten teilnehmen möchten. Die Verweigerungshaltung bei der Teilnahme an Schulveranstaltungen behindert die schulische Integration der Kinder und hat somit Einfluss auf die Schulsituation.

Kontakte zu Lehrern: Der unregelmäßige Schulbesuch von Sinti erschwert den Kontakt. Es gibt von Sinti und Lehrern positive wie negative Rückmeldungen. Manche Lehrer sind, nach zahlreichen Enttäuschungen, in ihrem Verhalten bezüglich Sinti befangen. Sie sind teilweise froh darüber, wenn Sinti der Schule fernbleiben. So bestehen selten positive Kontakte zwischen Sinti und Lehrkräften. Dies beeinträchtigt die schulische Integration sowie die Schulsituation von Sinti insgesamt.

Kontakte zu Mitschülern: Außerschulisch pflegen Sinti keine Kontakte zu Nicht-Sinti. Kontakte sind auf die Schulzeit beziehungsweise den Schulvormittag begrenzt. Ursachen hierfür sind Wohnlage der Sinti, ihr unregelmäßiger Schulbesuch sowie ihr distanzloses und einschüchterndes Verhalten gegenüber Mitschülern. Zudem bleiben Sinti in den Pausen meist unter sich. Die kaum vorhandenen Kontakte sind Beleg für eine mangelnde schulische Integration von Sinti.

V.2.4 Sonstige Interviewpartner

Die Haupterkenntnis aus dem Gespräch mit dem Mitarbeiter der Bad Hersfelder Arbeitsagentur ist, Sinti haben auf dem hiesigen Ausbildungsstellenmarkt wenig Chancen und bemühen sich kaum darum. Ihre Lebensweise verhindert eine erfolgreiche Teilhabe an der bürgerlichen, regionalen Arbeitswelt.

Erkenntnisse aus dem Gespräch mit der Hortmitarbeiterin sind, dass eine intensiv betriebene Reisetätigkeit den Schulerfolg mindert. Zudem sind Sinti-Eltern nicht in der Lage, ihre Kinder ausreichend zu fördern. Der Besuch des Horts ist schulisch meist hilfreich.

Das Gespräch mit dem Stadtjugendpfleger bestätigte die bisherigen Ergebnisse, beispielsweise zum Tagesablauf, zum Rollenbild und zur Einstellung der Sinti gegenüber Schule. Er berichtet, viele Sinti werden straffällig, ebenso wie Kinder anderer Nationalitäten.

Das Gespräch mit den Hartz-IV-Fallmanagern bestätigte die bisherigen Ergebnisse zur finanziellen und beruflichen Situation von Sinti. Somit beziehen die meisten Sinti Hartz IV[62] und sind finanziell schwach aufgestellt. Außerdem berichten sie, junge Sinti werden auffällig häufig straffällig. Die Zusammenarbeit mit ihnen ist bisher nicht erfolgreich.

Das Gespräch mit dem Sachverständigen zum Thema Jugendkriminalität belegt, Sinti fallen in Bad Hersfeld nicht besonders durch kriminelle Aktivitäten auf. Problematisch sind jedoch die realen Drogenprobleme, die auch in anderen Bevölkerungsgruppen bestehen.

Die Mitarbeiter des ASD betonen, die beschriebenen Schwierigkeiten bestehen nicht nur bei Sinti, sondern auch in anderen Bevölkerungsteilen. So besuchen Sinti-Kinder beispielsweise nur

---

62 Der Vertreter der Arbeitsagentur äußerte, dass Sinti kein Hartz IV erhalten. Die zuständigen Hartz-IV-Fallmanager sowie weitere Interviewpartner, auch Sinti-Eltern, berichten dagegen, dass verschiedene Sinti Hartz IV beziehen.

selten Kindergärten. Ihre Schulkarrieren sind wenig erfolgreich und sie sind gesellschaftlich nicht integriert.

Der Sachverständige zum Thema Sinti betont das Misstrauen der Eltern gegenüber Schule. Sinti sind gesellschaftlich nicht anerkannt, sie versagen schulisch und haben keine Chancen an einer beruflichen und sozialen gesellschaftlichen Teilhabe in Bad Hersfeld.

VI Antworten auf Forschungsfragen

Die anfangs gestellten zwei Kernfragen dieser Arbeit können mittels der erhobenen Daten ausreichend beantwortet werden.

VI.1 Erste Kernfrage

Die erste Kernfrage lautet: Wie verlaufen Schulkarrieren von Sinti in Bad Hersfeld?

Anhand der Analysen und der daraus entstandenen Erkenntnisse der Schulbesuchsquote, der Schulabschlüsse sowie der Erkenntnisse aus den Interviewinformationen bezüglich der Schulkarrieren wird sichtbar, die Schulkarrieren der Sinti in Bad Hersfeld unterscheiden sich deutlich von denen der Nicht-Sinti. Auffällig viele Sinti besuchen die Friedrich-Fröbel-Schule (Schule für Lernhilfe). Zum Zeitpunkt der statistischen Erhebung besuchten 39,5 % der schulpflichtigen Sinti in Bad Hersfeld diese Förderschule, dagegen nur 1,04 % der Nicht-Sinti.

Zudem schließen sie ihre Schulkarrieren zum Teil vorzeitig und meist ohne Abschlüsse ab. Dies wird durch Interviewaussagen und die Analysen der Schulabschlüsse sowie der Fehltage an der Friedrich-Fröbel-Schule belegt. Abschließend bewertet verlaufen Schulkarrieren von Sinti in Bad Hersfeld häufig erfolglos und unbefriedigend.

VI.2 Zweite Kernfrage

Die zweite Kernfrage dieser Arbeit lautet: Was sind die Ursachen der Schulsituation von Sinti an Hersfelder Schulen?

Anhand der Interviewauswertungen sowie der Analyse der Fehltage wird ersichtlich, der schulische Misserfolg vieler Sinti hat multiple Ursachen. Neben den zahlreichen Schwierigkeiten, die bereits im Kapitel „Erkenntnisse" dargelegt wurden, sind folgende Faktoren primär ursächlich für das schulische Scheitern zahlreicher Sinti in Bad Hersfeld:

1.) Im Bereich ihrer Identität und Lebenswelt beeinträchtigen die mangelnden Schuleingangsvoraussetzungen einen erfolgreichen Schulbeginn. Ihnen fehlen die nötigen Deutschkenntnisse sowie kulturtechnische Vorkenntnisse, die sie zu Hause nicht erwerben und mangels Kindergartenbesuch auch nicht außerhalb des Elternhauses. Des Weiteren sind die Eltern selten in der Lage, ihre

Kinder schulisch ausreichend zu fördern, da sie mit dem Schulstoff selbst überfordert sind.

2.) Die Lebensentwürfe, insbesondere junger Sintiza, sind eine weitere Ursache für den schulischen Misserfolg. Sinti benötigen für ihre Zukunft scheinbar keine schulische Bildung, zumindest erkennen sie diese nicht. Dies ist relevant für ihre Wahrnehmung von Schulbedeutung beziehungsweise der Bewertung von schulischer Bildung und den Qualifikationsmöglichkeiten durch Schule. Aufgrund mangelnder Vorbilder entwickeln sie kaum schulische und berufliche Ziele, für die man einen Schulabschluss benötigt. Die mangelnde Einstellung gegenüber schulischer Bildung ist ursächlich für schulisches Versagen. Erschwerend kommt hinzu, Eltern stehen Schule zum Teil misstrauisch gegenüber. Sie treten in der Schule als Konflikttreiber auf und verhindern dadurch eine schulische Harmonisierung. Lehrer resignieren und entwickeln zum Teil eine mangelnde Bereitschaft zur Unterstützung von Sinti. Zu berücksichtigen ist allerdings, Sinti haben selbst mit schulischen Abschlüssen kaum eine berufliche Perspektive auf dem regionalen Arbeitsmarkt.

3.) Des Weiteren beeinträchtigen die zum Teil intensive Reisetätigkeit sowie die hohe Fehltagequote den Schulerfolg. Die dadurch entstehenden Lernrückstände holen Sinti häufig nicht auf und geraten in einen schulischen Teufelskreis: Die Wissenslücken wachsen, sie verlieren an Motivation und fehlen wiederum vermehrt im Unterricht.

4.) Außerdem verursacht die mangelnde schulische Integration ein negatives Befinden von Sinti an Schule. Sinti verweigern die Integrationsbemühungen von Schule und pflegen keine außerschulischen Kontakte zu Mitschülern.

Diese Faktoren sind ursächlich für den Misserfolg von Sinti an Schulen in Bad Hersfeld und bewirken, dass ein Großteil der Sinti die Schule für Lernhilfe besucht und häufig ohne Abschlüsse verlässt. Darüber hinaus ist das deutsche Schulwesen ein stark selektierendes System. Insbesondere Kinder bildungsferner Schichten, zu denen Sinti in Bad Hersfeld gehören, versagen darin häufig. Zudem resignieren einige Lehrkräfte bereits gegenüber Sinti und agieren dementsprechend.

Sinti zeigen mangelndes Engagement für Schule. Ansatzweise besserte sich die schulische Situation für Sinti in Bad Hersfeld, beispielsweise einige Kontakte zwischen Eltern und Lehrern. Generell ist keine ausreichende Besserung der Lage eingetreten.

Nach wie vor scheitern schulisch zahlreiche Sinti aufgrund der dargelegten Erkenntnisse.

Es hat den Anschein, als seien die meisten Sinti nicht in der Lage, selbstständig eine Verbesserung herbeizuführen. Sie benötigen hierfür die Unterstützung von außerhalb. Mehrere Bad Hersfelder Institutionen, beispielsweise der Allgemeine Soziale Dienst (ASD), sowie Schulen mühten sich um eine positive Änderung. Maßnahmen blieben im Großen und Ganzen bisher erfolglos. Das System Schule in der aktuellen Form bietet für Sinti in Bad Hersfeld kaum Möglichkeiten, erfolgreich daran teilzuhaben.

VII Resümee

Die nachgewiesene Schulproblematik von Sinti in Bad Hersfeld ist lediglich ein Teilproblem der Sinti. Diese Volksgruppe ist nach wie vor schulisch sowie gesellschaftlich unzureichend integriert. Sie leben zum Teil örtlich getrennt in einer Parallelgesellschaft, die sich dem Kontakt zur Mehrheitsgesellschaft in verschiedenen Bereichen entzieht. Zu berücksichtigen ist, dass ihnen die Teilhabe am gesellschaftlichen Leben zum Teil erschwert wird und sie sich diese auch selbst erschweren. Es bestehen Vorbehalte beziehungsweise Vorurteile von Seiten der Sinti und Nicht-Sinti sowie von einigen Lehrkräften.

In der Vita von Sinti kommen enge Kontakte zu Nicht-Sinti in der Regel nicht vor. Bis zur Einschulung wachsen diese Kinder mit ihresgleichen auf und sprechen primär Romanes. Sie besuchen selten Kindergärten und spielen mit Familienmitgliedern oder anderen Sinti-Kindern. Ihre Eltern gehen keiner sozialversicherungspflichtigen Arbeit nach und haben diesbezüglich keine festen Bindungen zu Nicht-Sinti. Diese Kinder haben bis zu ihrer Einschulung, häufig in einer Vorklasse, kaum Kontakte zu Nicht-Sinti. In der Schule pflegen sie dann Beziehungen zu anderen Sinti, wenig zu Nicht-Sinti. Bisweilen haben sie Kontakte zu anderen Kindern aus ihrer Wohngegend, meist Kindern mit Migrationshintergrund, Freundschaften zu deutschen Kindern bestehen im Grunde nicht und werden zum Teil bewusst gemieden. Nach der Pflichtschulzeit verringern sich diese Kontakte vermutlich noch. Diesbezüglich ist zu berücksichtigen, dass sie die Schulzeit teilweise sogar vorzeitig beenden.

Sie stehen dem klassischen Arbeitsmarkt nicht in vollem Maße zur Verfügung und beziehen meist ALG II. Sinto betreiben Nebengeschäfte und Sintiza übernehmen die traditionelle Mutterrolle. Sie treten kaum in engeren Kontakt mit Nicht-Sinti. Sie heiraten meist untereinander und leben weiterhin in ihrer Lebenswelt, einer Parallelgesellschaft in Bad Hersfeld. Der Institution Schule sowie der Gesellschaft insgesamt gelingt es nicht, sie in die Mehrheitsgesellschaft zu integrieren. Eine Veränderung dieser Situation ist aktuell nicht erkennbar.

Ein grundlegender Wandel der Schulsituation scheint nur mittels einer gesamten Änderung ihrer Lebenssituation beziehungsweise Lebensweise erreichbar zu sein; hierbei geht es primär um Teilhabe, nicht um Assimilation. Neben einer überfälligen Schulreform, die sich der sozialschwachen Teile der Gesellschaft annimmt, müssten Sinti die Bereitschaft zur Veränderung ihrer Situation entwickeln. Ihre häufig freie Lebensweise könnten sie in dieser Form sicherlich nicht aufrechterhalten. Die schulisch negativ beeinflussenden Ursachen, wie zum Beispiel die intensive Reisetätigkeit sowie negative Einstellung gegenüber Schule, müssen beseitigt oder derart vermindert werden, dass sie nicht weiter störend ins Gewicht fallen.

Gesellschaftlich benötigen sie Perspektiven, auch beruflich. Dies scheint in Bad Hersfeld derzeit nicht realisierbar zu sein. In naher Zukunft werden nur wenige Sinti diesen Teufelskreis durchbrechen. Diese können vereinzelt als vorbildhafte Multiplikatoren wirken. Trotz der ernüchternden Faktenlage müssen sich alle Beteiligten bemühen, in ihren Bereichen Fortschritte zu erzielen. Insbesondere Schule muss Wege finden, um Sinti zu integrieren. Die gängige Praxis, Sinti aus dem Regelschulsystem in das Sonderschulsystem zu selektieren, darf keine Lösung sein. Insgesamt ist eine gesellschaftliche Integration zu erzielen. Dabei wäre eine Integrationsbereitschaft von Sinti wünschenswert und notwendig.

Aufgrund der festgestellten Erkenntnisse bezüglich der Schulsituation der Sinti in Bad Hersfeld sowie den Schilderungen Wurrs und Träbing-Butzmanns zu den „Perspektiven und Strategien zur Verbesserung der schulischen Situation von Sinti-Kindern" (Wurr & Träbing-Butzmann 1998: S. 159 ff.) sind für die Situation in Bad Hersfeld folgende Maßnahmen zu empfehlen[63].

Um den schulischen Erfolg im Vorfeld zu ermöglichen, ist es in vielen Fällen nötig, dass Sinti-Kinder den Kindergarten besuchen. Um die Eltern zum täglichen Kindergartenbesuch ihrer Kinder zu bewegen, sollte ein Kindergarten-Unterstützer eingestellt werden, der die Arbeit im Kindergarten mitgestaltet. Eventuell kann man hierfür einen Sinti gewinnen, der aktiv im Kindergarten mitarbeitet. Dieser sollte den Familien auch beim Wechsel vom Kindergarten zur Schule begleitend zur Seite stehen. An dieser Stelle ist eine gute Zusammenarbeit zwischen Schule, Kindergarten und Eltern notwendig. Ein Schul-Unterstützer der Ernst-von-Harnack-Schule übernimmt die vorangegangene Begleitung des Kindergarten-Unterstützers.

---

63 Die konkrete Ausgestaltung dieser Empfehlungen ist den Verantwortlichen und Betroffenen zu überlassen. Dies sind lediglich Anregungen für die weitere Arbeit in der Praxis.

Die Ernst-von-Harnack-Schule sollte umgehend ein vollwertiges Ganztagsangebot anbieten, da sie die Grundschule mit den meisten Sinti-Schülern ist. Dieses sollte eine verpflichtende Hausaufgabenbetreuung beinhalten, sodass die Kinder nach der Schule nach Hause gehen, ohne weitere Schulverpflichtungen zu haben. Der Schulstress bezüglich der Hausaufgaben würde nicht in die Familien transportiert werden, zumal zahlreiche Eltern damit überfordert sind. Somit wäre das Problemfeld Hausaufgaben für die Familien beseitigt.

Generell ist eine intensive Beziehungsarbeit notwendig, damit beidseitige Ängste abgebaut werden. Als Mittler fungiert hierbei der Schul-Unterstützer. Kinder, die intensive Förderung benötigen, sollten diese erhalten. Im Rahmen eines Ganztagsangebots ist dies innerhalb des Schulangebots durchzuführen. Diesbezüglich müssten Förderstunden (Einzel- und Kleingruppenförderung) seitens des staatlichen Schulamtes ermöglicht werden. Eventuell ist in diesem Zusammenhang das zuständige Beratungs- und Förderzentrum der Friedrich-Fröbel-Schule zu integrieren. Eine Förderung der Sinti-Kinder ist Voraussetzung, um Sonderbeschulung zu verhindern. Solange kein Ganztagsangebot ermöglicht werden kann, ist intensive Förderung zwingend notwendig. Die Organisation der Förderung liegt in der Verantwortung der Klassenlehrer und des Schul-Unterstützers.

Schule sollte für die Kinder einen optischen Stundenplan erstellen, wenn einer der Erziehungsberechtigten Analphabet[64] ist. Durch diese Transparenz wären die Eltern besser über die Schulsituation ihres Kindes informiert und eher in der Lage, die Kinder morgens auf die Schule vorzubereiten.

Es wäre wünschenswert, wenn das Ganztagsangebot attraktive Freizeitangebote beinhaltet, die Sinti-Kinder und Nicht-Sinti-Kinder in positiven Kontakt zueinander bringen.

Zielgruppengleiche Freizeitangebote sind von der Stadtjugendpflege anzubieten. Unterstützend hierfür könnte der Schul-Unterstützer mit den Verantwortlichen zusammenarbeiten, um ein für Sinti und Nicht-Sinti attraktives Angebot zu installieren. Ziel ist, Sinti-Kinder und Nicht-Sinti-Kinder in Kontakt zu bringen. Wenn Sinti Freundschaften zu Nicht-Sinti schließen, freuen

64 Aufgrund der Scham, Analphabetismus öffentlich einzugestehen, sollte ein optischer Stundenplan für alle Erziehungsberechtigten angeboten werden.

sie sich mehr auf die Schule, da sie dort ihre Freunde (zunehmend auch Nicht-Sinti) treffen können und indirekt sprachlich gefördert werden.

Die Eltern und Schulen haben auf die Einhaltung der Schulpflicht zu achten. Entziehen sich Sinti-Kinder dem Unterricht, sind Eltern unverzüglich darüber zu informieren. Aus rechtlichen Gründen sind häufig Ordnungswidrigkeitsverfahren einzuleiten. Im Vorfeld ist unbedingt die Verantwortung und Mitarbeit der Erziehungsberechtigten zu prüfen. Wichtig sind in diesem Zusammenhang die Arbeit des Schul-Unterstützers sowie in brisanten Fällen die Unterstützung der Jugendhilfe des ASD. Aufgrund des Misstrauens von Sinti muss der ASD jedoch behutsam vorgehen, um die Familien nicht unnötig zu verschrecken. Gemeinsam mit Verantwortlichen des staatlichen Schulamts, dem Schul-Unterstützer, dem ASD und der Schule ist in Einzelfällen zu klären, wie die Schulpflicht bei hartnäckigen Schulschwänzern umzusetzen ist. Diese Notwendigkeit besteht, um Sonderbeschulungen verhindern zu können. Auch reisende Sinti müssen außerhalb der Ferienzeiten der Schulpflicht nachkommen, selbst wenn sie ins fremdsprachliche Ausland fahren. Vor der Herausgabe eines Schultagebuchs ist zwischen Schule, Eltern und Schul-Unterstützer zu klären, wie die Schulpflicht umgesetzt werden kann. In Einzelfällen sind die rechtlichen Möglichkeiten stärker auszuschöpfen.

Um den Sinti Perspektiven zu bieten, sind für angehende Schulabgänger berufsvorbereitende Veranstaltungen durchzuführen. Schule und Schul-Unterstützer haben entsprechende Veranstaltungen zu organisieren. Hilfreich wäre hierbei die Einschaltung eines Job-Trainers, der sich intensiv um Sinti kümmert. Es wäre ratsam, wenn für die weiterführende Begleitung nach der Grundschule ein zusätzlicher Schul-Unterstützer tätig wird. Bei den Maßnahmen zur Verbesserung der Schulsituation von Sinti bilden gegenseitiges Vertrauen und Geduld die Grundlage für Erfolg. Langfristiges Ziel ist, allen Beteiligten die beiden Lebenswelten Sinti und Schule näherzubringen. Nicht die Assimilation von Sinti, sondern die Kompatibilität von Sinti und Schule ist das erklärte Ziel.

Schulen und andere Institutionen können entsprechende Maßnahmen nur umsetzen, wenn ausreichende Mittel zur Verfügung stehen. Konkret werden Land, Landkreis und Stadt gezielt Gelder investieren müssen, um die beschriebene Situation zu bessern. Auch das zuständige staatliche Schulamt besitzt einen entscheidenden Einfluss bei der Unterstützung von pädagogischen Gestaltungsräumen an den jeweiligen Schulen. Sinti-Kinder in Bad Hersfeld sind derzeit in ihren Entfaltungsmöglichkeiten eingeschränkt. Dies ist nicht weiter hinzunehmen, auch wenn Hersfelder Sinti dafür mitverantwortlich sind.

Eine Grundvoraussetzung für schulischen Erfolg von Sinti bleibt die Umsetzung einer durchgreifenden Schulreform. Im Sinne des Aufrufs Liégeois' zu Anfang dieser Arbeit besteht die Hoffnung, dass die gewonnenen Daten gewinnbringend eingesetzt werden, um den Sinti in Bad Hersfeld eine optionsreiche Zukunft zu ermöglichen.

Literaturverzeichnis

Acton, Thomas: Persönliche Mitteilung, zit. aus: Liégeois, Jean-Pierre: „Die schulische Betreuung ethnischer Minderheiten: Das Beispiel der Sinti und Roma", Centre de recherches tsiganes und Edition Parabolis, 1999.

Andresen, Karen: „Direkter Weg ins Abseits". In: Spiegel spezial, 3/2004, S. 107-109.

Auernheimer, Georg: „Schieflagen im Bildungssystem", Leske & Budrich, Opladen, 2003.

Behringer, Josef: „Flucht-Internierung-Deportation-Vernichtung. Hessische Sinti und Roma berichten über ihre Verfolgung während des Nationalsozialismus", Strauß, Adam (Hrsg.), Seeheim: I-Verb.de, 2005.

Bildungsserver Hessen: „Rahmenpläne für die besonderen Bildungs- und Erziehungsaufgaben". URL: http://www.bildung.hessen.de/abereich/rplan [23.09.05].

Daschner, Peter: „Schule auf dem Prüfstand". In: Pädagogik, 6/1998, 50. Jg., S. 6 f.

Deggerich, Markus: „Statistik-Guru hält die Studie für Pfusch". URL: http://spiegel.de/schulspiegel/0,1518,203102,00.html [02.05.09].

Der Spiegel: „Warum diese Duldsamkeit", Nr. 43/1979, S. 112-126.

Djuric, Rajko, Becken, Jörg & Bengsch, A. Bertolt: „Ohne Heim - Ohne Grab: Die Geschichte der Roma und Sinti", Aufbau Taschenbuch Verlag, Berlin, 2002.

E-Mail: Berliner Senatsverwaltung - Bildung/Wissenschaft/Forschung - Referat I E [07.08.07].

Engbring-Romang, Udo: „Bad Hersfeld. Auschwitz", Brandes & Apfel, Frankfurt am Main, 2002.

Engbring-Romang, Udo: „Die Verfolgung der Sinti und Roma in Hessen", Brandes & Apfel, Frankfurt am Main, 2001.

Engbring-Romang, Udo: „Sinti und Roma in Hessen", 03/2006. URL: http://www.sinti-roma-hessen.de/8.html [22.04.09].

Erziehung und Wissenschaft - Zeitschrift der Bildungsgewerkschaft GEW: 1/2008, S. 6-20.

Evangelische Kirche in Deutschland: „Sinti und Roma". In: EKD-Texte 42, Hannover, 1991.

Feuser, Georg: „Behinderte Kinder und Jugendliche - Zwischen Integration und Aussonderung", Wissenschaftliche Buchgesellschaft, Wiesbaden, 1995.

Fuhrmann, Manfred: „Bildung und PISA". In: Latein und Griechisch in Baden-Württemberg. Mitteilungen des Deutschen Altphilologenverbandes, Landesverband Baden-Württemberg, Heft I/2002, S. 15-25.

Geißler, Rainer: „Das Schweigen zur schichtspezifischen Benachteiligung - von PISA gestört". In: Pädagogik, 2/2003, 55. Jg., S. 10-15.

GG: Deutscher Bundestag: „Grundgesetz für die Bundesrepublik Deutschland". URL: http://www.bundestag.de/parlament/funktion/gesetze/Grundgesetz/gg.html [24.05.09].

Giere, Jacqueline: „Die gesellschaftliche Konstruktion des Zigeuners - Zur Genese eines Vorurteils", Campus Verlag, Frankfurt/New York, 1996.

Gudjons, Herbert: „Pädagogisches Grundwissen", Klinkhardt, Bad Heilbrunn, 1997.

Hamburger, Franz: „Antiziganismus in den Medien von heute". In: Landeszentrale für politische Bildung (Hrsg.): „Zwischen Romantisierung und Rassismus", Stuttgart, 1998, S. 47-49.

Hauer & Moutoux: „Sinti und Roma - Zur regionalen Verfolgungsgeschichte und Lebenssituation einer Minderheit", 2002 [unveröffentlichte Diplomarbeit].

Hersfelder Zeitung: „Das Zigeunerproblem auf Biegen und Brechen", 30. Juni 1978.

Hersfelder Zeitung: „Der Lösung des Zigeunerproblems näher", 14. Juni 1978.

Hersfelder Zeitung: „Ein Sinti als Türöffner", 12. August 2008.

Hersfelder Zeitung: „Gemeinsam nach Lösungen suchen", 23. März 1998.

Hersfelder Zeitung: „Hauneck will keine Zigeuner an der Haune", 22. Dezember 1979.

Hersfelder Zeitung: „Hauneck: Keine Zigeuner", 24. November 1979.

Hersfelder Zeitung: „Leben auf dem Platz", 1. November 2008.

Hessisches Kultusministerium: „ Richtlinien zum Unterricht für Kinder von beruflich Reisenden". URL:

http://www.kultusministerium.hessen.de/irj/servlet/prt/portal/prtroot/slimp.CMReader/HKM_15/HKM_Internet/med/868/86850506-7c62-1e01-a3b2-17197ccf4e69,22222222-2222-2222-2222-222222222222.pdf [18.04.09].

Hessisches Kultusministerium: „Hessisches Schulgesetz", Stand 6/2008. URL: http://www.kultusministerium.hessen.de/irj/HKM_Internet?cid=e8f39e1d9102a6731b7aabec08b188a1 [15.04.09].

Hessisches Kultusministerium: „Vorklasse". URL: http://www.kultusministerium.hessen.de/irj/HKM_Internet?cid=cb980cd332b7e5a8904fe36fb7659492 [13.04.09].

Hessisches Statistisches Landesamt: „Statistik Hessen - Schulentlassene aus allgemein bildenden Schulen nach schulischem Abschluss am Ende des Schuljahres 2005/2006", 2007. URL: http://www.statistik-hessen.de/themenauswahl/bildung-kultur-rechtspflege/landesdaten/bildung/allg-bild-schulen/schulentlassene/index.html [06.04.09].

Hoffmann-Riem, Christa: „Das adoptierte Kind: Familienleben mit doppelter Elternschaft", München, Fink, 1984.

Hohmann, Joachim S.: „Robert Ritter und die Erben der Kriminalbiologie: ‚Zigeunerforschung' im Nationalsozialismus und in Westdeutschland im Zeichen des Rassismus", Frankfurt am Main, Bern, New York, Paris, Lang, 1991.

Hornberg, Sabine (Hrsg.): „Die Schulsituation von Sinti und Roma in Europa", Reihe „Historisch-vergleichende Sozialisations- und Bildungsforschung", Bd. 4, Adick (Hrsg.), Ruhr-Universität Bochum, IKO-Verlag für Interkulturelle Kommunikation, Frankfurt/M., 2000.

Hornberg, Sabine: „Entwicklungslinien, Problemstellungen und Perspektiven der Schulsituation von Sinti und Roma in Europa". In: Hornberg (Hrsg.): „Die Schulsituation von Sinti und Roma in Europa", Reihe „Historisch-vergleichende Sozialisations- und Bildungsforschung", Bd. 4, Adick (Hrsg.), Ruhr-Universität Bochum, IKO-Verlag für Interkulturelle Kommunikation, Frankfurt/M., 2000, S. 9-31.

HSchG: Hessisches Kultusministerium: „Hessisches Schulgesetz - HSchG", in der Fassung vom 14. Juni 2005.

http://www.eibe-online.de/welcome/welcome.html [06.04.09].

http://www.oecd.org/document/35/0,3343,de_34968570_34968795_39048227_1_1_1_1,00.html [29.04.09].

http://www.schulamt-hrwm.de/ [9.08.07].

Hundsalz, Andreas: „Zigeunerkinder lernen anders". In: Psychologie heute: „Das Magazin für Leib und Seele", Weinheim, Beltz, April 1979, S. 40-46.

Hundsalz, Andreas: „Soziale Situation der Sinti in der BRD", Schriftenreihe des Bundesministers für Jugend, Familie und Gesundheit, Band 129, Verlag W. Kohlhammer, Stuttgart, Berlin, Köln, Mainz, 1982.

HV: Hessischer Landtag: „Verfassung des Landes Hessen". URL: http://www.verfassungen.de/de/he/hessen46.htm [22.05.09].

Kaps, Carola: „Für die meisten sind sie noch gesetzlose Gesellen". In: Frankfurter Allgemeine Zeitung: 03. Februar.2005, S. 11.

Kehl, Alexandra; Leichtfuß, Wolfgang & Trümner, Helmut: „Zur Problematik der Beschulung der Sinti-Kinder in der Fröbelschule (Schule für Lernhilfe) in Bad Hersfeld". In: Behindertenpädagogik, 32. Jg., Heft 4/1993, S. 392-403.

Klemm, Klaus: „Vom Nutzen der Bildung". In: Pädagogik 6/1998, 50. Jg., S. 8-11.

Köpf, Peter: „Stichwort Sinti & Roma", Wilhelm Heyne Verlag, München, 1994.

Krause, Mareile: „Verfolgung durch Erziehung", Verlag an der Lottbek, Ammersbek bei Hamburg, 1989.

Kultusministerium des Landes Nordrhein-Westfalen: „Begegnung und Verständnis", Verlag Ritterbach, Düsseldorf, 1993.

Lersch, Rainer: „Zur Verteilung der Bildungschancen in Deutschland". In: Rohrmann, Eckhard: „Mehr Ungleichheit für alle", Universitätsverlag C. Winter Heidelberg GmbH - Edition S, Heidelberg, 2001.

Liégeois, Jean-Pierre: „Die schulische Betreuung ethnischer Minderheiten: Das Beispiel der Sinti & Roma", Centre de recherches tsiganes und Edition Parabolis, 1999.

Lindemann, Florian: „Die Sinti aus dem Ummenwinkel. Ein sozialer Brennpunkt erholt sich", Beltz, Weinheim, 1991.

Margalit, Gilad: „Zwischen Romantisierung, Ablehnung und Rassismus". In: Benz, Wolfgang (Hrsg.), Jahrbuch für Antisemitismusforschung 6, Frankfurt/New York, 1997, S. 243-265.

Meyer, Hilbert: „Heimlicher Lehrplan und Schulwirksamkeitsforschung" (Stand: 27.07.2007). URL: http://www.member.uni-oldenburg.de/hilbert.meyer/download/14.Ergaenzung__Heimlicher_Lehrplan_und_Schulwirksamkeitsforschung.pdf [09.05.09].

Mihok, Brigitte & Widmann, Peter: „Sinti und Roma als Feindbilder". In: Bundeszentrale für politische Bildung (Hrsg.): „Informationen zur politischen Bildung", München, 2. Quartal 2001, S. 42-46.

Oelkers, Jürgen: „Gesamtschule in Deutschland - Eine historische Analyse und ein Ausweg aus dem Dilemma", Beltz, 2006.

Presseinterview mit Schleicher: „Das System ist gescheitert". In: Spiegel special, 3/2004, S. 11-13.

Rat für Menschenrechte der Vereinten Nationen: „Bericht des Sonderberichterstatters für das Recht auf Bildung, Vernor Muñoz vom 09. März 2007 über den Deutschlandbesuch". URL: http://www.uni-marburg.de/fb21/erzwiss/personal/prof/rohrmann_hp/Menschenrechte [06.04.09].

Reemtsma, Katrin: „Sinti und Roma", Beck, München, 1996.

Ritter, Robert: „Die Bestandsaufnahme der Zigeuner und Zigeunermischlinge in Deutschland". In: Der Öffentliche Gesundheitsdienst, 6, 1941, S. 477-489.

Ritter, Robert: „Die Zigeunerfrage und das Zigeunerbastardproblem". In: Fortschritte der Erbpathologie, 3, 1939, S. 1-20.

Ritter, Robert: „Zigeuner und Landfahrer". In: Der nichtseßhafte Mensch. Ein Beitrag zur Neugestaltung der Raum- und Menschenordnung im Großdeutschen Reich. München, 1938a, S. 71-88.

Ritter, Robert: „Zur Frage der Rassenbiologie und Rassenpsychologie der Zigeuner in Deutschland", in : Reichsgesundheitsblatt, 13, 1938b, S. 425 f.

Rohrmann, Eckhard: „Mythen und Realitäten des Anders-Seins - Gesellschaftliche Konstruktionen seit der frühen Neuzeit", VS Verlag für Sozialwissenschaften, Wiesbaden, 2007.

Rolff, Hans-Günter: „Sozialisation und Auslese durch die Schule", Weinheim, München, Juventa Verlag, 1997.

Schmidt, Caroline: „Mir fehlen so lange Wörter". In: Spiegel spezial, 3/2004, S. 88 f.

Schmidt, Hans-Peter: „Roma in der Schule für Lernbehinderte oder: Das ‚Hagener Modell'- Bedürfnisorientierte Beschulung von Roma". In: Vierteljahresschrift für Behindertenpädagogik in Praxis, Forschung und Lehre und Integration Behinderter, Solms, 30. Jg., H. 3, 1991, S. 295-307.

Strauß, Daniel: „‚da muss man wahrhaft alle Humanität ausschalten...' Zur Nachkriegsgeschichte der Sinti und Roma in Deutschland". In: Landeszentrale für politische Bildung (Hrsg.): „Zwischen Romantisierung und Rassismus", Stuttgart, 1998, S. 26-36.

Thomas, Christina: „Integration durch Achtung und Anerkennung der Differenz: Erfahrungen aus der Praxis im deutschen Bildungssystem". In: Hornberg (Hrsg.): „Die Schulsituation von Sinti und Roma in Europa", Reihe „Historisch-vergleichende Sozialisations- und Bildungsforschung", Bd. 4, Adick (Hrsg.), Ruhr-Universität Bochum, IKO-Verlag für Interkulturelle Kommunikation, Frankfurt/M., 2000, S. 127-158.

Universität Duisburg Essen - Arbeitsgruppe Bildungsforschung/Bildungsplanung: „Das deutsche Schulsystem: Entstehung - Struktur - Steuerung". URL: http://uni-essen.de/agklemm/lehre/pdf/skript%20Oktober%2004_05.pdf [22.09.05].

Valtin, Renate: „Das Schulsystem der SchülerInnen ist das Versagen der Schule". URL: http://www.dgls.de/old_content/themen_old/guestrow.html [02.05.09].

Verband der Sinti und Roma, Landesverband Hessen: „Projekt - Umsetzung des europäischen Rahmenübereinkommens vor Ort und die notwendige Zusammenarbeit mit dem Referat Jugend/Bildung und Soziales/Arbeit", Januar 2005.

Von Hentig, Hartmut: „Die Schule neu denken", Beltz Verlag, Weinheim, Basel, 2003.

Weinstock, Heinrich: „Realer Humanismus. Eine Ausschau nach Möglichkeiten seiner Verwirklichung", Heidelberg, Quelle und Meyer, 1955.

Weiss, Günther: „Sinti und Roma - seit 600 Jahren in Deutschland". In: URL:

http://www.zigeuner.de/sinti_und_roma_seit_600_jahren.html [06.04.09].

Wippermann, Wolfgang: „Sinti und Roma in Deutschland", 1992. In: Berliner Institut für Vergleichende Sozialforschung: „Ethnische Minderheiten in Deutschland: Arbeitsmigranten, Asylbewerber, Ausländer, Flüchtlinge, regionale und religiöse Minderheiten, Vertriebene, Zwangsarbeiter", Ed Parabolis, Berlin, 1992, S. 3.4.1.-1-3.4.1.-19.

Wurr, Rüdiger & Träbing-Butzmann, Sylvia: „Schattenkämpfe - Widerstände und Perspektiven der schulischen Emanzipation deutscher Sinti", amigos, Kiel, 1998.

ZOOK-Komission, zit. aus: Universität Duisburg Essen - Arbeitsgruppe Bildungsforschung/Bildungsplanung: „Das deutsche Schulsystem: Entstehung - Struktur - Steuerung". URL:
http://uni-essen.de/agklemm/lehre/pdf/skript%20Oktober%2004_05.pdf [22.09.05].

Zeitfracht Medien GmbH
Ferdinand-Jühlke-Straße 7
99095 Erfurt, Deutschland
produktsicherheit@kolibri360.de